本书系滨州市社会科学规划重点研究课题"王士禛笔记山东史料整理与研究"（项目编号20-SKGH-35）成果和山东省高校科研发展计划项目"魏晋以来黄河三角洲笔记小说整理研究"（项目编号：J12WE77）成果

U0736326

王士禛笔记山东史料辑注

WANGSHIZHEN BIJI SHANDONG SHILIAO JIZHU

成 妍 辑注

中国海洋大学出版社
·青岛·

图书在版编目（CIP）数据

　　王士禛笔记山东史料辑注／成妍辑注．—青岛：
中国海洋大学出版社，2020.11

　　ISBN 978-7-5670-2665-0

　　Ⅰ．①王… Ⅱ．①成… Ⅲ．①山东—史料Ⅳ.
①K295.2

　　中国版本图书馆 CIP 数据核字（2020）第 234846 号

出版发行　　中国海洋大学出版社
社　　　址　　青岛市香港东路 23 号　　邮政编码　266071
出　版　人　　杨立敏
网　　　址　　http://pub.ouc.edu.cn
电子信箱　　1547081919@qq.com
责任编辑　　史　凡　　　　　　电　　话　　0532-85902533
印　　　制　　青岛国彩印刷股份有限公司
版　　　次　　2020 年 11 月第 1 版
印　　　次　　2020 年 11 月第 1 次印刷
成品尺寸　　170 mm × 230 mm
印　　　张　　15.75
字　　　数　　230 千
印　　　数　　1～1 000
定　　　价　　68.00 元

发现印装质量问题，请致电 0532-58700168,由印刷厂负责调换。

　　王士禛祖籍山东,是清代著名文学家,也是清廷重要官员,一生著述甚丰。除了诗歌外,其笔记作品也较为丰厚。本书以《池北偶谈》《香祖笔记》《居易录》《分甘余话》《古夫于亭杂录》五部笔记作品为主要研究对象,对其中与山东有关的历史资料进行了辑录和整理,共整理笔记条目近400条。这些条目虽然视角多元、内容广博,但蕴含的文化特质具有一致性,而且所涉及的山东地域范围广泛,如济南、青岛、淄博、枣庄、菏泽、聊城、滨州、潍坊、济宁、临沂、德州等,因此本书将对山东地域文化的研究和推广起到积极作用。

　　本书在整理的过程中从三方面入手:一是辑录;二是归类;三是注释。首先将王士禛笔记作品中记录山东史料的条目一一加以辑取。然后根据条目内容进行分类,具体分为人物篇、叙事篇、名物篇、文献篇、考辨篇、奇闻篇和家乘篇。人物篇辑录笔记中籍贯为山东或与山东有关的人物;叙事篇辑录笔记中与山东有关的历史事件;名物篇辑录笔记中的山东名物;文献篇辑录笔记中所保存的山东文人著述;考辨篇辑录笔记中与山东有关的争议性论题的考证和评断;奇闻篇辑录笔记中与山东有关的奇闻逸事;家乘篇辑录笔记中与王士禛家族有关的故事。最后对每则条目一一加以注释,详细解释条目所涉人名、地名、典故、疑难字词等,排除阅读障碍。

　　本书按照人物篇、叙事篇、名物篇、文献篇、考辨篇、奇闻篇和家乘篇加以编排,每篇之下分列相关笔记条目,条目一般设立标题和注明出处。条目排列的总体原则是先按内容,再按标题音序。

成　妍

2020 年 9 月 15 日

CONTENTS | 目　录

人物篇

成其范 ················· 2

崔信明 ················· 2

戴禄 ················· 3

董烈妇孙氏 ················· 3

段复兴 ················· 4

范道人 ················· 4

高珩 ················· 5

耿鸣世妻 ················· 5

黄桢 ················· 5

姜淑斋 ················· 6

姜遵 ················· 6

李金儿 ················· 7

李迥 ················· 8

李清照 ················· 8

梁颀 ················· 8

刘俣 ················· 9

刘澄甫 ················· 9

鲁仲连　颜斶 ················· 10

马骕 ················· 10

马应龙 ················· 11

秦纮 ················· 11

任克溥 ················· 14

任民育 ················· 14

史能仁 ················· 15

僧明还 ················· 16

田告 ················· 16

王邦直 ················· 17

王复 ················· 18

王汉　李森先 ················· 21

王宏 ················· 22

王教 ················· 22

王若之 ················· 23

王遵坦　刘孔和 ················· 23

袭勖　华鳌 ················· 25

辛弃疾 ················· 26

邢侗 ················· 27

薛禄 …………………………… 27
乙邦才 ………………………… 28
袁崇冕　张国筹　张自慎 …… 28
张待问 ………………………… 29
张应桂 ………………………… 30
张光启 ………………………… 31
张临 …………………………… 31
张蕴 …………………………… 33
张揆　张揆 …………………… 33
张昭 …………………………… 33
赵士喆 ………………………… 34
赵起凤 ………………………… 34

郑克己 ………………………… 35
周居岐 ………………………… 35
朱遵度 ………………………… 36
左懋第母 ……………………… 36
金日䃅后裔 …………………… 37
临朐冯氏 ……………………… 37
章丘宵氏 ……………………… 38
章丘术氏 ……………………… 39
新城诸人 ……………………… 39
山东乡试诸人 ………………… 40
山东风雅之士 ………………… 41

叙事篇

毕自严笑语 …………………… 46
边贡丰裁 ……………………… 46
陈凝引经 ……………………… 47
冯溥持己见 …………………… 48
冯廷櫆中煤毒 ………………… 48
姜垓徐坊谑对 ………………… 49
李攀龙蔡姬之葱香馒头 ……… 49
李攀龙清节 …………………… 50
冷孝子扶榇事 ………………… 51
沈渊母卜吉壤 ………………… 52
沈渊属对 ……………………… 53
宋琬幼时读书 ………………… 53
孙廷铨戒子 …………………… 54
孙廷铨"旧寅"名刺 …………… 55

孙仲孺"鳖厮踢" ……………… 55
田雯癖好 ……………………… 56
王点谑语 ……………………… 56
王汾免解不降甲 ……………… 57
王苹高才 ……………………… 58
王泽弘、高珩之逝 …………… 58
徐夜诗文之役 ………………… 59
徐夜构草堂书 ………………… 60
杨青藜答刘正宗书 …………… 61
翟院深停鼓思画 ……………… 63
诸城九仙山僧人事 …………… 63
左懋第祠事 …………………… 64
杂事数则 ……………………… 65

名物篇

大明湖 …………………… 74

白云湖 …………………… 74

济南泉水 ………………… 75

济南七桥 ………………… 77

北渚亭 …………………… 77

名士轩 …………………… 78

济南名人别业 …………… 79

德、衡藩故址 …………… 80

平陵故城 ………………… 81

娥皇女英祠 ……………… 82

薛文清、王文成、许逵祠 … 83

章丘神迹祠 ……………… 84

灵岩寺 …………………… 84

花之寺 …………………… 85

高植墓 …………………… 85

古冢石枕 ………………… 86

锦秋亭 …………………… 86

庞家湖 …………………… 88

长白山 …………………… 89

范公泉 …………………… 90

礼参店 …………………… 91

醴泉寺溪 ………………… 91

墨王亭 …………………… 91

崂山 ……………………… 92

石门山 …………………… 94

鱼山 ……………………… 95

东阿之井 ………………… 95

超然台 …………………… 96

琅琊台 …………………… 96

曹州牡丹 ………………… 97

心太平庵砚 ……………… 97

谢道韫砚 ………………… 98

多福砚 …………………… 98

兖墨 ……………………… 99

印石 ……………………… 99

乐毅枣 …………………… 100

无核枣 …………………… 100

文献篇

八达氏诗 ………………… 102

边贡诗 …………………… 102

毕亨诗 …………………… 102

毕九歌诗 ………………… 103

陈深诗 …………………… 103

丁耀亢、丘石常诗 ……… 104

丁耀亢诗 ………………… 104

杜善甫诗 ………………… 105

傅宸诗 …………………… 105

高珩诗 …………………… 106

高名衡诗 ………………… 108

耿鸣世妻诗 ……………… 108

公鼐诗 …………………… 109

李格非诗 ………………… 110

李清照诗 …………………… 111
刘澄甫诗 …………………… 112
刘迎诗 ……………………… 112
刘正宗诗 …………………… 113
僧郢子诗 …………………… 113
僧成楚诗 …………………… 114
邵经邦诗 …………………… 114
唐梦赉诗 …………………… 115
王遵坦诗 …………………… 115
辛弃疾诗 …………………… 115
徐准诗 ……………………… 116
杨巍诗 ……………………… 116
袁藩诗 ……………………… 117
文人和诗 …………………… 117
咏济南诗 …………………… 118
高珩小词 …………………… 123
孙廷铨北曲 ………………… 123
邢侗书法 …………………… 124
赵孟頫书画 ………………… 124
宋琬藏画 …………………… 126

济南鼎铭 …………………… 128
范公祠石刻 ………………… 128
曹植碑 ……………………… 129
《夫子庙堂碑》《张公墓碑铭》… 131
景范碑 ……………………… 132
醴泉寺志公碑 ……………… 135
青州广福寺碑 ……………… 138
《梵雅》 …………………… 139
《复社姓氏录》 …………… 139
《汉铜尺记》《周尺考》《周尺辨》· 140
《华泉集》 ………………… 144
《墨癖说》《杂书》 ……… 145
《农历》 …………………… 147
《黔书》 …………………… 147
《文录》 …………………… 148
《新城旧事》 ……………… 149
《绎史》 …………………… 151
《玉楮集》 ………………… 151
《章丘县志·姓氏志》 …… 152

考辨篇

段氏籍辨 …………………… 154
龙山辨 ……………………… 154
《洛阳名园记》著者辨 …… 155
受《尚书》掌故辨 ………… 156
颜城辨 ……………………… 157
禁风闻言事论 ……………… 158
郡县志书论 ………………… 159

莱阳姜氏不归葬论 ………… 160
名臣阙谥论 ………………… 161
穆孔晖论王安石 …………… 162
穆孔晖论"格物" ………… 163
《三都赋》论 ……………… 164
《五代史阙文》论 ………… 165
乡语避讳论 ………………… 166

辕固论 ················ 167

长白山宗泐石刻考 ········ 167

端木子、闵子嫡系考 ······ 168

记载失实考 ············· 169

醴泉寺宝志公疑考 ········ 170

"太山石敢当"考 ········ 170

乌常泽考 ·············· 171

野原考 ················ 171

奇闻篇

异人 ················· 174

异事 ················· 188

异象 ················· 207

家乘篇

王重光 ················ 218

王之垣 ················ 219

王象晋 ················ 222

王象坤 ················ 225

王象春 ················ 226

王象节(毕孺人) ········ 227

王士禄 ················ 228

王士禛 ················ 229

王氏著述 ·············· 234

门户论 ················ 238

祖训考 ················ 239

参考文献 ························· 240

人物篇

成其范

　　同年[1]成愚昆(其范),青州乐安人,通知[2]天文。贼[3]据岳州,官军未即攻拔[4]。成时为御史,密疏[5]言当于某月日克复[6]岳州。已而,捷至如所言。后长沙之捷,云南会城之捷,皆密疏克复时日不爽[7]。遂内擢通政司参议,超拜[8]太常寺卿,进兵部右侍郎,罢归。(《居易录》卷十三)

[1] 同年:明清乡试、会试同榜登科者皆称"同年"。王士禛与成愚昆于清顺治八年(1651)同乡试中举,又于顺治十五年(1658)同中进士。

[2] 通知:通晓。

[3] 贼:指三藩,清朝初期所封的三个藩王,分别为平西王吴三桂、平南王尚可喜、靖南王耿精忠,后发动反清叛乱。

[4] 攻拔:进攻,攻占。

[5] 密疏:秘密的奏疏。

[6] 克复:夺回被占领的地方。

[7] 不爽:不差,无误。

[8] 超拜:越级擢升官职。

崔信明

　　崔信明[1]"枫落吴江冷"五字,初唐所少。信明,吾乡益都人也。以五月五日午时生,有异雀数头,五色毕备,鸣于庭树。初仕隋为尧城令,窦建德[2]欲引用之,族弟敬素为建德鸿胪卿,劝以立事,信明曰:"昔申胥海畔渔者,尚能固其节,吾终不能屈身伪朝[3]。"遂隐太行山。贞观中,应诏,举为秦川令,卒。信明不独才名冠一时,而大节毅然,尤为可书。其自负诗过李百药[4],非謇傲[5]也。郑世翼[6]何许人,乃敢肆其轻薄耶!(《香祖笔记》卷四)

[1] 崔信明:唐青州益都人。隋炀帝大业中为尧城令。窦建德招之,拒而隐太行山。唐太宗贞观六年(632)诏拜兴势丞。官终秦川令。

[2] 窦建德:隋贝州漳南人,隋末河北农民起义领袖,自称"夏王"。

[3] 伪朝:非正统的王朝。这里指窦建德建立的夏国。

[4] 李百药:唐定州安平人,字重规。李德林子。七岁能属文,号奇童。其藻思

沉郁，尤长于五言诗。卒谥康。所撰《齐书》行于时。

[5] 寒傲：高傲，傲慢。

[6] 郑世翼：唐郑州荥阳人。高祖武德中历万年丞，扬州录事参军。时崔信明自谓文章独步，世翼遇之江中，谓之曰："闻公有'枫落吴江冷'之句，愿见其余。"信明欣然示百余篇，世翼览未终篇，曰："所见不如所闻。"遂投之于江。信明不能对，持檝而去。正因这个典故，王士祯才说他"肆其轻薄"。

戴禄

戴禄者，临邑邢子愿先生[1]家僮[2]，亦精六书之学，与子愿书往往乱真[3]。邢与寒家[4]有姻娅[5]之好，予幼时多见屏幛间署子愿姓名，率戴书也。（《池北偶谈》卷二十一）

[1] 邢子愿先生：即邢侗，明山东临邑人，字子愿，号知吾。万历二年（1574）进士，官至陕西行太仆寺少卿。工诗文，尤善书法，与董其昌、米万钟、张瑞图齐名，时称"邢张米董"。有《来禽馆集》《武定州志》《来禽馆帖》等。

[2] 家僮：家中奴仆。

[3] 乱真：模仿逼真，真假难辨。

[4] 寒家：谦称，指自己家族。

[5] 姻娅：姻亲。邢侗与王士祯伯祖父王象乾为亲家。

董烈妇孙氏

董烈妇孙氏，山东福山人，归[1]莱阳董樵[2]子道广[3]，道广死，亦自缢，将死，语其弟曰："归语父母，勿悲我。父母劬劳[4]，无以为报，是所以报耳。"（《池北偶谈》卷七）

[1] 归：嫁。

[2] 董樵：明末清初山东莱阳人，原名震起，字樵谷，号东湖，诗人、抗清义士，曾参与山东境内"于七起义"，起义失败后，董樵便长期隐居。

[3] 道广：董樵的次子。

[4] 劬劳：辛劳，劳苦。

段复兴

段公复兴[1]，兖州阳谷人，明末为秦中监司，有威惠[2]。崇祯癸未冬，李自成入关，西安陷，诸郡瓦解。贼檄[3]至庆阳，公怒裂之，斩其使，誓以死守。十一月十六日，贼陷庆阳，公巷战，力竭死之。母夫人、妻杨氏、妾刘氏、宗氏、张氏、子瑞、女成，暨婢仆七人，皆自焚死。秦人立祠，春秋飨祀[4]，有祷辄应。以比唐段太尉[5]，关中人称二段云。（《池北偶谈》卷六）

[1] 段公复兴：段复兴，明山东阳谷人，字仲方。崇祯七年（1634）进士，官陕西布政使司右参议，分守庆阳府。李自成入关，攻陷庆阳，段复兴力战而死。
[2] 威惠：威望和恩泽。
[3] 檄：声讨或征召的文书。
[4] 飨祀：祭祀。
[5] 段太尉：即段秀实，唐陇州（属陕西）人，字成公。历官安西府别将、绥德府折冲都尉、泾州刺史兼御史大夫、泾原郑颍节度使、检校礼部尚书等。公元783年，陇右节度使朱泚发动叛乱，试图招抚段秀实，段秀实以笏板击打朱泚而被杀。后追赠太尉，谥号"忠烈"。柳宗元《段太尉逸事状》所记即为段秀实的事迹。

范道人

范道人者，德州人，居卫河西琵琶村，生于明嘉靖三十年辛亥。程工部正夫（先贞）[1]以康熙庚戌见之，年一百二十岁矣，起居如平时，五官之用，未尝少衰[2]，平生不知服食修养之术。少贫不娶，事母最孝谨。入九子祠为香火道人[3]。祠有祭田[4]数亩，躬耕而食，何思何虑，与人一无所忤[5]。正夫赠以诗云："颇闻爱日依慈母，直数生平到肃皇。业仿逍遥游广漠，身余浑沌属中央。"淄川高念东（珩）侍郎亦尝访之。（《居易录》卷二十七）

[1] 程工部正夫：程正夫，清山东德州人，字先贞。曾官工部侍郎，后辞官归隐。
[2] 少衰：减少，衰弱。
[3] 香火道人：在寺庙中照料香火和打杂的人。
[4] 祭田：用于祭祀的土地。

[5] 一无所忤：指不与人冲突，相处和善。

高珩

原任刑部左侍郎高珩卒，遗命[1]不请恤[2]，不报丧[3]，不受吊[4]。珩，字葱佩，别字念东，淄川人，明崇祯癸未进士。学仙学佛数十年，至是卒，丁丑十一月二十一日也，年八十六。（《居易录》卷二十九）

[1] 遗命：遗嘱。
[2] 请恤：陈请抚恤赏赐。
[3] 报丧：把去世的消息通知死者的亲友。
[4] 受吊：接受吊唁。

耿鸣世妻

吾邑耿侍御省亭（鸣世）[1]妻徐氏，都御史华平（庭柏）[2]之母也，有贤行[3]，能文章。兵后失其集，仅传寄子诗云："家内平安报尔知，田园岁入有余资；丝毫不用南中物，好做清官答圣时。"有德[4]之言，与捻脂弄粉者迥异[5]。（《池北偶谈》卷十五）

[1] 耿侍御省亭：即耿鸣世，明山东新城人，字茂谦，号敬亭。隆庆二年（1568）进士，授邢台知县，累官陕西参议，巡按应天府。按：此处"省亭"有误，当为"敬亭"。"省亭"是耿鸣世弟弟耿鸣雷的号。
[2] 华平：指耿庭柏，耿鸣世之子，字惟芬，号华平。明万历二十年（1592）进士，历官山阴县令、光山县令、吏部考功司主事、都察院右佥都御史、巡抚浙江。
[3] 贤行：美好的德行。
[4] 有德：德行高尚。
[5] 迥异：完全不同。

黄桢

黄桢，字德兆，亦安丘人。嘉靖癸未进士，历文选郎中，与乐安李太仆舜臣[1]

齐名,号为李黄。有《拟骚》行于世。(《池北偶谈》卷十一)

[1] 李太仆舜臣:李舜臣,明山东乐安人,字懋钦,一字梦虞,号愚谷。嘉靖二年
   (1523)进士,官至太仆寺卿。

姜淑斋

　　胶州宋方伯[1]子妇[2]姜[3],字淑斋,自号广平内史,善临十七帖[4],笔力矫劲[5],不类[6]女子。又高密单某妾,学右军[7]楷书,似《黄庭》、《遗教》二经。二人皆髫龀[8]女子也。(《池北偶谈》卷十二)

[1] 宋方伯:指宋可发,明末清初山东胶州人,字艾石。清顺治六年(1649)进士,
   任福建将乐县知县,顺治十二年(1655)任彰德府知府,后又历任山西按察使、
   四川按察使、广东布政使等职。方伯,明清布政使的称呼。
[2] 子妇:儿媳妇。
[3] 姜:指姜如璋,清山东胶州人,字淑斋,号广平内史。著名女书法家、诗人。
[4] 十七帖:王羲之草书的代表作,因卷首"十七"二字而得名。
[5] 矫劲:雄健有力。
[6] 类:如同,像。
[7] 右军:指王羲之,东晋著名书法家,因其曾任右军将军,故又被称为"王右
   军"。
[8] 髫龀:幼年。

姜遵

　　《隆平集·枢密列传》云:"姜遵,字从式,淄州人,咸平二年[1]登进士第,累擢谏议大夫;天圣六年,枢密副使;八年薨于位,赠吏部侍郎。子延龄。余庆初,遵为御史,言青州大姓[2]麻士瑶[3]不法事,诏按实[4]诛之,为吏尚严。知永兴军[5],太后诏营[6]浮图[7],遵毁汉唐以来碑碣[8]代砖甓[9],躬督成之,因获进用[10]。"按遵,吾乡长山人,宋隶淄州。遵能识范希文[11]于微时[12],而本末无足取如此。(《居易录》卷三十四)

[1] 咸平二年：公元 999 年。咸平为宋真宗的年号。

[2] 大姓：世家大族，指在某一地域人数众多、势力强大的姓氏。

[3] 麻士瑶：青州麻氏家族的族人。据《宋史·章频传》载："青州麻士瑶杀从子温裕，并其财，遣往按治，士瑶伏诛。"

[4] 按实：查考实情。

[5] 永兴军：北宋时期路一级行政区名称，即永兴军路，大致相当于今省级行政区。

[6] 营：建造。

[7] 浮图：也作"浮屠"，这里指佛塔。

[8] 碑碣(jié)：石碑方首者称碑，圆首者称碣。后用以统称碑刻。

[9] 砖甓(pì)：砖，砖瓦。

[10] 进用：提拔任用。

[11] 范希文：指范仲淹，希文为其字。因其母改嫁山东长山朱氏，范仲淹曾改名朱悦。关于姜遵和范仲淹之事，《长山县志》载："范仲淹，字希文，其先邠州人，后徙家苏州……先名朱悦，举学究，偕众客见同里姜谏议遵。遵素以刚严著名，与人不款曲。众客退，独留入中堂，谓其夫人曰：'朱学究年虽少，奇士也，他日不惟为显官，当立盛名于世。'参坐置酒，待之如骨肉。"

[12] 微时：卑微而未显达的时候。

李金儿

　　《金姬传》一卷，常熟杨仪[1]作，文极奇丽。姬[2]，章丘人，本李氏。章丘旧志乃杨君谦[3]所撰，不载姬事。（《居易录》卷一）

[1] 杨仪：明苏州府常熟人，字梦羽，号五川。嘉靖五年(1526)进士，官至山东按察副使。

[2] 姬：金姬，本名李金儿，元章丘人。明朱国桢《涌幢小品》卷二十九载其事："李金儿，章丘人。明敏妙丽，诵经史百家书，精于医卜，言祸福皆响应。侍张士诚妃曹氏，以卜艺见知。士诚据高邮，为元丞相脱脱所围，城垂破，金儿卜之，谓当固守，敌且退。俄报脱脱削官爵，铁甲军皆散去，遂开门纵击，大破元军。女见士诚横骄，每为高论劝之，不用。士诚欲册金儿为金姬，女知不免，拜跪祝天，闭目奄然而死。"

[3] 杨君谦：即杨循吉，明苏州府吴县人，字君谦。成化二十年（1484）进士，官礼部主事。曾撰修《章丘县志》。

李迥

原任刑部右侍郎李迥卒，赐祭葬[1]。寿光人，康熙甲辰进士。（《居易录》卷二十七）

[1] 赐祭葬：指官员死后皇帝根据其地位或功业赐予祭品、祭文或遣官治丧。

李清照

宋李易安名清照，济南李格非文叔[1]之女，词中大家。其母王状元拱辰[2]女，亦工文章。（《香祖笔记》卷九）

[1] 李格非文叔：李格非，宋齐州章丘人，字文叔，李清照之父。神宗熙宁间进士，历任校书郎、著作佐郎、礼部员外郎、京东提点刑狱。工词章，有《洛阳名园记》。
[2] 王状元拱辰：王拱辰，宋开封咸平人，字君贶，原名拱寿。庆历间，累官翰林学士，知开封府，迁御史中丞，仕终彰德军节度使。著有《治平改鉴》及文集。王拱辰在仁宗天圣八年（1030）举进士第一，故此称其为王状元。

梁颀

安丘女子梁颀，字秀中，号袖石道人，归[1]韩生[2]。颇能诗，尝有句云："梨花皓月元同色，风竹流泉不辨声。"早卒。（《古夫于亭杂录》卷五）

[1] 归：女子出嫁。
[2] 韩生：指韩朋桓，清山东安丘人，梁颀之夫。清张贞《渠丘耳梦录》载："梁颀，字秀仲，袖石道人其别号也。适诸生韩朋桓齐邻，夫妇皆能诗，而秀仲尤以才胜。"

刘侃

　　祥符[1]中,刘侃为陕州司法参军,廉慎至贫,官罢无以办装[2],卖所乘马,跨驴以归。魏野以诗送之云:"谁似甘棠刘法掾,来时乘马去骑驴。"真宗祀汾阴,见野诗,叹赏久之。时侃为江南幕官,召至以为京官,知青州博兴县[3]。后有差除[4],上曰:"得如刘侃者可矣。"不数年,亟迁主客郎中。今博兴名宦不知祀侃否?录之以备遗阙云。右见《渑水燕谈录》。(《香祖笔记》卷十)

[1] 祥符:大中祥符的简称,宋真宗年号。
[2] 办装:置办行装。
[3] 博兴县:今属山东滨州,宋代属京东东路青州北海郡。
[4] 差除:官职任命。

刘澄甫

　　余极喜山泉翁[1]"山藏柳市无车马,水隔桃源有子孙"[2]之句,《池北偶谈》载之矣,然不详为何许人。阅《寿光县志》,乃知山泉名澄甫,姓刘氏,字子静,文和公玥[3]之孙。正德戊辰进士,官御史,有直声[4],与弟渊甫范泉[5]皆工诗。归田[6]后与冯闾山(裕)、黄海亭(卿)诸老为海岱吟社[7]。其叔铉,号西桥,八岁通五经,成化中以神童召见文华殿,以荫累官太常少卿,与何、李、康、边诸公相唱和。有《西桥集》。(《古夫于亭杂录》卷二)

[1] 山泉翁:指刘澄甫,明山东寿光人,字子静,号山泉。正德三年(1508)进士,授行人,擢御史,累官山西布政司参议。有《山泉集》。
[2] 山藏柳市无车马,水隔桃源有子孙:语出《花林野趣》诗,全文为:"碧水青山处处村,百花千树半柴门。山藏柳市无车马,水隔桃源有子孙。问舍地偏为得计,寻幽心远遂忘言。悠然迥出尘嚣外,垂老犹矜兴未存。"
[3] 玥(xǔ):即刘玥,明山东寿光人,字叔温,号古直。正统十三年(1448)进士,授编修,历吏部左侍郎、吏部尚书、谨身殿学士等职。卒谥文和。有《刘古直集》。
[4] 直声:正直的名声。
[5] 渊甫范泉:即刘渊甫,明山东寿光人,字子深,号范泉,刘澄甫之弟。正德举人,累官汉阳知府。

[6] 归田：辞官归里。

[7] 海岱吟社：即海岱诗社，明嘉靖年间在青州的一个文人诗社，诗社成员有石存礼、冯裕、陈经、黄卿、杨应奎、刘澄甫、刘渊甫、蓝田。有《海岱会集》。

鲁仲连　颜斶

东坡于战国之士独取鲁仲连[1]、颜斶[2]，而皆惜其未闻道[3]，升庵[4]以为名言。今吾邑锦秋湖[5]上有鲁连陂，有颜斶墓。（《古夫于亭杂录》卷一）

[1] 鲁仲连：亦称鲁连，战国时期齐国人，生卒年不详。公元前260年，助赵解邯郸之急。后又助齐将田单攻克聊城，齐王欲封赏官爵，鲁仲连辞而不仕，后隐居于东海。东海即今山东马踏湖一带。

[2] 颜斶(chù)：战国时期齐国名士，生卒年不详，约于齐宣王时期，《战国策·齐策四》载有其事迹。其一生不慕权贵，避而不仕，隐居在马踏湖畔。

[3] 惜其未闻道：苏东坡评价之语，其原文为："嗟乎，战国之士未有如鲁连、颜蠋之贤者也，然而未闻道也。"

[4] 升庵：即杨慎，明四川新都人，字用修，号升庵。正德六年(1511)进士，授翰林修撰，后被贬，遣戍云南永昌卫。著有《升庵全集》。

[5] 锦秋湖：今马踏湖一带，位于山东省淄博市桓台县境东北部。"锦秋"二字取自苏轼《横湖绝句》："贪看翠盖拥红妆，不觉湖边一夜霜，卷却天机云锦缎，纵教匹练写秋光。"

马骕

马骕，字骢御，一字宛斯，济南邹平人。顺治己亥进士，仕为淮安推官，终灵壁令。生而清羸[1]，博雅嗜古，尤精《春秋》左氏学。撰《辨例》三卷，《图表》一卷，《随笔》一卷，《名氏谱》一卷。又著《绎史》，凡分五部：一曰太古（三皇五帝，计十篇）。二曰三代（夏、商、西周，计二十篇）。三曰春秋（十二公时事，计七十篇）。四曰战国（春秋以后至秦亡，计五十篇）。五曰外录（纪天官、地志、名物、制度等，计十篇）。合一百六十篇，篇为一卷。始开辟原始[2]，迄古今人表[3]，其书最为精博。时人[4]称为马三代，昆山顾亭林（炎武）尤服之。康熙癸丑岁，卒于官，灵壁人皆为制服[5]云。（《池北偶谈》卷九）

[1] 清羸：清瘦羸弱。
[2] 开辟原始：《绎史》第一卷的卷名
[3] 古今人表：《绎史》最后一卷的卷名。
[4] 时人：当时的人。
[5] 制服：丧服。

马应龙

　　马应龙，字伯光，安丘人，都御史文炜子。万历壬辰进士，历礼部郎中卒。博雅好古，注《道德经》二卷，考订《古本周礼》六卷、《参同契》二卷、《尚书》七卷、《毛诗》七卷、《艺林钧元录》二十六卷。初为杞令[1]，纂《杞乘》四十八卷。今《安丘旧志》二十八卷，最精赡[2]，有体裁，署其父文炜撰，实应龙少时手笔[3]也。（《池北偶谈》卷十一）

[1] 杞令：杞县县令。杞县，今属河南开封。
[2] 精赡：精深丰富。
[3] 手笔：亲手写的作品。

秦纮

　　康熙癸亥冬十月，偶从同年[1]汶上[2]岳给事镇九（峰秀）得单县[3]秦襄毅公（纮）[4]自撰年谱一卷，乃公八十岁以户部尚书家居时自述，时嘉靖十七年也。吾东新纂通志，出庸妄之手。前代名臣如公，及曹县李襄毅公秉[5]、沂州王恭靖公璟[6]，皆削其名氏不载。目今奉旨修《一统志》，将何所据为文献之征耶？因寓书[7]高侍郎念东，俾与巡抚徐中丞敬庵（旭龄）言之；而录公言行数则于左方，以补《言行录》之阙云。

　　为御史，数忤内官[8]，谪沅陵县北容驿驿丞。都御史轩公上章，为予分辨[9]，留中不出[10]。同僚或谓予曰："足下何以处此官？"予曰："事上临下，素位而行[11]，持节守廉，誓死不改。"

　　景泰七年，年三十一，在北容，构茅屋三间，题其扁曰"安遇"。日读五经诸史，日夕泛江以渔钓为乐。又于轩前自题联云："处困而亨，有言不信。"予为御史时，量褊[12]不能容物；由此一谪，器量渐宏，去就[13]渐轻，识趋[14]渐明。虽一

11

时谪官,而得终身受用,天未必无意也。

天顺元年,迁知雄县,治民惟用絜矩[15]二字,御吏惟用《易·大畜》"豮豕之牙"一爻,至于刑罚一以钦恤为主。忠国公石亨令人来讨雄县南坛旧基,许以知府,予不从,人皆尤[16]予。未一载,亨事败,出其门者皆坐严谴[17]。

有京差捕猎,内臣害民,予执法禁革[18],诬奏系御史狱。雄民击登闻鼓[19]代诉者五千余人。调府谷县,县乃极边戎马之地,予亦不敢鄙夷其民,修学庙以兴文教,筑城堡以严边防。里甲公用钱,每人一年,上户不过二钱。

八年,巡抚徐公廷璋保任葭州知州。释冤滥[20],宽租赋,五七日不用鞭扑[21],同僚退而笑之。予曰:"本州负税,事有所由。正当征收时,吏书兵隶投托催粮,惟事求取。民既纳赂[22],得有所挟,因而延缓。是岂徒民之罪哉!"时在坐致仕官[23]数辈,皆为泣下。

成化元年,在葭州,欲以二月十三日斋沐祈雨。有父老百余诣县告曰:"本州边地苦寒,每岁至四月方有雨。此时祈雨,徒劳心耳。"予曰:"天道焉可知也。"至期,行香焚檄,十五至十七连雨三日。予乃发粟赈贷[24],给民子种,通借牛犋,民大悦。四月,麦苗将黄,乃选差公当老人催征,五月十五日催完发运,六月初三日告缴通关。在葭七月,里甲公用每人止用银六分。祷雨四次辄应。或以事出境公干[25],百姓闻予将回,则喜曰:"雨来矣。"

巡抚项公忠奏予才堪治繁[26],调秦州。道经西安,项公谓予曰:"秦民难治,皆以刁民作梗,尔到彼,有此等即打死申来。"予曰:"刁民,人皆恶之,所恶不同:上司于刁民,则恶其害人;州县官于刁民,则恶其害己。但患御之无道耳。苟御之有道,刁民将化为良民。若专事诛锄[27],反使贪官得计[28]耳。"项公笑而不言。到秦一年,三年拖欠粮草皆完,健讼[29]与盗贼敛迹。项闻之喜曰:"秦州得人矣。"里甲公用钱,上户一年不过银二钱。

秦州有啰哩[30]户,乃回回[31]别种[32],汉人不与通婚姻,自相嫁娶,有以兄弟娶姊妹者,有以姑姨配甥侄者。予访得清水、秦安等县,亦有啰哩,乃移文[33]各县,令其共为婚姻。秦俗尚鬼,每岁清明日,各办花山丧仪,费至三四千金。临期于城壕拾取死囚骨殖[34],棺敛葬之,云不如此则厉鬼降祸。予严禁之曰:"尔民遇节,弃祖墓不拜扫,却妄费财物,谄事疠鬼,何耶?使疠果能为祸,予愿以身当之。"此风遂息。

服阕[35],秦人三疏保留[36],吏部不准,秦人日哭于东拱辰门,吏部不得已,将见任[37]奏调别州,仍授予秦州。郭定襄伯赠行诗云:"早登金榜列儒绅,谁不争先睹凤麟。曾以霜威消瘴疠,还将和气布阳春。庙堂正拟征黄霸,父老俄闻借

寇恂。不独儿童骑竹待，郊原草木亦欣欣。"(《池北偶谈》卷八)

[1] 同年：古代科举考试同科中式者的互称，明清乡试、会试同榜登科者皆称"同年"。王士禛与岳镇九在顺治八年(1651)同中乡试举人，故称岳镇九为"同年"。

[2] 汶上：今属山东济宁。

[3] 单县：今属山东菏泽。

[4] 秦襄毅公：即秦纮，明山东单县人，字世缨。景泰二年(1451)进士，授南京御史，后历任陕西各地知县、知州、知府等职，官至户部尚书，加太子少保衔。卒谥襄毅。

[5] 李襄毅公秉：李秉，明山东曹县人，字执中。正统元年(1436)进士，授延平推官，官至吏部尚书，后被诬罢官。按：关于李秉的谥号，本条为"襄毅"，而卷八"王恭靖公逸事"条作"李襄敏公秉"，段后有小字为注："李公谥，诸书皆作襄敏，叶秉敬《谥法考》作襄毅。"当以"襄敏"为正。

[6] 王恭靖公璟：王璟，明山东沂州人，字廷采。成化八年(1472)进士，除登封知县，官至左都御史。谥号恭靖。

[7] 寓书：寄信。

[8] 内官：太监，宦官。

[9] 分辨：辩白。

[10] 留中不出：皇帝把臣下的奏章留在宫禁中，不予答复。

[11] 素位而行：安于所处之位，做好当做之事。

[12] 褊：狭小，狭隘。

[13] 去就：担任或不担任官职。

[14] 识趣：见识和追求。

[15] 絜矩：法度。

[16] 尤：责备。

[17] 严谴：严厉谴责。

[18] 禁革：禁止革除。

[19] 登闻鼓：古代在朝堂外所悬之鼓，臣民有冤情或谏议可击鼓，以使上闻，故称"登闻鼓"。

[20] 冤滥：判案冤枉。

[21] 鞭扑：指用作刑具的鞭子和棍棒。

[22] 纳赂：行贿。

[23] 致仕官：因年老或衰病而辞去职务的官员。

[24] 赈贷：救济。

[25] 公干：办理公事。

[26] 治繁：治理繁杂的政务。

[27] 诛锄：诛杀铲除。

[28] 得计：得逞。

[29] 健讼：好打官司。

[30] 啰哩：少数民族的名称。

[31] 回回：指回族。

[32] 别种：同一种族的分支。

[33] 移文：发公文。

[34] 骨殖：尸骨。

[35] 服阕：守丧期满除服。古代官员守丧期间需离职回家守丧，期满后再重新
授官。

[36] 保留：保举留任。

[37] 见任：现任。

任克溥

特加在籍原任刑部侍郎任克溥[1]尚书衔。任，聊城人，顺治丁亥、己丑进士。寻卒。(《香祖笔记》卷三)

[1] 任克溥：清山东聊城人，字海眉。顺治四年(1647)进士，康熙间累迁刑部侍郎，以事夺官。寻复原衔，加赐刑部尚书衔。

任民育

任民育[1]，山东济宁人，中甲子乙榜[2]，为扬州知府，亦不屈死。志皆轶[3]之。(《池北偶谈》卷七)

[1] 任民育：明山东济宁人，字时泽。官至扬州知府，清军攻打扬州城时，任民育

与史可法一起布防守城,后城破被杀。

[2] 乙榜:指举人。

[3] 轶:散失,未收录。

史能仁

吾邑旧令史公[1],讳能仁,河南鹿邑举人。崇祯间,来为县,清正而才,刚柔互用,至今尸祝[2]之。庚辰辛巳,岁大祲[3],人多流亡,时邑境甘露降于林木,地生羊肚菜。公赋诗曰:"上天降甘露,遍地生羊肚。饥食羊肚菜[4],渴饮甘露乳。涕泣告吾民,慎无去乡土。"真仁人之言也。后调繁[5]淄川,迁兵部主事去。顺治辛卯,复至县,虽三尺之童,亦束炬欢迎,至十余里不绝。可称循吏[6]矣,惜至今未祀名宦。(《池北偶谈》卷八)

[1] 史公:即史能仁,明河南鹿邑人。崇祯间任新城知县,深受百姓爱戴,后迁兵部主事。

[2] 尸祝:祭祀。

[3] 大祲(jìn):庄稼严重歉收,大饥荒。

[4] 羊肚菜:也称羊肚菌,是一种可食用的菌类,营养价值较高。

[5] 调繁:指调任政务繁重的州县。

[6] 循吏:守法循理的官吏。

史能仁,字严居,河南鹿邑人,举人。明末崇祯己卯、庚辰间,为济南新城令,慈以惠民,严以弭盗[1],敬礼[2]绅士,弹压[3]吏胥[4],悬鱼捕蝗,善政不可更仆[5]。庚辰大饥,百姓逃亡,而田野间遍生羊肚菜,甘美可食,四乡又有甘露之祥。公赋诗示士民云:"上天降甘露,满地生羊肚;饥餐羊肚菜,渴饮甘露乳。涕泪告吾民,慎勿去乡土。"以调繁改知淄川县,未久,内擢兵部主事以去。鼎革后,再来新城,百姓秉炬迎之,二十余里不绝,迄今七十余年,未入名宦,乃一大缺陷事。右一诗,朱竹垞选入《明诗综》。(《分甘余话》卷四)

[1] 弭盗:平息盗贼。

[2] 敬礼:尊敬礼待。

[3] 弹压:控制,制服。

[4] 吏胥：官府中的小吏。

[5] 更仆：计算。

僧明还

新城[1]城隍庙住持僧明还，年七十余，性朴诚[2]，不与人交。闭门念佛，旦暮洒扫殿宇，虔奉香火。所与往来者，惟真武庙赵云山道士而已。乙亥四月某日，命其徒具[3]浴，浴罢，敷坐而化[4]。知县桐城孙湘南元衡亲往礼拜，缁俗[5]奔赴[6]。其剃度[7]弟子荆庵禅师（成楚）为下火[8]负骨，塔[9]于法庆[10]。（《云山县志》别有传。）（《居易录》卷二十八）

[1] 新城：今山东桓台。

[2] 朴诚：朴实挚诚。

[3] 具：准备。

[4] 敷坐而化：犹"坐化"，指佛教徒盘膝端坐而死。

[5] 缁俗：缁，指僧人；俗，指俗人，佛教指世间或在家为俗。

[6] 奔赴：奔丧。赴，即"讣"。

[7] 剃度：佛教出家僧人剃发受戒。

[8] 下火：佛教火葬时举行燃火的仪式。

[9] 塔：指佛塔，佛教用来藏佛遗骨的建筑物。

[10] 法庆：指法庆寺，旧址在山东青州西北，建于清初，为当时山东省内著名禅院。

田告

田告[1]，字象宜，笃学有文，少学诗于陈希夷[2]，东游过濮[3]，客于王元之[4]。会河决，著《禹元经》三卷。已而得水树于济南明水，将隐居焉，贻书徐常侍铉，铉答曰："负鼎叩角，顾庐筑岩，各由其时，不失其道，在我而已，何常之有！"遂决高蹈[5]。筮《易》遇暌，因自号暌叟。从学者常数百人。淳化中，韩丕言于天子，召赴阙[6]，诏书及门而卒。皇祐中，济南翟书衷[7]其文四十八篇，析为三卷，又次其出处作《暌叟别传》。今明水[8]在章丘城南，土鼓县故城西，亭山县东北，曰净明泉，在百脉泉西北，即绣江之源也。《齐乘》云，朗公谷，诸水东西伏流，西发昀突，东发百脉，所谓金霏碧淳，韵琴筑而味肪醴者也。此吾乡高逸第一流，昔撰《古欢录》[9]遗之。夏日雨过，读《渑水燕谈》[10]，得告事，因略述《水经注》、《元和郡县志》、《齐乘》而著于篇。（《香祖笔记》卷十）

[1] 田告：名或作田诰。宋齐州历城（今属山东济南）人，字象宜，号暎叟，时称东鲁逸人。笃学好文，诗风清丽。

[2] 陈希夷：即陈抟。宋人，道士。亳州真源（今河南鹿邑）人，字图南，号扶摇子。宋太宗太平兴国中两至京师，为帝所重，赐号"希夷先生"。著有《指玄篇》《三峰寓言》《高阳集》《正易心法》等。

[3] 濮：水名。

[4] 王元之：即王禹偁，宋济州钜野（今山东巨野）人，字元之。宋太宗太平兴国八年（983）进士，历任右拾遗、左司谏、知制诰、翰林学士。著有《小畜集》等。

[5] 高蹈：隐居。

[6] 赴阙：入朝见皇帝。

[7] 裒：聚集。

[8] 明水：元《齐乘》载："明水，一名'净明泉'，出百脉西北石桥边，其泉至洁，纤尘不留，土人以洗目退昏翳。与西麻湾水合流三里余，入绣江。"

[9] 古欢录：王士禛所撰，记上古至明代隐居山林之士。

[10] 渑水燕谈：宋王辟之所撰笔记，书中所记为宋哲宗绍圣以前的北宋杂事。

王邦直

王邦直，字子鱼，又字东溟，即墨人。以岁贡官盐山丞，上疏罢归。殚精[1]声律[2]之学，聚书千百卷，坐卧一小阁二十年，成《律吕正声》六十卷。其说谓君声[3]最清，管以三寸九分，本[4]《吕氏春秋》，其数配之扬子云《太玄》，缕析[5]比合[6]，而以诸家九寸之说为非是[7]。万历甲午，诏修国史，翰林周公如砥[8]上其书史馆，深为大学士南充陈公所叹赏。周公云："班固《律历志》载即墨徐万且[9]氏治太初历第一。而子鱼追配之于千载之后，其外孙黄御史宗昌[10]序刻之。"康熙十八年，予在明史馆，亦上其书。（《池北偶谈》卷九）

[1] 殚精：用尽精力。

[2] 声律：指音乐。

[3] 君声:指五音中的宫声。《礼记·乐记》:"宫为君,商为臣,角为民,徵为事,羽为物。"

[4] 本:推原,依据。

[5] 缕析:详细分析。

[6] 比合:相配。

[7] 非是:不当,错误。

[8] 周公如砥:周如砥,明山东即墨人,字季平,号砺斋。万历十七年(1589)进士,官至国子监祭酒。

[9] 徐万且:西汉胶东国即墨人,天文历法学家,参与创制《太初历》。

[10] 黄御史宗昌:黄宗昌,明山东即墨人,字长倩。天启二年(1622)进士,崇祯初为御史,后被贬。黄宗昌为王邦直的外孙。

王复

宋壮节王公复守徐州,阖门[1]死节[2]。《宋史》仅附书《赵立传》,亦不详何许人。一日,读刘昌诗兴伯《芦浦笔记》,乃知公为吾乡人,传载世系官阶始末甚悉[3]。笔记十卷,乃万历中绥安谢兆申所钞,丹阳贺氏藏本,流传甚少,因全录之。传云:

公讳复,字景仁,淄州淄川县人也。曾祖昊,国子博士。祖珍,尚书虞部员外郎。父愈,澶州濮阳县令,赠光禄大夫。公少好读书,博通史传,慷慨有气节。家有唐以来名臣画像,每指颜杲卿[4]像谓人曰:"士当[5]艰难[6],捐躯殉节,当如颜公矣。"以门荫[7]补官,试[8]大理评事,迁本寺丞。

公家故饶财,不乐私蓄,尝率其里之贵豪,遇郊岁[9],各输[10]银绢十万以助赏赉[11],郡国效[12]之。久之,除京东辇运,迁京东转运判官,按部[13]过淄川,父老迎候,公下车慰谢。先是,淄川苦调外苛征[14],公尝与父老言:"他日或能奏蠲[15]之。"至是以白公。公曰:"官卑不敢言。然重食[16]吾言,以为父老羞,敢以私田[17]之入代输[18]。"

三年,除两浙转运副使。时太平日久,民不知兵,方腊初叛,所过,守将望风奔骇。公下令所部,严保垒,修战备,竭力讨贼,屡战有功。贼平,擢徽猷阁待制,迁都转运使。朱勔以花石奉艮岳[19],多取漕舰以载,号直达纲[20]。公曰:"今寇起仓卒,飞挽[21]繁困,而佞幸[22]之徒,犹实苑囿,惑上心。"固执不与。勔谮[23]于上,公疏奏谓"不可以不急之务,疲民费财。"擢龙图阁直学士,以事忤宰相王黜,降充龙图阁待制(《宋史》止称此官)。移知成都,兴利去害,民绘像立祠刻石。

高宗皇帝诏公知徐州(史云:"以龙图阁待制知徐州。"已上官阶俱不书)。粘罕以众数万薄[24]徐,徐城孤势危,公合战[25],数不利,遂闭城拒守。金人重围夹攻,昼夜不息,城中兵粮单竭,死者甚众,敌势益张,凡二十余日,城陷。公躬擐甲胄[26],巷战竟日,度不可御,乃返州治,易朝服,南乡再拜曰:"臣受国厚恩,当以死报,今日得死所[27]矣。"谓贼曰:"死守者我也,监郡而次亡与焉,可独杀我,而舍僚吏与百姓。"(一段史同)其帅凛然叹异曰:"使南朝皆如公,我岂得至此!今汴京已陷,二帝北去,公尚为谁守乎?"公骂不绝口,帅复说之曰:"必欲全活生灵,请立降,当为易官封,就知此州。"公骂曰:"汝勿诱我,我誓有死耳!"帅察其无降意,命左右挝[28]其口;流血,公含血噀[29]之。子倚在旁,不胜愤,突出见粘罕[30],顾手无挺刃,得布囊,盛砖掷之,中其旁千户长,毙。粘罕怒,执倚剐其心以祭千户长,欲惧公速降;公不顾,为帅敲死。阖门百口俱遇害。时建炎三年正月二十九日也。帐下赵立求得公尸,拜伏痛哭,裹以裀褥,藁葬[31]于黄楼之侧,累甓[32]以志之。敌退,立具奏其事,天子震悼[33],诏特赠资政殿学士,谥壮节。给恩泽五资,赙赠[34]绢帛各二百匹。初,公未遇害,筮[35]而遇乾六体不变,术者曰:"灭门之象也。"公曰:"死生定数也,苟获死所,敢逃乎!"卒时年五十二。徐人立庙祀公及倚,亦号"双庙",敕赐名曰"忠烈"(史云立庙楚州)。

积官至正议大夫,累赠光禄大夫。娶赵氏,濮邸肃恭僖王宗博之女,封安平县主,赠永康郡夫人。再娶刘氏,章献明肃皇后之侄,徐州陷,不食三日卒,赠咸平郡夫人。

先是,公长子倚,从高宗过维扬。及赵立已亡,徐州有武卫军,旧隶公,义不他属,愿从倚。高宗闻之,诏于枢密院创计议官,特命倚为之,仍领武卫。绍兴八年,和议成,奏乞访先臣遗骸,优诏[36]许之。行至泗州,得疾,抵徐城驿,暴卒。明年,奉使蓝公佐迎护徽宗梓宫,交割地界,赍书当路漕使,访公瘗所。漕委幕属王之翰往焉,故迹[37]漫没[38],莫得其处。忽有老媪[39]指谓之曰:"君非求王待制瘗所乎?其在此间。"即所指求焉,有冢岿然,盖以兽瓦,启视,见大鼋覆其上,回视老媪,化为虎。撤甓取骸,联络不断,如锁子骨[40],独一手指阙。之翰爇香祷,须臾,有指一节浮水上,观者莫不叹骇。之翰易棺敛,瘗[41]于京师资圣院。后子孙徙葬于兖州莱芜县先茔[42]云。

绍兴十年,承宣使田谔扈从显仁太后回銮,倚子逯留淄川一诗送谔云:"两地音尘隔死生,十年常效执珪吟;羡君已作辽东鹤,顾我空存魏阙心。日下既蒙新眷遇,海边休忘旧知音;倘怜万里亲庭在,为向云山处处寻。"诗至,而倚卒已一岁矣。蓝公佐使还，一日侍上，语次，上曰："王俏有儿女否？"奏曰："俏五子，流落中原，居江南，所生儿女尚幼弱。"上恻然。诏令诸女入禁中，命宫嫔保养之，十余年，赐金帛遣嫁。

右传得于公之玄孙默。（按：史附公于《赵立传》，已非体，又剪截太略，若非兴伯笔记，公之始末，无从考镜[43]矣。稗史可无作乎！）（《池北偶谈》卷八）

[1] 阖门：全家。

[2] 死节：保全节操而死。

[3] 悉：完备，详细。

[4] 颜杲卿：唐琅琊临沂人，字昕。以荫调遂州司法参军，后迁范阳户曹参军。安史之乱时，抗击叛军，后城破，颜杲卿被押解洛阳，当面斥责安禄山，终被害。谥号忠节。

[5] 当：面对。

[6] 艰难：危难。

[7] 门荫：凭借祖先的功勋而做官。

[8] 试：任用。

[9] 郊岁：帝王祭天地的年份。

[10] 输：捐献。

[11] 赏赉：赏赐。

[12] 效：效仿。

[13] 按部：巡视。

[14] 苛征：横征暴敛。

[15] 蠲（juān）：免除。

[16] 重食：严重背弃。

[17] 私田：私人所有的田地。

[18] 代输：代为缴纳租赋。

[19] 艮岳：宋徽宗政和七年（1117）于汴梁东北作万岁山，宣和四年（1122）徽宗亲自作《艮岳记》，以为山在国都之艮位，故名艮岳。

[20] 直达纲：宋时成批运送货物直达京师的船队称直达纲。

[21] 飞挽：犹"飞刍挽粟"，指迅速地运送粮草。

[22] 佞幸：因谄媚而得宠幸。

[23] 谮（zèn）：诬陷。

[24] 薄：逼近。

[25] 合战：交战。

[26] 躬擐甲胄：亲自穿上铠甲和头盔，指亲自指挥。

[27] 死所：死的地方。

[28] 挝（zhuā）：打。

[29] 噀（xùn）：喷。

[30] 粘罕：即完颜宗翰，金国名将，国相撒改之子。

[31] 藁（gǎo）葬：草草埋葬。

[32] 甓（pì）：砖。

[33] 震悼：震惊悲悼。

[34] 赙（fù）赠：赠送财物给办丧事的人家。

[35] 瘗（yì）：埋葬。

[36] 优诏：嘉奖的诏书。

[37] 故迹：旧迹，遗迹。

[38] 漫没：沉没。

[39] 老媪：老妇。

[40] 锁子骨：联结如锁状的骨节。相传唐大历时，延州一妇人死，有西域胡僧谓
彼即锁骨菩萨。"众人即开墓，视遍身之骨，钩结皆如锁状，果如僧言。州
人异之，为设大斋，起塔焉。"（唐李复言《续玄怪录•延州妇人》）

[41] 菆（cuán）：停放灵柩。

[42] 先茔：先人坟茔。

[43] 考镜：参证借鉴。

王汉　李森先

掖县王汉，字子房，俶傥[1]有经世[2]才，中崇祯丁丑进士，为高平、河内二
县令。上书言事，怀宗奇之，召对，擢御史，巡按河南。进巡抚都御史，死永城[3]
贼刘超[4]之难。予少见其奏疏及《小武当诗》一篇，真奇才也。同邑李森先，字
琳枝，崇祯庚辰进士，入本朝为御史，屡上疏，论事切直[5]，三下刑部，不少摧折。
巡按下江，清刚端劲[6]，置淫僧三拙、优人[7]王紫稼于法，江南人莫不快之。中
忌者被逮，吴中罢市，哭送者万人。世祖廉知之，寻内擢卿寺，而李不幸死矣。李
修髯长身，饮酒无算[8]，家有椒雨园，在南郭外，日与酒徒酤饮其中，醉则衣白衣，

徒步歌呼过市,巾帻[9]欹侧[10],酒痕狼籍,有阳城[11]之风。(《池北偶谈》卷六)

[1] 俶傥:俶,同"倜"。洒脱,潇洒。
[2] 经世:治国安民。
[3] 永城:今河南永城,位于河南省东部。
[4] 刘超:明河南永城人,曾中河南武举第一,任四川遵义总兵官、保定总兵官。后李自成起义时,刘超据永城叛变,时为河南巡抚的王汉奉旨讨伐刘超,王军溃败,王汉战死。
[5] 切直:恳切率直。
[6] 端劲:刚正不阿。
[7] 优人:指戏曲演员。
[8] 无算:不计数量,此言其多。
[9] 巾帻:头巾。
[10] 欹(qī)侧:倾斜,歪斜。
[11] 阳城:唐定州北平人,字亢宗,隐居中条山,德宗征召为谏议大夫。好饮酒,后来陆贽因反对奸臣裴延龄而获罪,阳城上疏,直言裴延龄奸佞,陆贽等人无罪,因此被贬为国子司业,后又降为道州刺史,有善政。

王宏

《龙城录》载:王宏,济南人,与唐文皇少为同学,从受八体书;既登极[1],访宏,隐去不见。此吾乡之严子陵[2],而志乘[3]佚不载,故著之。(《香祖笔记》卷十一)

[1] 登极:帝王即位。
[2] 严子陵:即严光,东汉著名隐士。少与东汉光武帝刘秀同学,亦为好友。刘秀即位后,他隐姓埋名,退居富春山。
[3] 志乘:志书,记载地方自然和社会方面的书。

王教

王秋澄先生(教)[1],万历中,官吏部文选郎中,力持公法,政府权珰[2],无所措手[3]。继者为顾泾阳、孟云浦、冯思豸（生虞），皆效之，遂相继黜逐[4]。伍袁萃《林居漫录》云然[5]。又尝荐起邹忠介、赵忠毅诸公，为正人[6]所倚。先生，吾乡淄川人也。（《池北偶谈》卷九）

[1] 王秋澄：即王教，明山东淄川人，字子修，号秋澄。隆庆五年（1571）进士，授户部主事，万历间为吏部文选郎中，后因推举万国钦而招致万历帝不满，被贬黜为民。
[2] 权珰（dāng）：有权势的宦官。珰，指宦官。
[3] 无所措手：指没有办法。
[4] 黜逐：贬黜放逐。
[5] 云然：如此说。
[6] 正人：正直的人。

王若之

　　王若之，字湘客，益都[1]人。明南京户部尚书基冢孙。为人潇洒疏诞[2]，有晋人风致。工尺牍，好弹琴，善五言诗，尝刻《尺牍五言》四卷。以门荫[3]入官，仕至长芦都转运使。南渡，官金陵。大兵渡江，若之转徙[4]，寓[5]姑孰佛寺，以书画鼎彝古金石文字自随[6]，车尚兼两[7]。洪文襄公（承畴）谕之降，不屈死。王所宝古琴名桐笙，今尚在其家。（《池北偶谈》卷九）

[1] 益都：旧县名，明清时为山东省青州府治。
[2] 疏诞：潇洒不羁，不受拘束。
[3] 门荫：凭借先人的功勋而做官。
[4] 转徙：辗转迁移。
[5] 寓：寄居。
[6] 自随：随身携带。
[7] 兼两：不止一辆车。两，车辆。

王遵坦　刘孔和

　　予乡王遵坦[1]，字太平，益都人，太仆少卿漋[2]之子。刘孔和[3]，字节之，长山人,相国鸿训[4]之子。二人皆负气[5]跅弛[6]也,相友善。王居家桑谷,刘居长白,皆有林泉之美。崇祯间,见天下将乱,散财结客[7]。甲申岁,孔和杀闯贼[8]伪令,率精骑万人,南赴金陵,至淮阴,以兵属刘泽清[9]。泽清与孔和素交,时为藩镇,贵重无比,然好为诗。一日大会将吏,广坐朗吟,宾佐[10]交口[11]誉之,孔和仰视,独无语。强问之,曰:"公诚名将才,然此事定复不急。"泽清怒,罢酒,宾客皆惶惧失次[12],孔和傲然而出。泽清益怒,遣人追及舟中,杀之。已而金陵以为副总兵官,则孔和死数日矣。遵坦入本朝,随肃王平蜀,为巡抚四川都御史,卒于阆。刘有《弈棋赠丘将军长歌》云:"伏生之里大将出,生来所志惟马革。幕中已多指视功,疆场血战不胜笔。堪嗟再谒典连敖,不知三世还执戟。别君十载一瞬间,历尽锋镝与桎桔。背贵那可入韩罪,睛白聊足嘲吴刻。多君谈笑贯索中,坐待明光销蠹蚀。昨闻广武拜军师,圣主怀邦丈人吉。如今驱战真市人,聒聒怒蛙谁与轼。愿君横臂障东海,莫令桑梓生荆棘。安有健儿把犁鉏,但见春林巢小鴌[13]。从来外攘必内安,隐忧不在河北贼。夜凉浮白戒谈事,更向局中问劫急。已知文伟能办贼,不待当场辨白黑。赞君敛手推棋枰,论兵艾艾终羞喫。君功定可勒燕然,我诗空须锦屩[14]织。"王有诗云:"怪鸥扑人山鬼叫,草际幽燐旧年少。古冢老狸夜宴宾,髑髅[15]为盘罗八珍。玄熊文豹甘作使,喏不敢言但相指。夫君意气不自持,拔剑向风剑光死。一身谁遣困蓬蒿,呼天喝月未足豪。驴脊如柴少鞴勒[16],小挫风期非我曹。愁多欢少天白头,倒掷河水西向流。一寸之心括千古,元气茫茫生百忧。金盆濯足锦为厕,以此相酬已堪恚。寄语听冰九尾儿,鹧鸪啼上寒枫枝。"刘又有赠王诗云:"都无杀者黄江夏,岂有食之严郑公。"后竟死刘泽清手,与黄祖[17]事绝类[18]云。丘[19],名磊,邹平人,少为诸生,有才名,后走辽东,诣军门上书,积功至总兵官,佩镇东将军印,亦死泽清之手。(《池北偶谈》卷五)

[1] 王遵坦:明末清初山东益都人,字太平。好饮酒击剑,嗜古诗。顺治年间随军入蜀,官至四川巡抚。著有《愿学斋集》《墨甲堂集》等。

[2] 瀁:即王瀁,明山东益都人,字带如,号愚谷。万历庚戌(1610)进士,先后任大理寺评事、户部员外郎、太原知府、太仆寺少卿。

[3] 刘孔和:明山东长山人,字节之,崇祯内阁大学士刘鸿训的次子。著有《日损斋诗集》。

[4] 鸿训:即刘鸿训,明山东长山人,字默承,号青岳。万历四十一年(1613)进士,授编修,累官少詹事。崇祯初,拜礼部尚书兼东阁大学士,参预机务。著有《四

素山房集》《皇华集》等。

[5] 负气:凭借意气。

[6] 跅弛:放纵不羁。

[7] 结客:结交宾客,多为豪侠之人。

[8] 闯贼:指李自成。

[9] 刘泽清:明末清初山东曹县人,字鹤洲。崇祯末,升至山东总兵。弘光时,与黄得功、高杰、刘良佐为四镇,封东平伯。后降清,顺治时期以谋叛被杀。

[10] 宾佐:宾客佐吏。

[11] 交口:齐声。

[12] 失次:失常。

[13] 鳦(yǐ):燕子。

[14] 罽(jì):毛织品。

[15] 髑髅(dú lóu):指头骨。

[16] 鞯勒(jiān lè):指马具。

[17] 黄祖:东汉末人,事刘表,出任江夏太守。在与孙坚交战中,将孙坚射杀。建安十三年(208)为孙权所杀。文中"黄祖事"指的是黄祖杀祢衡一事,黄祖在船上宴请宾客,祢衡出言不逊,黄祖一怒之下杀了祢衡。

[18] 绝类:非常相似。

[19] 丘:即邱磊,明山东邹平人,字文石。《邹平县志·人物考》中有其传略,又《古迹考》载:"明镇东将军邱磊墓,在城西五里马家庄西。"

袭勖　华鳌

袭勖,字克懋,一字懋卿,章丘人。少贫牧豕,年三十始补诸生[1]。时邑中李太常伯华、袁西野(崇冕)方尚金元词曲,勖谓伤雅道[2],独与济南殷正甫、李于鳞、许殿卿为古文辞,相友善[3]。年六十,以岁贡[4]仕江都县训导,迁威宁教谕、开平卫教授,归五年卒。所著有《懋卿集》、《太极图解》、《性命辨》。刘尚书白川称为朱元晦功臣、王伯安诤友[5]云。勖父彪,尝以输租[6]诣京师,见遗[7]钱百缗[8]于道,辇载而驰及前遗钱者,付之径去。

华鳌,字空尘,亦章丘人,御史珩之孙。邑诸生,妙于绘事[9],落笔辄题其上曰"空尘诗画"。人丐[10]之画,辄瞪目不应。当其意得,迥出[11]笔墨[12]蹊径之外。诗亦如之,五言尤超诣[13]。题王仁甫卜筑云:"大隐不在山,出处乃适意。"送吕中甫山人云:"秋老留红叶,风轻转白蘋。"宿惠上人院云:"爱此疏林月,兼之一磬清。"孤坐云:"雨霁闻啼鸟,风停数落花。"过杨九山川上居云:"垆头留宿火,花径闭秋云",人以拟浩然"微云疏雨"之句。鳌亦沧溟[14]友。予少见其集,今无从购矣。鳌姓字亦见《杨升庵集》。勖有寄沧溟绝句云:"瓜田十亩济城东,云外青山小苑通。流水桃花迷处所,几家春树暮烟中。"鳌睡起自述云:"槐午睡方熟,息肩者稚子;老妻撼绳床,饭熟呼不起。不能工磬折,发乱无人理;我懒我自知,不要旁人喜。"(《池北偶谈》卷十四)

[1] 诸生:经考试录取入学的生员。

[2] 雅道:创作和欣赏诗、书、画等风雅之事。

[3] 友善:亲密友好。

[4] 岁贡:每年或每两三年从各府、州、县学中选送生员升入国子监就读,称为岁贡生。

[5] 诤友:能直言规劝的朋友。

[6] 输租:交纳租税。

[7] 遗:遗失,丢失。

[8] 缗(mín):指成串的铜钱,一串为一千文。

[9] 绘事:指绘画。

[10] 丐:请求,乞求。

[11] 迥出:高出,超过。

[12] 笔墨:绘画时用笔运墨技法的总称。

[13] 超诣:高超脱俗。

[14] 沧溟:指李攀龙,明山东历城人,字于鳞,号沧溟。嘉靖二十三年(1544)进士,授刑部广东司主事,擢陕西提学副使,累迁河南按察使,为"后七子"的领袖人物。有《李沧溟集》《古今诗删》等。

辛弃疾

辛幼安弃疾亦历城人,亦词中大家,少与党怀英[1]同学,南渡为名臣。党入金,官翰林学士承旨,尤工篆书。(《香祖笔记》卷九)

[1] 党怀英:金泰安奉符人,字世杰,号竹溪。工诗文,能篆籀。党怀英少年时与

大词人辛弃疾共同师事亳州刘瞻,故此称二人为同学。

邢侗

  吾乡太仆邢公子愿(侗)[1],以书法文章名神宗朝,然其行谊[2]甚高。初知[3]南宫县,同年渭南南公(宪仲,工书居益之父)[4]为枣强令,会[5]御史按[6]真定,皆在郡候察,而南公病殁[7],后事[8]一无所备。先生直入白[9]御史曰:"南枣强死,无为经纪[10]后事者,某愿请旬日[11]之假,驰往治丧[12],毕事[13]后,赴郡听察。幸甚!"御史素重公名,许之,竟为停察事,听往治丧。至今南氏子孙感公高谊不忘。御史亦贤者,惜逸[14]其姓字。(《池北偶谈》卷七)

[1] 邢公子愿:即邢侗,明山东临邑人,字子愿,号知吾。万历二年(1574)进士,官至陕西行太仆寺少卿。工诗文,尤善书法,与董其昌、米万钟、张瑞图齐名,时称"邢张米董"。有《来禽馆集》《武定州志》《来禽馆帖》等。

[2] 行谊:品行,道义。

[3] 知:管理,主持。

[4] 南公:指南宪仲,明陕西渭南人,字子章。万历二年(1574)进士,授枣强知县。其子南居益,官至工部尚书。

[5] 会:恰巧,正赶上。

[6] 按:巡视。

[7] 病殁:病死。

[8] 后事:丧葬事宜。

[9] 白:禀告。

[10] 经纪:料理,安排。

[11] 旬日:十天,也指很短的时间。

[12] 治丧:承办丧葬事宜。

[13] 毕事:事情办理完毕,了事。

[14] 逸:亡失。

薛禄

  明鄞国忠武公薛禄[1],胶州人。其父居海岛,为人牧羊,时闻牧处有鼓乐声出地中,心识[2]之。语忠武兄弟曰:"死即葬我于此。"后如其言葬焉。已而,勾军[3]赴北平,其兄不肯行,忠武年少请往。后从靖难师,累功至大将军,封阳武侯,追封鄞国公。其地至今号薛家岛[4]。(《池北偶谈》卷八)

[1] 薛禄:明山东胶州人,原名薛六。随燕王朱棣起兵,因战功擢都督佥事。永乐时随帝北征,官至右都督,封阳武侯,宣德间加封太保。后病逝,追赠鄞国公,谥号忠武。
[2] 识:记住。
[3] 勾军:征兵。
[4] 薛家岛:今位于青岛市黄岛区境内。

乙邦才

乙将军邦才[1],山东青州人。以总兵官随史相[2]守广陵[3],同日授命[4]。(《池北偶谈》卷七)

[1] 乙将军邦才:明山东青州人,字奇山。弘光时跟随史可法守扬州,任副总兵,城陷自刎而死。
[2] 史相:指史可法,明河南祥符人,字宪之,一字道邻。崇祯元年(1628)进士,官至兵部尚书。弘光元年(1645),清军攻陷扬州城,史可法拒降而被杀。谥号忠靖,后又追谥"忠正"。有《史忠正公集》。
[3] 广陵:指扬州。
[4] 授命:牺牲,献出生命。

袁崇冕　张国筹　张自慎

袁崇冕,字西野,进士弼之子。兄公冕,弟轩冕,皆用科第[1]起家[2],崇冕独以布衣[3]终。工[4]金元词曲,所著春游、秋怀诸曲,足参康、王之座。与李中麓[5]唱酬[6],王渼陂曰:"雅俗相兼,飒飒有余音。"杨方城曰:"神圣工巧,元人之俦。"中麓曰:"金石之音,元黄之色。"其为名流[7]击赏[8]如此。尝有客以《黄莺学画眉词》谒李太常[9],坐客皆言佳,西野后至,太常曰:"翁素负知音,试择佳句几何,予已有定评[10]。"西野目毕,应声曰:"止起五字是词家语,余无足取。"太常展手^[11]示之，云止"未老已投闲"一句。客皆大笑叹服。同时有高应玘者，中麓弟子，亦工词曲，以贡仕为元城丞，见知^[12]王元美、魏懋权。所著有《醉乡》《归田》诸稿，其《北门锁钥》杂剧，论者以为词人之雄。

又有张国筹者，以贡仕为行唐知县，善金元词曲。所著有《脱颖》《茅庐》《章台柳》《韦苏州》《申包胥》等剧，在袁西野、李中麓伯仲^[13]间。皆章丘人，与太常同时。

又有张自慎者，字敬叔，商河人，游中麓之门，著金元乐府三十余种。太原万伯修曰："北曲一派，海内索解人^[14]不得，眼中独见张就山耳。"就山，自慎别号也。（《池北偶谈》卷十四）

[1] 科第：科考及第，这里指考中进士。

[2] 起家：兴家立业。

[3] 布衣：平民。

[4] 工：擅长。

[5] 李中麓：即李开先，明山东章丘人，字伯华，号中麓。嘉靖八年（1529）进士，授户部主事，官至太常寺少卿，后罢官归田。擅长词曲，著有《宝剑记》《词谑》《闲居集》等。

[6] 唱酬：以诗词互相唱和、酬答。

[7] 名流：知名人士。

[8] 击赏：赞赏。

[9] 李太常：即李中麓，因其官太常寺少卿，故称。

[10] 定评：确定的评价。

[11] 展手：伸手。

[12] 见知：受到知遇。

[13] 伯仲：才能相当，不相上下。

[14] 解人：通解文辞意趣的人。

张待问

予邑新城，本长山县地，元始为县。阅《长山志·名宦》，宋止知县翟大顺一人，丞簿^[1]则有明以前无考。适阅《东轩笔录》，得张待问一人，知志之阙漏多矣。张待问为淄川长山县主簿。县有卢伯达者，与曹侍中利用^[2]通姻，复凭世荫^[3]，大为邑患,县令惮其势,莫敢与较。张一日承令乏,适伯达以讼至庭,即数其累犯[4]杖之。未几,伯达之侄士伦来为本路转运使,人皆为张危之,或劝令自免去[5]。张曰:卢公贤者,肯衔隙[6]以害公正之吏乎!了不婴意[7]。一日,士伦巡案至邑,召张语之曰:君健吏[8]也,吾叔赖君惩之,今变节[9]为善士矣。为发荐章[10]而去。待问固不愧名宦,乃士伦亦乡之贤大夫也。录之以补志乘之阙。(范文正公幼随母改适长山朱氏,《笔录》讹作睢阳,宜正之。)(《池北偶谈》卷六)

[1] 丞簿:指丞和主簿一类的佐官。
[2] 曹侍中利用:即曹利用,宋赵州宁晋人,字用之。累官至枢密使、同中书门下平章事,加左仆射兼侍中。宋真宗时曾奉命与辽军谈判,并达成和议,即"澶渊之盟"。
[3] 世荫:因先世官爵而使后世子孙得以封官。
[4] 累犯:多次所犯之罪。
[5] 免去:辞职。
[6] 衔隙:心怀嫌隙,记仇。
[7] 婴意:在意。
[8] 健吏:精明干练的官员。
[9] 变节:改变旧习而向善。
[10] 荐章:举荐文书。

张应桂

前辈如以甲子科举者犹及见后甲子科,则与新榜中式举人称同年。此余幼闻诸先祖方伯赠尚书府君[1]者。吾乡胶西张编修复我(应桂)[2],举于顺治戊子,昨乙酉秋,送其孙赴试济南,过[3]余信宿[4],大椿轩神气不衰。今又三年戊子,闻又送其孙来济,年八十二矣。八十时游吴,纳一小姬,年才十六。(《古夫于亭杂录》卷五)

[1] 方伯赠尚书府君:指王象晋,王士禛的祖父。
[2] 张编修复我:即张应桂,字复我,明末胶州人,张若麒之子。清顺治九年(1652)进士,改庶吉士,授内翰林宏文院编修,后迁光禄寺丞。
[3] 过:拜访,探望。

[4]信宿：指两三日。

张光启

张光启，字元明，章丘人，世居白云湖[1]上。少为诸生[2]，有名，为梅长公[3]、朱未孩[4]二公所知。崇祯庚辰，年四十，遂弃诸生，辟一圃曰省园，以种树艺花[5]自乐。乱后，足不履城市，年八十余卒。有《张仲集》，诗若干篇，予删存百余首，往往可传。尝有句云："尽日闲看高士传，一生怕读早朝诗。"即其志可知也。（《居易录》卷十）

[1]白云湖：位于今山东章丘西北。
[2]诸生：明清经考试录取入学的生员，俗称秀才。
[3]梅长公：即梅之焕，明麻城（今属湖北）人，字彬父，号长公。万历三十二年（1604）进士，曾任山东学政，官至甘肃巡抚。
[4]朱未孩：即朱大典，明浙江金华人，字延之，号未孩。万历四十四年（1616）进士，曾任章丘知县、山东巡抚，后调总督漕运兼凤阳巡抚。
[5]艺花：种植花草。

张临

元张慎与[1]，名临，读书长白山[2]中，淹贯[3]经史，生徒[4]千里负笈[5]。屡征[6]不起[7]，学者称长白先生。元明善[8]《完颜令去思记》云："与齐处士[9]张临善。"杨廉夫[10]撰《鲍孝子志》，又载先生至元间，由丘园官至祭酒[11]。状元张梦臣、中丞张朴、大参张诚等，皆先生门人。又邹平县北地名河沟[12]，有先生为其父阡表[13]，中自云"为司业[14]，贰上庠[15]，仅半载"，与廉夫言相近[16]。元太史[17]与先生同时，记称处士，不知何谓？今长白山五龙池上有三贤祠，祀伏生、范文正公及先生也。嘉靖中，邹平丞朱仲恩梦一丈夫，冠服朴异[18]，不类时人[19]，自称予有名无爵，世所称长白先生者，乃太学生张松[20]远祖也。松尝记其事，侄孙中丞仁轩公（一元）[21]、曾孙尚书华东公（延登）[22]，建先生祠于县东七里，尚书为之记。（《池北偶谈》卷七）

[1]张慎与：即张临，元济南邹平人，字慎与，隐于长白山中，故世称长白先生。

　　曾开办书院,终生致力于讲学,被誉为一代儒师。

[2] 长白山:在山东邹平南,延伸至章丘、淄博等市境内,东西走向,因山中云气长白得名。

[3] 淹贯:深通广晓。

[4] 生徒:学生,门徒。

[5] 负笈:背着书箱,这里指求学。

[6] 征:征召。

[7] 起:出仕。

[8] 元明善:元大名清河(今属河北)人,字复初,累官翰林学士,卒谥文敏。著有《清河集》。

[9] 处士:隐居不仕的人。

[10] 杨廉夫:即杨维桢,元末明初浙江山阴人,著名诗人,字廉夫,号铁崖,晚号东维子。元泰定帝泰定四年(1327)进士,累擢江西儒学提举,未就任。杨维帧诗名擅一时,号"铁崖体",著有《东维子集》《铁崖先生古乐府》等。

[11] 祭酒:国子监祭酒,为国子监的主管官。

[12] 河沟:今属山东邹平九户镇。

[13] 阡表:墓表。

[14] 司业:国子监的副长官,职能是协助祭酒,负责儒学训导之政。

[15] 上庠:古代的大学。

[16] 相近:接近。此指杨廉夫说张临做过国子监祭酒,而张临自言为国子监司业,二者略有出入。

[17] 元太史:指元明善。

[18] 朴异:古朴奇异。

[19] 时人:当时的人。

[20] 张松:明山东邹平人,字汝高,官祁县知县。嘉靖十二年(1533)修《邹平县志》,著有《瀛南子》《祁大夫祠记》等。

[21] 仁轩公:即张一元,明山东邹平人,字鸣春,号仁轩。隆庆五年(1571)进士,累官至河南巡抚、光禄卿。

[22] 华东公:即张延登,明山东邹平人,字济美,号华东。万历二十年(1592)进士,官至都察院左都御史。朝廷赠官太子太保,追谥忠定。著有《黄门纪事》《晏海编》等。

张蕴

宋张蕴为淄州兵马监押。咸平中，契丹犯境，有全城之功。后为环州监押，虽处穷边[1]，犹建孔子庙。庆历中，范文正[2]过之，书其碑阴[3]以美之。子揆、掞，以文学才行有名于世，皆登侍从[4]。右见《渑水燕谈录》。今济南郡城东三十里王舍人店[5]，有东坡所书"读书台"三大字石刻，耕者出之田间，掞遗迹也。（《分甘余话》卷一）

[1] 穷边：偏僻边远之地。
[2] 范文正：即范仲淹。
[3] 碑阴：碑的背面。
[4] 侍从：宋代称翰林学士、给事中、六尚书、侍郎为侍从。
[5] 王舍人店：即今山东济南历城王舍人镇。

张掞　张揆

济南府城东三十里王舍人店，万历间耕者得片石于田中，刻"读书台"三字，乃苏长公[1]书也。按元遗山[2]《济南行记》以为宋张公掞读书处。掞举进士，仁宗朝知掖县[3]，奏免登莱租税，后以户部侍郎致仕。或云是其兄揆。揆字贯之，通《易》、《太玄》，陈执中荐为龙图阁直学士，进翰林侍讲学士云。（《香祖笔记》卷十二）

[1] 苏长公：即苏轼。
[2] 元遗山：即元好问，金末元初太原秀容（今山西忻州）人，字裕之，号遗山，著名文学家。著有《遗山集》。
[3] 掖县：今山东莱州。

张昭

张昭，济南蒲台人，忠义前卫右千户所司吏。英宗[1]复辟[2]，石亨、曹吉祥等特宠卖官，至三千余员，昭奏之。直隶、山东大饥，复上书言六事，上皆从之。后任南昌府司狱，学士张元祯谓之曰："君昔三疏，位卑而议论[3]甚高，官小而事业[4]则大。已写入金縢,令名无穷矣。"《蒲志》出庸手[5],恐遗[6]此公。因读《月山丛谈》,录之以存其人。(《池北偶谈》卷九)

[1]英宗:指明英宗朱祁镇。
[2]复辟:失去皇位的君主重新复位。
[3]议论:发表的言论。
[4]事业:成就,功业。
[5]庸手:平庸的作者。
[6]遗:遗漏。

赵士喆

莱州赵伯濬(士喆)[1]尝作辽宫词百首,可与周宪王[2]元宫词颉颃[3]。伯濬隐居登之松椒山,躬耕著书,去家五百里,终身不归,著《皇纲录》、《建文年谱》。(《池北偶谈》卷十九)

[1]赵伯濬:即赵士喆,明末山东掖县人,字伯濬。崇祯壬午(1642)超贡,由军功荐举,准以知县选用。明亡后,隐居山中。博学能文,有《建文年谱》《皇纲录》《辽宫词》《石室谈诗》等。
[2]周宪王:即朱有燉,明太祖第五子周定王朱橚长子,号诚斋。袭封周王,谥宪,故称周宪王。博学善书,尤善词曲,著有《诚斋乐府》《诚斋录》《诚斋牡丹百咏》等。
[3]颉颃:抗衡,不相上下。

赵起凤

赵孝廉起凤[1],字羽圣,德州人,笃于行谊[2]。常撰《一本歌》以劝宗族;作《师友俎豆录》,人各为传赞。又作一室,合祀[3]之,每节,家祭[4]后必及焉,仍以馂[5]其子孙,加以粟帛,岁时[6]不绝,乡里化[7]之。康熙甲寅,年七十卒。(《池北偶谈》卷十)

[1]赵孝廉起凤:即赵起凤,明山东德州人,字羽圣,一字于冈。清顺治三年

（1646）举人，未出仕。著有《一本歌》《色养集》《敬诚集》《师友俎豆小录》等。

[2] 行谊：品行，道义。

[3] 合祀：合在一处祭祀。

[4] 家祭：家中对祖先的祭祀。

[5] 馂(jùn)：进餐，吃饭。

[6] 岁时：每年一定的时间。

[7] 化：受感化，受感染。

郑克己

五月山东巡抚王国昌进长人[1]郑克己长六尺八寸，兵部以闻。召见景山，赐食，留侍禁中[2]。克己，新城人，业农，故山西宁武道佥事独复[3]、浙江嘉湖道佥事问玄[4]之族也，是时年三十二。（是秋陕西亦进长人某，其长与郑等，予于乾清门见之。）(《居易录》卷三十)

[1] 长人：身材高的人。

[2] 禁中：帝王所居住的宫内。

[3] 独复：即郑独复，明山东新城人，字乐平，号简庵。万历三十七年（1609）举人，选为崞县县令，后升至山西佥事。

[4] 问玄：即郑问玄，明山东新城人。崇祯十三年（1640）进士，官浙江按察使司佥事、分巡嘉湖道。

周居岐

《文则》、《诗则》各三卷，周居岐撰。居岐字伯康，号与泉，济南历城人。嘉靖间官当涂知县。周，吾里前辈，无诗文名，然其自序二篇，甚有理致[1]。(《居易录》卷十)

[1] 理致：义理情致。

朱遵度

南唐名臣，如韩熙载、孙忌、王仲连，皆山东人，而著述之多，无如朱遵度[1]。遵度，青州人，好藏书，高尚[2]其事，闲居金陵，著《鸿渐学记》一千卷，《群书丽藻》一千卷，《漆书》若干卷，见郑文宝《江表志》。然陆、马[3]二《南唐书》皆不为遵度立传。（《香祖笔记》卷五）

[1] 朱遵度：五代时青州人。好藏书，博学，人称朱万卷。南唐李璟保大中，遵度
　　徙居金陵，高尚不仕。著有《鸿渐学记》等。
[2] 高尚：使保持高洁。
[3] 陆、马：陆指陆游，马指马令，二人皆撰写《南唐书》。

左懋第母

徐烈母[1]，宁海州儒家女，莱阳左公[2]母也，知书，有大节。明崇祯甲申，左公唧命[3]督饷江左，母居京师。三月，京师陷，公从兄[4]吏部郎懋泰以车载母，间道[5]东归，而身与张尚书（忻）、郝侍郎（晋）徒步以从。至白沟河，仰天叹曰：“呜呼！此张公叔夜[6]绝吭[7]处也。”呼懋泰前，责以不能死国，吾妇人，身受国恩，不能草间偷活，寄语吾儿勉之，勿以我为念。又见二公责之曰：“公，大臣也，除一死外，无存身立命处，二公勉之。”言讫而死。盖出都不食已数日矣。与左公之死相距仅一载。莱阳宋孝廉林寺（琏）[8]为予说。（《池北偶谈》卷七）

[1] 徐烈母：明代左懋第的母亲。按：《明史稿》与《明史》均谓左懋第之母为陈
　　氏，经查考相关文献，其母当为陈氏，此处徐氏有误。
[2] 左公：即左懋第，明山东莱阳人，字仲及，号萝石。崇祯四年（1631）进士，授
　　韩城知县。崇祯十二年（1639），擢户科给事中。福王时，任右佥都御史，巡抚
　　应天、徽州等府。后奉命与清谈判议和，被扣留。清兵攻破南京后拒降被杀。
[3] 唧命：即“衔命”，奉命。“唧”，同“衔”。
[4] 从兄：堂兄。
[5] 间道：偏僻的小路。
[6] 张公叔夜：张叔夜，宋开封（今属河南）人，字嵇仲。以荫补兰州录事参军，徽
　　宗大观中，赐进士出身。钦宗靖康时，金兵南下，张叔夜与其子率领三万人进

京勤王,进资政殿学士、签书枢密院事。后京师陷落,张叔夜不屈而死。谥号忠文。

[7] 绝吭:自缢,自杀。

[8] 宋孝廉林寺:宋琏,明山东莱阳人,字林寺,号晓园。崇祯十二年(1639)举人。

金日磾后裔

文登丛大司空兰[1],本汉秺侯金日磾[2]之后。相传日磾四十五代孙永,迁县之丛家岘[3],家焉,遂以为姓,至今科名[4]甚盛。江西多淦氏,旧传亦日磾后。有金赋者,为制置使[5],宋高宗为加点水,遂有淦姓,详载予《皇华纪闻》。(《池北偶谈》卷十)

[1] 丛大司空兰:丛兰,明山东文登人,字廷秀。弘治三年(1490)进士,官至南京工部尚书,卒赠太子少保。

[2] 金日磾(dī):西汉时期匈奴人,字翁叔。匈奴休屠王太子,汉武帝时降汉,赐姓金氏。初为马监,后迁侍中,拜车骑将军,又因救主有功,封为秺侯。

[3] 丛家岘:古地名,今属山东文登。

[4] 科名:科举功名。

[5] 制置使:官名,唐时初置,宋初本不常置,后因与金作战,设置渐多,其职责主要是管辖军务。

临朐冯氏

予乡文献旧家[1]以临朐冯氏为首。初闻山公裕[2]居辽东,从贺医闾[3]学,中正德进士,官止副使,归居青州。有四子,惟健举人;惟重进士,官行人;惟敏举人,官通判;惟讷进士,官光禄寺卿。惟讷字汝言,最有文名,著《古诗纪》、《风雅广逸》诸书。惟健字汝强,以诗名。惟敏字汝行,词曲为明第一手。惟重字汝威,名稍逊伯叔季[4],而其子子咸[5]以进士官给事中,梦天帝以韩魏公[6]为其子,遂生文敏公琦[7],官至礼部尚书,号文章经济大儒[8]。光禄[9]曾孙易斋公溥[10],本朝官少傅、文华殿大学士兼刑部尚书。数代皆有集传于世。(《居易录》卷十)

[1] 旧家:世家,指有地位的家族。

[2] 间山公裕：即冯裕，明山东临朐人，字伯顺，号间山。正德三年（1508）进士，官至贵州按察司副使。归田后，与好友结"海岱诗社"，辑所作为《海岱会集》。

[3] 贺医间：即贺钦，明辽东义州卫人，字克恭，号医间。成化二年（1466）进士，官户科给事中。

[4] 伯叔季：指兄弟排行的次序，一般称"伯仲叔季"，伯是老大，仲是第二，叔是第三，季是最小的。冯惟重在四子中排行第二，为仲。伯指冯惟健，叔指冯惟敏，季指冯惟讷。

[5] 子咸：指冯子咸，为冯惟健之子，明万历元年（1573）举人。按：此处有误，当为"子履"。冯子履为冯惟重之子，明隆庆二年（1568）进士。

[6] 韩魏公：指韩琦，宋相州安阳人，字稚圭，号赣叟。仁宗天圣五年（1027）进士，历右司谏、枢密副使、同中书门下平章事、右仆射、司空兼侍中等职，辅佐三朝。英宗时封魏国公，故此称"韩魏公"。

[7] 文敏公琦：指冯琦，字用韫，冯子履的长子。明万历五年（1577）进士，官至礼部尚书，卒谥文敏。有《经济类编》《宗伯集》等。

[8] 大儒：指学问渊博的人。

[9] 光禄：指冯惟讷，官光禄寺卿。

[10] 易斋公溥：指冯溥，字孔博，号易斋。清顺治四年（1647）进士。

章丘甯氏

章丘县西北有甯戚城，春秋齐甯戚[1]采邑[2]，今县有甯氏，尚为巨族[3]。余尝挽[4]从甥[5]甯氏一联云："相国悲歌扣牛角，仙人暂死食飞鱼。"次句用《列仙传》甯封[6]事，皆甯氏也。（《分甘余话》卷一）

[1] 甯戚：春秋时卫国人，后入齐，为齐桓公所赏识，任为大夫。

[2] 采邑：古代卿大夫的封邑。

[3] 巨族：显赫的家族。

[4] 挽：悼念。

[5] 从甥：堂姐妹的儿子。

[6] 甯封：亦称"甯封子"，传说中黄帝时仙人。《列仙传》载："宁封子者，黄帝时人也。世传为黄帝陶正。有人过之为其掌火，能出五色烟，久则以教封子。封子积火自烧，而随烟气上下，视其灰烬，犹有其骨。时人共葬于宁北山中，

故谓之宁封子焉。"

章丘术氏

吾乡章丘县有术氏,乃金南渡奸相术虎高琪[1]之后。(《香祖笔记》卷三)

[1] 术虎高琪:又作术虎高乞,金朝大臣,西北路女真人,官至尚书右丞相。兴定
    三年(1219)为宣宗诛杀。

新城诸人

弇州先生[1]《明盛事述·父子至三品九卿》:"工部尚书毕公亨[2],子都察院
右副都御史昭[3]。"《早达》:"十九岁,今王方伯象坤[4]中解元。二十岁,登第。"
已上俱吾县人,方伯即二先伯祖也。又《异典述》:"天顺七年[5]庚辰会试,贡院[6]
灾,举人死于火者九十人,俱特赠赐进士出身[7]。"内荣华,新城人。(《古夫于亭
杂录》卷三)

[1] 弇州先生:指王世贞,明苏州府太仓人,字元美,号凤洲,又号弇州山人。嘉
    靖二十六年(1547)进士,官刑部主事,后累官刑部尚书。好为古诗文,著有
    《嘉靖以来首辅传》《觚不觚录》《弇州山人四部稿》《弇山堂别集》等。
[2] 毕公亨:即毕亨,明山东新城人,字嘉会。成化十一年(1475)进士,授吏部主
    事,历右副都御史,累官工部尚书。
[3] 昭:即毕昭,毕亨之子,字蒙斋。明弘治十二年(1499)进士,由部曹出守汝宁,
    后迁都察院右副都御史巡抚山西。
[4] 王方伯象坤:王象坤,字子厚,号中宇,王士禛的伯祖父。明嘉靖四十四年
    (1565)进士,初授河南令,历官至山西左布政使。明清时布政使称"方伯",
    故此称其为"王方伯"。
[5] 天顺七年:天顺为明英宗朱祁镇所用年号,天顺七年即公元1463年。
[6] 贡院:古代乡试、会试的考场。
[7] 进士出身:明、清科举殿试的名次分为一、二、三甲,其中一甲赐进士及第,二
    甲赐进士出身,三甲赐同进士出身。

山东乡试诸人

　　士禛以顺治辛卯[1]羁贯[2]，中山东乡试。是科同考得人极盛者，余杭孙应龙海门[3]以德州知州阅《书经》，得七人，为安丘曹澹余申吉[4]，吏部侍郎；大嵩李望石赞元（榜名立）[5]，兵部督捕侍郎；乐安成愚昆其范[6]，兵部侍郎；邹平马右实光[7]，监察御史；平度崔老山谊之[8]，通永道佥事；禹城卢公铉铸鼎[9]，淮安府推官；胶州韩名卿魏[10]，衡州府通判，七人皆登进士。李、成、马皆尝以御史巡盐，而成与马又皆两浙，孙之桑梓[11]也。时年七十余，家居尚无恙。士禛以《诗经》出寿州夏侍御敬孚[12]先生（人佺）之门，忝冠本房[13]，（初拟解元，改第六。）今官经筵讲官、刑部尚书；安丘刘子延祚远[14]，巡抚顺天副都御史；日照李宗周箎[15]，官知县；子应鹰[16]，内阁学士兼礼部侍郎。抑亦其次。今先生年七十九矣，清健如五十许人。（《居易录》卷十八）

[1] 顺治辛卯：即顺治八年（1651）。

[2] 羁贯：即"羁贯"，原指古代成童（一说八岁以上，一说十五岁以上）的发式，女曰羁，男曰贯。后泛指童年。王士禛十八岁时乡试中举。

[3] 孙应龙海门：孙应龙，清余杭人，字海门。顺治四年（1647）进士，曾于山东为官，任德州知州。

[4] 曹澹余申吉：曹申吉，清山东安丘人，字锡余，号澹余。顺治十二年（1655）进士，官至贵州巡抚。有《澹余诗集》《黔行集》《黔寄集》等。

[5] 李望石赞元：李赞元，清山东海阳（今属烟台市，曾名大嵩卫）人，字公弼，号望石。顺治十二年（1655）进士，曾任山东道御史、两淮巡盐御史、兵部督捕右侍郎。

[6] 成愚昆其范：成其范，清山东青州人，字洪叙，号愚昆。顺治十五年（1658）进士，曾任保定知县、两浙巡盐御史、通政司参议、兵部右侍郎等。

[7] 马右实光：马光，清山东邹平人，字右实，号冻水，与马骕为同曾祖兄弟。顺治十六年（1659）进士，历官云南、河南道监察御史，两浙巡盐御史。

[8] 崔老山谊之：崔谊之，清山东平度人，号老山。顺治九年（1652）进士，官至直隶通永道。

[9] 卢公铉铸鼎：卢铸鼎，清山东禹城人。顺治九年（1652）进士，官淮安府推官。

[10] 韩名卿魏：韩魏，清山东胶州人。顺治九年（1652）进士，官衡州府通判。

[11] 桑梓：故乡。

[12] 夏侍御敬孚：即夏人佺，清江南寿州人，字敬孚。顺治六年（1649）进士，曾任职于山东，官夏津知县，后任河东巡按盐政、四川道御史。

[13] 本房：古代科举考试时考官分房批阅考卷，因此将考官所在的那一房称为本房。

[14] 刘子延祚远：刘祚远，清山东安丘人，字子延，号鹤林。顺治十二年（1655）进士，曾任翰林院庶吉士、吏部考功司主事、大理寺正卿、副都御史等职。

[15] 李宗周簧：李簧，清山东日照人，字宗周，号孝阳。顺治八年（1651）举人，历任蓬莱县教谕、安东卫教授、江西浮梁县知县。

[16] 应鹰：李应鹰，李簧之子，字谏臣。清康熙十五年（1676）进士，官内阁学士兼礼部侍郎。

　　顺治戊子[1]山东乡试，解元[2]伊辟[3]，吾县人；三名连应郑[4]，乐安人；四名綦汝舟[5]，高密人；五名戚延锡[6]，黄县人。皆稀姓[7]，时谓之"五花榜"。辛卯，九十九名韩魏，胶州人；一百名柳焘，临清人。时谓"韩柳押榜"。及丁酉，末二人：王飏昌，高密人；谢某。时又谓"王谢押榜"。（《古夫于亭杂录》卷三）

[1] 顺治戊子：即顺治五年（1648）。
[2] 解元：乡试第一名。
[3] 伊辟：清山东新城人，字卢源，别字翁庵。顺治十二年（1655）进士，官御史，巡按山西，后累擢云南巡抚。著有《按晋奏议》。
[4] 连应郑：清山东乐安人。顺治十五年（1658）进士，兵部观政。
[5] 綦汝舟：清山东高密人，字兰友，号康城。顺治五年（1648）举人，后改选顺天府怀柔县知县。
[6] 戚延锡：清山东黄县人。顺治十八年（1661）进士，官至河南罗山县知县。
[7] 稀姓：稀有的姓氏。

山东风雅之士

　　吾乡风雅[1]，明季[2]最盛。如益都王遵坦太平[3]、长山刘孔和节之[4]，尤非寻常所及，王，巡抚漾子，刘，相国鸿训子也，余为作合传[5]。他如益都王若之湘客[6]，诸城丁耀亢野鹤[7]、丘石常海石[8]，掖县赵士喆伯濬[9]、士亮丹泽[10]，莱阳姜埰如农[11]、弟垓如须[12]、宋玫文玉[13]、弟琬玉叔[14]、董樵樵谷[15],淄川高珩葱佩[16],益都孙廷铨道相[17]、赵进美韫退[18],章丘张光启元明[19],新城徐夜东痴[20]辈,皆自成家,余久欲辑其诗为一集传之,未果也。孙本朝拜相。高,吏部侍郎。赵与琬俱按察使。丁、丘皆以教职[21]迁知县。丁自有集,余仅记丘《马上见》一绝云:"薄罗衫子凌春风,谁家马上口脂红。马蹄踏入落花去,一溪柳条黄淡中。"(《古夫于亭杂录》卷三)

[1] 风雅:指诗文。

[2] 明季:明末。

[3] 王遵坦太平:王遵坦,明末清初山东益都人,字太平。顺治间随军入蜀,官至四川巡抚。好古诗,著有《愿学斋集》《墨甲堂集》等。

[4] 刘孔和节之:刘孔和,明末清初山东长山人,字节之,大学士刘鸿训之子。清兵入关,南下归属刘泽清,后被刘泽清所害。

[5] 合传:史书合数人于一传称"合传"。王、刘二人的合传见本篇"王遵坦 刘孔和"条。

[6] 王若之湘客:王若之,明末山东益都人,字湘客,南京户部尚书王基之孙,以祖荫官至布政使参议。有《王湘客集》。

[7] 丁耀亢野鹤:丁耀亢,明末清初山东诸城人,字西生,号野鹤。顺治间由贡生官至惠安知县,但未赴任。工于诗,著有《丁野鹤诗钞》《赤松游》等。

[8] 丘石常海石:丘石常,明末清初山东诸城人,字子廪,号海石。明副贡生,入清后,曾为利津训导,后擢广东高要县知县,未赴任。有诗名,著有《楚村诗文集》。

[9] 赵士喆伯濬:赵士喆,明末山东掖县人,字伯濬。崇祯壬午(1642)超贡,由军功荐举,准以知县选用。明亡后,隐居山中。博学能文,著有《建文年谱》《石室谈诗》《莱史》《辽宫词》《观物斋诗稿》等。

[10] 士亮丹泽:即赵士亮,字汝寅,号丹泽。明崇祯戊辰(1628)恩贡,丁丑(1637)荐举贤良方正,加顺天府丞衔,前署顺天府丞,借补东安县知县。著有《龙溪集》。

[11] 姜埰如农:姜埰,明末清初山东莱阳人,字如农,自号敬亭山人,又号宣州老兵。崇祯四年(1631)进士,授密云知县,迁礼科给事中,后遣戍宣州卫。明亡后,流寓苏州。著有《敬亭集》。

[12] 垓如须:即姜垓,明末清初山东莱阳人,字如须,姜埰之弟。崇祯十三年

(1640)进士,授行人。后辞官,居苏州。著有《笤笪集》。

[13] 宋玫文玉:宋玫,明末山东莱阳人,字文玉,号九青。天启五年(1625)进士,授虞城知县,累官工部右侍郎,后被免职。清兵破莱阳时被杀。按:关于宋玫的名字,有两种说法:一作"玫",《明史》写作"玫";二作"玟",《山左明诗钞》写作"玟"。

[14] 琬玉叔:即宋琬,明末清初山东莱阳人,字玉叔,号荔裳。清顺治四年(1647)进士,授户部主事,累迁浙江按察使,后遭诬告被囚,晚年复为四川按察使。工于诗,与施润章合称"南施北宋"。著有《安雅堂集》。

[15] 董樵樵谷:董樵,明末清初山东莱阳人,字樵谷,号东湖。明亡后,与赵士喆共同隐居。

[16] 高珩葱佩:明末清初山东淄川人,字葱佩,别字念东,晚号紫霞道人。明崇祯十六年(1643)进士,选庶吉士,官至刑部侍郎。著有《栖云阁集》等。

[17] 孙廷铨道相:孙廷铨,明末清初山东益都人,初名廷铉,字道相,别字沚亭。明崇祯十三年(1640)进士,官至内秘书院大学士,以病归。谥文定。著有《颜山杂记》《南征纪略》等。

[18] 赵进美韫退:赵进美,明末清初山东益都人,字嶷叔,又字韫退,号清止。明崇祯十三年(1640)进士,官至福建按察使。著有《清止阁集》。

[19] 张光启元明:张光启,明末山东章丘人,字元明。明末诸生,后隐居白云湖。著有《自娱草》等。

[20] 徐夜东痴:徐夜,明末清初山东新城人,字东痴,为王士禛叔祖王象春的外孙,与王士禛为外从兄弟。隐居东皋郑潢河上,康熙间荐鸿博,不赴。著有《东痴诗钞》。

[21] 教职:教官,掌管学校的官员。

　　吾乡六郡,青州冠盖[1]最盛。明嘉靖、万历间,官至尚书者八九人。而世宗时,林下诸老为海岱诗社[2],倡和[3]尤盛,其人则冯闾山[4]、黄海亭[5]、石来山[6]、刘山泉[7]、范泉[8]、杨滟谷[9]、陈东渚[10],而即墨蓝北山[11]亦以侨居[12]与焉。倡和诗凡十二卷,无刊本。余近访得钞本,诗各体皆入格,非浪作者。闾山名裕,即四冯[13](惟健、惟敏、惟重、惟讷)之父,文敏琦[14]之曾祖。山泉、范泉,则文和翔[15]之孙也。此集惜不行于世,乃钞而藏之。其后大司空龙渊钟公[16]晚年里居[17],复举真率之会,多至三十人,而诗歌倡和不及前矣(《海岱社诗》即文敏公所选)。(《古夫于亭杂录》卷五)

[1] 冠盖:仕宦,官员。

[2] 海岱诗社:明嘉靖年间山东青州的一个文人诗社,其诗以歌咏山水田园,忧叹百姓民生为主要内容,结集有《海岱会集》。

[3] 倡和:以诗词相酬答。

[4] 冯闾山:即冯裕,字伯顺,号闾山,原籍山东临朐,为临朐冯氏文学世家的奠基者。明正德三年(1508)进士,历官华亭县令、晋州知州、贵州按察副使。著有《方伯集》。

[5] 黄海亭:即黄卿,明山东益都人,字时庸,号海亭。正德三年(1508)进士,历任南京刑罚郎、浙江右参政、江西左布政使。著有《海岱会稿》《编苕集》等。

[6] 石来山:即石存礼,明山东益都人,字敬夫,号来山。弘治三年(1490)进士,官至绍兴知府。

[7] 刘山泉:即刘澄甫,明山东寿光人,字子静,号山泉。正德三年(1508)进士,官至山西布政司参议,著有《山泉集》。

[8] 范泉:即刘渊甫,字子深,号范泉,刘澄甫之弟。明正德五年(1510)举人,著有《范泉集》。

[9] 杨渑谷:即杨应奎,明山东益都人,字渑谷,别号蹇翁。正德六年(1511)进士,历任临洮知府南阳知府。著有《渑古集》。

[10] 陈东渚:即陈经,明山东益都人,字伯常,号东渚。正德九年(1514)进士,官至兵部尚书。

[11] 蓝北山:即蓝田,明山东即墨人,字玉甫,号北泉。嘉靖二年(1523)进士,官至江南道监察御史。著有《北泉集》。按:"北山"疑为"北泉"之误。

[12] 侨居:寄居他乡。

[13] 四冯:指冯惟健、冯惟敏、冯惟重、冯惟讷,为冯裕四子,时人称为"临朐四冯"。

[14] 文敏琦:指冯琦,冯裕的曾孙,字用韫,一字琢庵。明万历五年(1577)进士,授编修,累官礼部尚书。卒谥文敏。著有《经济类编》《宗伯集》。

[15] 文和珝:指刘珝,字叔温,号古直。明正统十三年(1488)进士,授编修。后升任吏部尚书,谨身殿大学士。卒谥文和。有《刘古直集》。

[16] 龙渊钟公:指钟羽正,明山东益都人,字叔濂,号龙渊。万历八年(1580)进士,官至工部尚书。著有《崇雅堂集》《青州风土记》等。

[17] 里居:辞官还乡居住。

叙事篇

毕自严笑语

淄川毕白阳(自严)[1]先生,明崇祯初,为户部尚书,精心会计[2],为时名臣。时练饷[3]新饷,诸项日增,台谏[4]多归咎[5]司农[6],一言官以亢旱上疏,有"烹弘羊,天乃雨"之语。先生笑谓人曰:"此非烹弘羊,直是要烹白阳耳!"(《池北偶谈》卷二十一)

[1] 毕白阳:即毕自严,明山东淄川人,字景曾,号白阳。万历二十年(1592)进士,官至户部尚书。著有《石隐园藏稿》等。
[2] 会计:核计,核算。
[3] 练饷:为练兵所需军饷而征收的田赋苛税。
[4] 台谏:负责监察和谏言的职官。
[5] 归咎:归罪。
[6] 司农:户部尚书的别称。

边贡丰裁

弘治末,孝宗[1]上宾[2]。予郡边尚书华泉(贡)[3]为兵科给事中,疏劾太监张瑜、太医刘泰[4]、高廷[5]误用御药,逮瑜等下狱。大理卿杨守随谓同谳[6]诸臣曰:"君父之事,误与故同;例以《春秋》许世子[7]之律,不宜轻宥[8]。"此事与泰昌时孙文介(慎行)[9]论红丸事[10]相类。尚书工诗博雅,为弘正间四杰之一,世但知其文章,而不知其丰裁[11]如此。又先生仲子[12]习,字仲学,颇能诗。其佳句云:"野风欲落帽,林雨忽沾衣。"又"薄暑不成雨,夕阳开晚晴。"而老鳏[13]贫窭[14],至不能给[15]朝夕以死,则先生清节[16]可知也。(《池北偶谈》卷九)

[1] 孝宗:即明孝宗朱祐樘,年号弘治。
[2] 上宾:古时指帝王死。
[3] 边尚书华泉:边贡,明山东历城人,字廷实,号华泉。弘治九年(1496)进士。嘉靖时累官至南京户部尚书。善诗文,与李梦阳、何景明等称"前七子"。有《华泉集》。
[4] 刘泰:此误,应为"刘文泰"。弘治间任承德郎太医院判,曾奉旨编修《御制本草品汇精要》。

[5] 高廷:此误,应为"高廷和",当时的御医。

[6] 谳(yàn):审判定罪。

[7] 许世子:指许止,春秋许国国君许悼公的儿子。许悼公生病,世子止侍奉进药,许悼公喝了药后就去世了,止为此逃到了晋国。《春秋·昭公十九年》记此事为:"许世子止弑其君买",即《春秋》将其罪认定为弑君。

[8] 宥:宽恕,赦免。

[9] 孙文介:即孙慎行,明常州府武进(今属江苏省)人,字闻斯,号淇澳。万历二十三年(1595)进士,授翰林院编修,官至礼部尚书。文介为其谥号。

[10] 红丸事:史称"红丸案"。明泰昌元年(1620),明光宗病重,鸿胪寺丞李可灼进献红丸,光宗吃后驾崩。此案经长时间追查,后以李可灼和太监崔文升的治罪而告终。明天启二年(1622),时为礼部尚书的孙慎行上疏追论"红丸"一事,劾方从哲包庇李可灼。

[11] 丰裁:风纪,风教纲纪。

[12] 仲子:次子。

[13] 老鳏:指老而无妻无子。

[14] 贫窭(jù):贫穷。

[15] 给:供给。

[16] 清节:清高的节操。

陈凝引经

德清陈端庵(凝)[1],顺治己丑进士,筮仕[2]为新城令。性仁厚,每杖[3]人,辄对之泣。有王生者,宅为人所夺,久不给直[4],讼于官。陈不能决,第[5]好语[6]曰:"《毛诗》云,'维鹊有巢,维鸠居之。'王秀才独不能作鹊耶?"闻者笑之。(《池北偶谈》卷二十一)

[1] 陈端庵:陈凝,清浙江德清人,字端莺。顺治六年(1649)进士,曾任山东新城知县。

[2] 筮仕:初出做官。

[3] 杖:用棍子打,拷打。

[4] 直:钱,报酬。

[5] 第:只,仅仅。

[6] 好语：温和地跟人说话。

冯溥持己见

杜大司马肇余(臻)^[1]言，康熙十四年官内阁学士时，恭遇立储大典。诸相议赦书^[2]条款进呈，或言八旗逃人甚多，应不赦。临朐冯文毅公(溥)^[3]独持不可，争之极力。天已暮，立促入奏，遂两议以进^[4]。上面询^[5]其故，文毅持己议益坚。上曰：卿等暂出，另议画一^[6]以闻。至阁已二鼓^[7]矣。诸公譬说^[8]百端，文毅断断不可^[9]，竟再具两议上之。上竟从文毅议。(《居易录》卷二十八)

[1] 杜大司马肇余：即杜臻，清浙江秀水人，字肇余。顺治十五年(1658)进士，官至礼部尚书。大司马在明清时是兵部尚书的别称，杜臻曾担任过兵部尚书，故称。

[2] 赦书：颁布赦令的文告。

[3] 冯文毅公：即冯溥，字孔博。顺治三年(1646)进士，康熙间官至文华殿大学士。卒谥文毅。著有《佳山堂集》。

[4] 两议以进：指大臣裁定时出现分歧，将不同的意见同时奏报皇帝，以便裁夺。

[5] 面询：当面询问。

[6] 画一：一致，统一意见。

[7] 二鼓：二更，晚上九点至十一点。

[8] 譬说：开导劝说。

[9] 断断不可：绝对不行，坚决不同意。

冯廷櫆中煤毒

德州冯舍人廷櫆^[1]，字大木，予同年^[2]之子也。中康熙壬戌进士，诗名书法擅绝一时。庚辰秋九月十六之夕，尚与客谈谑^[3]，中夜^[4]忽中煤炭毒以卒。质明^[5]，仆辈始知之。盖京师煤炭皆有毒，惟室中贮水盆盎中，毒即解，又《续夷坚志》云，河中人赵才卿言，煤炭熏人，往往致死。临卧削芦菔^[6]一片，著火中，即烟不能毒人。如无芦菔之时，预干为末，用之亦佳。(《居易录》卷三十三)

[1] 冯舍人廷櫆：冯廷櫆，清山东德州人，字大木。康熙二十一年(1682)进士，授

内阁中书。

[2] 同年:古代科举考试同科中式者的互称。此指冯廷櫆的父亲冯沛,与王士禛
为顺治八年(1651)同榜举人。

[3] 谈讌:畅谈宴饮。

[4] 中夜:半夜。

[5] 质明:天刚亮的时候。

[6] 芦菔:即萝卜。

姜垓徐枋谑对

莱阳姜吏部如须(垓)[1],南渡后流寓[2]吴郡,与徐孝廉昭法(枋)[3]友善。一日同行阊门市,姜顾[4]徐曰:"桓温一世之雄,尚有枋头之败[5]。"徐应声曰:"项羽万人之敌,难逃垓下之诛[6]。"相与[7]抵掌[8]大噱[9],市人皆惊。(《池北偶谈》卷十四)

[1] 姜吏部如须:即姜垓,明末清初山东莱阳人,字如须。崇祯十三年(1640)进士,授行人。后辞官,居苏州。有《筼筜集》。

[2] 流寓:流落他乡居住。

[3] 徐孝廉昭法:即徐枋,明末清初江南长洲人,字昭法,号俟斋、秦余山人。崇祯十五年(1642)举人,由于其父徐汧死于南明之亡,因此徐枋不仕于清,隐居山中,以卖画为生。

[4] 顾:回视,看。

[5] 枋头之败:公元369年,东晋将领桓温率兵北伐,在枋头战败。

[6] 垓下之诛:公元前202年,楚、汉两军在垓下进行决战,楚军被彻底击败,项羽自刎乌江。

[7] 相与:互相。

[8] 抵掌:击掌。

[9] 大噱(jué):大笑。

李攀龙蔡姬之葱香馒头

李沧溟[1]食馒头,欲有葱味而不见葱,唯蔡姬[2]者所造乃食。其法先用葱,

不切入馅,而留馒头上一窍,候其熟,即拔去葱,而以面塞其窍。此谢在杭《文海披沙》所载,即所谓"蔡姬典尽旧罗裙"[3]者也。(《香祖笔记》卷二)

[1] 李沧溟:即李攀龙,明山东历城人,字于鳞,号沧溟。嘉靖二十三年(1544)进士,授刑部广东司主事,擢陕西提学副使,累迁河南按察使,为"后七子"的领袖人物。有《李沧溟集》《古今诗删》等。
[2] 蔡姬:李攀龙的爱妾。
[3] 蔡姬典尽旧罗裙:王士禛叔祖王象春为蔡姬所作诗句。详见"李攀龙清节"条。

李攀龙清节

李沧溟先生,身后[1]最为寥落[2]。其宠姬蔡,万历癸卯,年七十余矣,在济南西郊,卖胡饼自给,叔祖季木考功[3]见之,为赋诗云:"白雪高埋一代文,蔡姬典尽旧罗裙。"云云。邢太仆子愿[4]有与孙月峰[5]巡抚书云:"窃见李沧溟先生攀龙,葆真履素,取则[6]先民[7],镕古铸今[8],蔚为代宝。而今五亩之宅,已非文靖之旧;襄阳之里,空标孟亭之名。恫每询访人士,皆云李驹[9]沦丧[10],有子继亡,止遗孽孙[11],又复无母,才离襁褓,寄命媭媪[12],僦居[13]穷巷,托迹浮萍,并日[14]无粗粝之食,经年[15]尟[16]浆汁之馈。伏愿明公,下记所司,略损公帑[17],为赎数椽之敝屋,小复白雪[18]之旧居,月或给米一石,布若干疋,藉以长养壮发[19],绵延后昆[20]。一线犹龙之绪,实被如天之福。斯文一脉,其畴逆心。"观二事,沧溟清节可知矣。(《池北偶谈》卷十二)

[1] 身后:死后。
[2] 寥落:衰落。
[3] 季木考功:即王象春,王士禛的叔祖父,字季木。万历三十八年(1610)进士,官至南京吏部考功郎中。
[4] 邢太仆子愿:即邢侗,明山东临邑人,字子愿。万历二年(1574)进士,官至陕西太仆寺少卿。工于诗文,尤善书法,有《来禽馆帖》《来禽馆集》等。
[5] 孙月峰:孙鑛,字文融,号月峰。当时为山东巡抚。
[6] 取则:以……为榜样。
[7] 先民:古代的贤人。

[8] 镕古铸今:古今知识融会贯通。

[9] 李驹:李攀龙的儿子。

[10] 沦丧:死亡。

[11] 孽孙:庶出之孙。

[12] 嫠(lí)媪(ǎo):寡妇。

[13] 僦(jiù)居:租房居住。僦,租赁。

[14] 并日:整天。

[15] 经年:终年,一年到头。

[16] 尟(xiǎn):同"鲜",少。

[17] 公帑:公家的财产,公款。

[18] 白雪:指白雪楼。李攀龙辞官后,在历城王舍人庄之东鲍山下所建。

[19] 长养壮发:抚育培养,使长大成人。

[20] 后昆:后嗣,后代。

冷孝子扶梓事

冷孝子名升,益都颜神镇[1]人,诸生。父植元,好远游,崇祯己卯岁适[2]岭表[3],鼎革[4]后,兵戈阻绝三十年。孝子发愤,依肇庆道赵君韫退(进美)住端州[5],冀便咨访[6]。一日,有乔某者,亦山东人,往西粤[7],孝子跪请访求。阅岁[8]乔返,微闻其父殁于龙州[9]土司[10]。孝子遂辞去,溯牂牁而上,历三百七十余滩,自横州达南宁,又经迁隆、思明,行五千里,遇那利人蔡、郑二叟,询知与其父旧为龙州土司客,乃与偕往。复与葬师[11]谭姓者遇,竟得父梓[12]于龙州北门交带桥侧,负骸骨归。孝子自叙其事为《龙州扶梓记》。冷一寒士[13],父殁三十年,竟能觅遗骸于蛮荒万里之外,视王绅[14]《滇南恸哭记》尤难。书之以风世[15]云。(《池北偶谈》卷十)

[1] 颜神镇:今山东淄博博山区。

[2] 适:到。

[3] 岭表:今广东、广西一带。

[4] 鼎革:改朝换代。

[5] 端州:今属广东省。

[6] 咨访:咨询访求。

[7] 西粤:广西的别称。

[8] 阅岁:经过一年。

[9] 龙州:位于广西西南部。

[10] 土司:少数民族聚居的地区。

[11] 葬师:旧时丧葬中以看风水、择时日等迷信活动为业的人。

[12] 櫬(chèn):棺材。

[13] 寒士:贫苦的读书人。

[14] 王绅:明浙江义乌人,字仲缙。建文时官国子博学,预修《太祖实录》。其父王祎招谕云南时被杀,当时王绅仅十几岁。洪武二十五年(1392),王绅应征为成都府文学,到云南求父遗骸,因时隔二十多年,最终未得,撰《滇南恸哭记》。

[15] 风世:劝勉世人。

沈渊母卜吉壤

　　同邑沈澄川(渊)[1]先生,幼时丧父,太夫人[2]欲卜吉壤[3],不肯延致[4]堪舆家[5]。但每夜至舍后近地[6],纵横步之再三,忽曰:"此即吉地也。"遂卜窆[7]焉。后沈公成嘉靖乙丑进士,入翰林,官国子司业。卒,以东宫讲官旧劳[8],特予祭葬。(《分甘余话》卷一)

[1] 沈澄川:即沈渊,明山东新城(今山东桓台)人,字子静,别号澄川。嘉靖四十四年(1565)进士,选庶吉士,授翰林院检讨。万历改元进编修,后擢国子监司业,摄大司成。病卒。

[2] 太夫人:对官吏母亲的称谓。

[3] 吉壤:风水好的坟地。

[4] 延致:邀请。

[5] 堪舆家:相地看风水的人。

[6] 近地:附近的地方。

[7] 窆(cuì):挖地作为墓穴。

[8] 旧劳:多年的功劳和成绩。

沈渊属对

　　童子入家塾,讲诵[1]之余,令其属对[2],凡以调声律[3]、觇[4]器识[5],不为无补。昔程篁墩[6]举神童[7],以此得名。余邑前辈沈澄川(渊)先生幼时,塾师夏楚[8]之,负痛投地。师曰:"'一滚滚下地',能对则贳[9]汝。"公应声曰:"两登登上天。"师大奇之,后果以嘉靖乙丑登进士,入翰林,官国子司业。(《古夫于亭杂录》卷三)

[1] 讲诵:讲授诵读。
[2] 属对:诗文对仗。
[3] 声律:声韵格律。
[4] 觇:观察,察看。
[5] 器识:器量见识。
[6] 程篁墩:即程敏政,字克勤,明徽州府休宁人,后居歙县篁墩(今属安徽屯溪),故亦称"程篁墩"。成化二年(1466)进士,官至礼部右侍郎兼侍读学士。著有《新安文献志》《明文衡》《篁墩集》。
[7] 举神童:程篁墩生而早慧,少负才名。据《明史》记载:"十岁侍父官四川,巡抚罗绮以神童荐。英宗召试,悦之,诏读书翰林院,给廪馔。"
[8] 夏楚:原指古代学校两种体罚越礼犯规者的用具,后泛指用棍棒等进行体罚。
[9] 贳(shì):赦免,免除惩罚。

宋琬幼时读书

　　莱阳宋荔裳(琬)按察[1]言幼时读书家塾,其邑一前辈老甲科过之,问:"孺子[2]所读何书?"对曰:"《史记》。"又问:"何人所作?"曰:"司马迁。"又问:"渠[3]是某科进士?"曰:"汉太史令,非进士也。"遽[4]取而观之,读未一二行,辄抵[5]于案,曰:"亦不见佳,何用读为[6]?"荔裳时方髫龀[7],知匿笑之[8],而此老夷然不屑[9]。(《香祖笔记》卷八)

[1] 宋荔裳按察:即宋琬,清山东莱阳人,字玉叔,号荔裳。顺治四年(1647)进士,授户部主事,累迁浙江按察使。与施润章齐名,称"南施北宋"。著有《安雅

堂集》。

[2] 孺子：对小孩子的称呼。

[3] 渠：第三人称代词，相当于"他"。

[4] 遽：急忙，立刻。

[5] 抵：弃掷。

[6] 何用……为：表疑问，可译为"哪里用得着……呢"。

[7] 髫（tiáo）鬌（duǒ）：幼年。

[8] 匿笑：窃笑，暗中偷笑。

[9] 夷然不屑：心中泰然，满不在乎。

孙廷铨戒子

　　益都孙文定公（廷铨）[1]服官[2]居乡，恂恂[3]廉慎。其子宝侗，有高才，侍公京邸[4]，每乡试，必遣归家，戒不得入京闱[5]。尝曰："吾为大臣，汝又薄[6]有文誉，使[7]或以一第相溷[8]，为结纳[9]之阶，平生廉隅[10]扫地矣。"宝侗至今尚为诸生[11]。文定此一节，真有唐质肃[12]、王忠肃[13]二公之风。（《池北偶谈》卷九）

[1] 孙文定公：即孙廷铨，明末清初山东益都人，初名廷铉，字道相，别字沚亭。明崇祯十三年（1640）进士，官至内秘书院大学士。著有《颜山杂记》《南征纪略》等。文定为其谥号。

[2] 服官：为官，做官。

[3] 恂恂：诚实谦恭的样子。

[4] 京邸：京城的府第。

[5] 京闱：在京城举行的科举考试。

[6] 薄：稍。

[7] 使：假使，如果。

[8] 相溷：互相混同。

[9] 结纳：结交。

[10] 廉隅：正直不苟的行为和品性。

[11] 诸生：秀才。

[12] 唐质肃：唐介，北宋著名谏臣，字子方。为官清正廉明，刚正不阿，宋神宗时拜参知政事。卒谥质肃。

[13] 王忠肃：即王翱，明代名臣，字九皋，官吏部尚书，谥号忠肃。

孙廷铨"旧寅"名刺

吏部最重寅谊[1]，前辈虽登九列[2]，名刺[3]必署"旧寅"[4]二字。顺治乙未散馆[5]，安丘刘（祚远）[6]补吏科给事中，寻以其族祖宪石[7]官大学士，引例回避，改吏部主事。孙文定公（廷铨）[8]时已为户部侍郎，投谒[9]偶不书"旧寅"字，刘返其刺，文定逊谢[10]而已。（《居易录》卷二）

[1] 寅谊：官署中同僚之间的交情友谊。
[2] 九列：九卿的职位。
[3] 名刺：拜访时通姓名用的名片。
[4] 旧寅：旧日的同僚。
[5] 散馆：明清时翰林院设庶常馆，新进士朝考得庶吉士资格者入馆学习，三年期满举行考试后，成绩优良者留馆，授以编修、检讨之职，其余分发各部为给事中、御史、主事，或出为州县官，称为"散馆"。
[6] 刘祚远：字子延，号鹤林。顺治十二年（1655）进士，曾任吏部考功司主事、太常少卿、大理寺卿、副都御史等职。
[7] 宪石：指刘正宗，明末清初山东安丘人，字可宗，号宪石。明崇祯元年（1628）进士，入清，被荐为国史院编修，官至吏部尚书、文华殿大学士。
[8] 孙文定公：既孙廷铨，孙廷铨曾任吏部主事。
[9] 投谒：投递名帖求见。
[10] 逊谢：道歉谢罪。

孙仲孺"鳖厮踢"

益都孙（宝侗）仲孺[1]，文定公次子也，持论[2]好与予左[3]。一日，见予《蜀道诗》"高秋华岳三峰出，晓日潼关四扇开"之句，辄疵[4]之。或告以此本昌黎上裴晋公诗，非杜撰也。仲孺怒曰："道是昌黎便如何？毕竟是两扇。"又予题《涪陵石鱼》云："涪陵水落见双鱼，北望乡园万里余。三十六鳞空自好，乘潮不寄一封书。"又曰："既是双鱼，合道七十二鳞。"闻者皆笑之。或以诮[5]予，予亦笑曰："此东坡所谓鳖厮踢[6]也。"（《居易录》卷二）

[1] 孙仲孺：即孙宝侗，清山东益都人，字仲孺，孙廷铨的儿子。

[2] 持论：提出个人主张。

[3] 左：不合。

[4] 疵：挑剔。

[5] 谂：告诉。

[6] 鳖厮踢：比喻情理不合或无理取闹。明代谢肇淛《五杂俎》载："东坡与温公（指司马光）论事，偶不合。坡曰：'相公此论，故为鳖厮踢。'温公不谕其戏，曰：'鳖安能厮踢？'曰：'是之谓鳖厮踢。'"

田雯癖好

田纶霞（雯）[1]少司徒[2]为诗文好新异，康熙壬午谢病[3]归，浃岁[4]卧疴[5]。医立方[6]以进，辄嫌其俗，易他名始服之，如以枸杞为天精，人参为地精，木香为东华童子之类，其癖好新奇如此。（《香祖笔记》卷九）

[1] 田纶霞：即田雯，清山东德州人，字纶霞，又字子纶、紫纶，号漪亭，又号山姜子，晚号蒙斋。康熙三年（1644）进士，官至户部侍郎。著有《古欢堂集》《黔书》等。

[2] 少司徒：官名，即户部侍郎。

[3] 谢病：托病辞官。

[4] 浃（jiā）岁：一年。

[5] 疴（kē）：疾病。

[6] 立方：制订药方。

王点谑语

王完虚中丞（点）[1]，明万历甲辰进士，好诙谐[2]，初仕为邹平知县，县与章丘接境[3]。一日，与章令某相见，令问："足下以何年生？"对曰："乙亥。"因问章令，答云："亦乙亥。"王笑云："某[4]是邹平一害，兄便是章丘一害。"（《池北偶谈》卷二十一）

[1] 王完虚中丞：即王点，其祖本山西黎城人，字肖曾，号完虚。初授邹平县令，

后升为大同巡抚。中丞,官名,明清时用作对巡抚的称呼。王点曾官大同巡抚,
故称其"中丞"。

[2] 诙谑:开玩笑。

[3] 接境:交界,地界相连。

[4] 某:自称"我",指代自己。

王汾免解不降甲

皇祐五年,王汾[1]擢进士甲科[2],唱名[3]日,左右奏免解进士[4],例当降
甲[5],仁宗览家状[6]曰:"汾先朝学士禹偁[7]曾孙。"遂不降甲,后又以元之[8]
孙超升[9]朝籍[10]。元之以直道[11]不容于太宗,而仁宗特擢其孙,与苏、黄党[12]
禁于徽宗,而其孙与甥[13]皆见擢于高宗事同。直道固不终泯,而仁宗、高宗之怜
才亦古今所罕觏[14]也。汾本名元宗,字彦祖,以梦改名。(《香祖笔记》卷十)

[1] 王汾:宋济州钜野(今山东巨野)人,字彦祖,王禹偁的曾孙。累迁兵部侍郎,
以宝文阁待制知齐州。

[2] 甲科:宋时进士及第者,根据成绩分为甲、乙二等,以甲科、乙科称之,甲科优
于乙科。

[3] 唱名:科举时代殿试后,皇帝呼名召见登第进士,称为"唱名"。

[4] 免解进士:免解指举人获准不经解试(荐名于朝廷的地方考试),直接参加礼
部试。宋代免解之制,或准一次免解,或永远免解。进士科或武举举人获得
永远免解者,称"免解进士"。

[5] 降甲:按宋制,免解之人因前已受荫补,在殿试录取中要降一等级。王汾时
为免解进士,按例当降级。

[6] 家状:指记述有关个人履历、三代、乡贯等的表状。

[7] 禹偁:王禹偁,宋济州钜野(今山东巨野)人,字元之。太平兴国八年(983)进
士,曾任右拾遗、左司谏、知制诰、翰林学士等职,因刚直敢言而屡遭贬谪。

[8] 元之:王禹偁的字。

[9] 超升:越级提拔。

[10] 朝籍:在朝官吏的名册。

[11] 直道:正道。

[12] 苏、黄党:指苏轼、黄庭坚。

[13] 孙与甥：孙指苏符，苏轼之孙；甥指徐俯，黄庭坚之甥。

[14] 觏（gòu）：见。

王苹高才

历城秀才王苹[1]，字秋史，少年能诗，颇清拔绝俗，常有"乱泉声里谁通屐，黄叶林间自著书"，"黄叶下时牛背晚，青山缺处酒人行"之句。苹师田中丞漪亭（雯）[2]，而友吴征士天章（雯）[3]，丙寅秋，寄诗于予，予偶以书寓[4]巡抚张中丞南溟（鹏）[5]言苹之才，中丞特召见，引之客座，且赠金焉。苹之才，中丞之谊，皆尘中[6]所少，故记之。（《池北偶谈》卷十九）

[1] 王苹：清山东历城人，字秋史，号蓼谷。康熙四十五年（1706）进士，授知县，后改成山卫教授。著有《二十四泉草堂集》《蓼村文集》等。

[2] 田中丞漪亭：即田雯，见前"田雯癖好"条注释[1]。

[3] 吴征士天章：即吴雯，清山西蒲州人，字天章，号莲洋。康熙十八年（1679）举博学鸿词，未中。著有《莲洋集》，其诗深为王士禛所赏，赞吴雯为"仙才"。

[4] 寓：寄。

[5] 张中丞南溟：即张鹏，清江苏丹徒人，字抟万，别号南溟。顺治十八年（1661）进士，官至吏部左侍郎。张鹏曾于康熙二十三年（1684）担任山东巡抚。

[6] 尘中：世间。

王泽弘、高珩之逝

涓来[1]大宗伯[2]（泽弘），余同年兄弟也，以康熙辛巳致仕[3]，侨居金陵。戊子春捐馆舍[4]，寿八十有三。安丘王叟升华云："初无病苦，但数日不思饮食，隐几[5]而逝。"宗伯，善人君子，宜其如是。高念东[6]少司寇[7]以丁丑年无疾而终，寿八十有六，去来[8]与宗伯同。二公皆达禅理，殆释氏所谓"入无余涅槃界而般涅槃"者邪。（司寇乃宗伯之师。)（《古夫于亭杂录》卷五）

[1] 涓来：即王泽弘，字涓来。顺治十二年（1655）进士，官至礼部尚书。著有《鹤岭山人诗集》。

[2] 大宗伯：明清时礼部尚书亦称为大宗伯。

[3] 致仕:退休。

[4] 捐馆舍:死亡的委婉说法。

[5] 隐几:倚靠几案。

[6] 高念东:即高珩,明末清初山东淄川人,字葱佩,别字念东,晚号紫霞道人。明崇祯十六年(1643)进士,选庶吉士,官至刑部侍郎。著有《栖云阁集》等。

[7] 少司寇:清时刑部侍郎的别称。

[8] 去来:离去。

徐夜诗文之役

  徐东痴[1]隐居系水之东,高尚[2]其志。李容庵(念慈)[3]为新城令,最敬礼之,与相唱和[4]。李罢官,侨居历下。继之者东光马某,亦知东痴之名,然每有诗文之役,辄发硃票[5],差隶属,其结撰[6]稍迟,则签捉元差限比,隶畏扑责[7],督迫[8]良苦,东痴亦无计避之。时傅彤臣[9]侍御里居[10],数以为言,马唯唯[11],然终不悛[12]也。容庵知之,乃遣人迎往历下,及马罢官始归。马作令亦平易近人情,独于东痴一事,殊不可解。山谷云:“士大夫惟俗不可医。”马令正坐一俗耳,使胸中有数卷书,定不至此也。(《分甘余话》卷四)

[1] 徐东痴:即徐夜,明末清初山东新城人,王士禛叔祖王象春的外孙,为王士禛的表兄。康熙间荐鸿博,不赴。有《东痴诗钞》。

[2] 高尚:使……保持高洁。

[3] 李容庵:即李念慈,清陕西泾阳人,字屺瞻,号劬庵。顺治十五年(1658)进士,授直隶河间府推官,改任新城、天门知县,后隐居谷口山。

[4] 唱和:一人作诗词,其他人以诗词相酬答。

[5] 硃票:即“硃笔官票”,指官府用朱笔写的传票。

[6] 结撰:结构撰述。

[7] 扑责:拷打责罚。

[8] 督迫:督促催迫。

[9] 傅彤臣:即傅扆,明末清初山东新城人,字兰生,一字彤臣,号丽农。顺治十二年(1655)进士,官至监察御史。工诗文,著有《增订尧山堂外纪》《姓谱增补》等。

[10] 里居:官员辞官回乡居住。

[11] 唯唯：恭敬的应答声。

[12] 悛：改。

徐夜构草堂书

　　吾邑徐隐君夜，字东痴，又字嵇庵，年二十九，弃诸生[1]，隐居东皋郑潢河[2]上，掘门[3]土室[4]，绝迹城市，有朱桃椎[5]、杜子春[6]之风。癸亥春，予及先兄过[7]之，欲约同志[8]为构[9]草堂，又遗书[10]县令云：元道州[11]状举处士[12]张季秀[13]，请县官为造草舍十数间，给水田一二顷，免其当户[14]徭役，令得保遂其志，使士庶[15]识廉耻之方。又杨君谦《苏谈》所记中峰[16]和上[17]草堂，乃冯海粟[18]炼泥，赵松雪[19]搬运，中峰涂壁。吴人至今传为美谈。明府[20]能为此盛举[21]，继三公之后者，亦佳话也。竟不果[22]。（《池北偶谈》卷六）

[1] 诸生：指经考试录取入学的生员。

[2] 郑潢河：即郑潢沟，在今山东桓台县境内。康熙《新城县志·方舆·山川》载：
　　　"郑潢沟，在县东里许，源出淄川之黉山，北流入锦秋湖。下流汗漫，秋雨水溢，
　　　大为城北居民之害。"

[3] 掘门：凿墙为门。

[4] 土室：土屋。

[5] 朱桃椎：唐益州成都人，淡泊绝俗，结庐山中，人称朱居士。

[6] 杜子春：北周末人，放荡不羁，纵酒闲游，不重资财。《玄怪录》卷一有"杜子
　　　春"篇。

[7] 过：拜访。

[8] 同志：志趣相投的人。

[9] 构：盖，建造。

[10] 遗书：投书，寄信。

[11] 元道州：即元结，唐河南鲁山人，字次山，自称浪士，亦号漫叟、聱叟、漫郎。
　　　历仕山南西道节度参谋、水部员外郎、道州刺史、容管经略使。因曾出仕道
　　　州刺史，故此称其为"元道州"。

[12] 处士：指有才德而隐居不仕的人，后泛指未做官的士人。

[13] 张季秀：唐道州（今属湖南永州）人。代宗时处士，文学为业。当时道州刺
　　　史元结为张季秀上请朝廷，乞令州县造舍给田，免其户役。所撰《举处士张

季秀状》文为：臣州僻在岭隅，其实边裔，土风贪于货贿，旧俗多习吏事。独季秀能介直自全，退守廉让，文学为业，不求人知。寒馁切身，弥更守分，贵其所尚，愿老山林。臣切以兵兴已来，人皆趋竞，苟利分寸，不愧其心，则如季秀者，不可不加异。臣特望天恩，令州县取其稳便，与造草舍十数间，给水田一两顷，免其当户徭役，令得保遂其志，此实圣朝旌退让之道，亦为士庶识廉耻之方。谨录奏闻。（引自《全唐文》）

[14] 当户：本户。

[15] 士庶：百姓，人民。

[16] 中峰：即明本禅师，元朝僧人，杭州新城人，号中峰，俗姓孙，仁宗赐号"佛慈圆照广慧禅师"。

[17] 和上：即和尚。

[18] 冯海粟：即冯子振，元代散曲家、诗人，攸州（今属湖南省株洲）人，一说为湘乡人，字海粟。仕为集贤待制、承事郎，世称其"博洽经史，于书无所不读"。著有《居庸赋》《十八公赋》等。

[19] 赵松雪：即赵孟頫，字子昂，号松雪道人，南宋末至元初著名书法家、画家、诗人，宋宗室。累拜翰林学士承旨。有《松雪斋文集》。

[20] 明府：指县令。

[21] 盛举：美事。

[22] 果：实现。

杨青藜答刘正宗书

潍县[1]老儒杨青藜，字禄客，又字石民，与安丘故相刘公宪石（正宗）[2]老友也，相国假归，招之不往，答书略曰："侧闻[3]直指[4]程君，按部[5]安丘，与尊伻[6]并辔[7]入城，观者莫不骇异[8]。既入城，未至尊府半里许，即下马步泥淖中；既过半里许，乃敢乘。有势如此，阁下能无惧乎？阁下之所居与阁下之所行，众忌之而欲甘心焉者，匪朝夕矣。乃知进而不知退，知存而不知亡，窃为阁下危之。某伏处草泽[9]，稍有异闻，如龚芝麓[10]之镌[11]十三级，则以蜀洛分党[12]也；赵韫退[13]之坎壈[14]终身，则以避马未远也；周栎园[15]之拟立斩，则以报复睚眦[16]也；陈百史[17]之无辜伏法，则以争权竞进也。其他讹传尚多，事关鸿钜[18]，有伤国体，有干名教[19]，谅阁下所必不肯为者，愚不敢轻信而妄言之。即此数端，亦足以招悔尤[20]而犯清议[21]矣。"云云。未几，而刘被祸[22]甚烈，杨亦霍氏之徐

福[23]云。(《分甘余话》卷三)

[1] 潍县:今山东潍坊。

[2] 刘公宪石:即刘正宗,见"孙廷铨'旧寅'名刺"条注释[7]。

[3] 侧闻:听说。

[4] 直指:官职名,朝廷设置的负责巡视的官员。

[5] 按部:巡视。

[6] 伻:使者,仆人。

[7] 并辔:并驱,两马并行。

[8] 骇异:惊讶。

[9] 草泽:指民间。

[10] 龚芝麓:即龚鼎孳,明末清初江南合肥人,字孝升,号芝麓。明崇祯七年 (1634)进士,任兵科给事中。后入清,历刑、兵、礼部尚书。其诗文与钱谦益、吴伟业并称"江左三大家",有《定山堂集》等。

[11] 镌:官吏降级。

[12] 蜀洛分党:本指北宋元祐年间发生的蜀、洛党派纷争,这里用来指称清顺治时期的南北党争。

[13] 赵韫退:即赵进美,明末清初山东益都人,字嶷叔,一字韫退,号清止。明崇祯十三年(1640)进士,入清后召补为太常寺博士,曾先后出任江西、广东、陕西、河南、福建等地的按察使、布政使等职。工于诗,有《清止阁集》。

[14] 坎壈:困顿,不顺利。

[15] 周栎园:即周亮工,明末清初金溪人(后迁河南祥符和南京),字元亮,号栎园。崇祯十三年(1640)进士,官至浙江道监察御史。入清后历任兵备道、布政使、左副都御史、户部右侍郎等。周亮工曾入狱,定罪"立斩籍没",后获赦免。

[16] 睚眦:微小的仇怨。

[17] 陈百史:即陈名夏,明末清初江南溧阳人,字百史。明崇祯十六年(1643)进士,官修撰。入清后,历任吏部尚书、秘书院大学士,后被劾处死。

[18] 鸿钜:鸿儒巨子,指社会名流、权威人士。

[19] 名教:封建礼教。

[20] 悔尤:怨恨。

[21] 清议:公正的评论,社会舆论。

[22] 被祸：遭遇祸事。

[23] 霍氏之徐福：徐福，西汉陕西茂陵人；霍氏指汉代霍光家族。《汉书·霍光传》："初，霍氏奢侈，茂陵徐生曰：'霍氏必亡。夫奢则不逊，不逊必侮上。侮上者，逆道也，在人之右，众必害之。霍氏秉权日久，害之者多矣。天下害之，而又行以逆道，不亡何待！'乃上疏言：'霍氏泰盛，陛下即爱厚之，宜以时抑制，无使至亡。'"

翟院深停鼓思画

翟院深[1]与李成[2]皆营丘[3]人，而院深伶工[4]也。一日太守宴会，院深击鼓失节[5]，召问之，对曰："适仰见飞鸿，淡伫可爱，思欲图写[6]，凝思久之，不知鼓声之失节也。"院深名在《宣和画谱》，与史邦卿[7]以堂吏[8]而名列词中大家，皆奇事。（《分甘余话》卷一）

[1] 翟院深：宋代前期画家，学李成画山水，人谓"得成之风"。
[2] 李成：五代、宋初画家，字咸熙。唐宗室后裔，五代时避乱于营丘。以山水画闻名，对后世影响较大。
[3] 营丘：古邑名，周武王封吕尚（姜子牙）于齐，建都于此。关于营丘故址，一说在今山东淄博临淄境内，一说在今山东潍坊昌乐境内。
[4] 伶工：乐师。
[5] 失节：不合节奏。
[6] 图写：把事物描画出来，绘画。
[7] 史邦卿：即史达祖，宋开封人，字邦卿，号梅溪。宋宁宗时，韩侂胄当政，史达祖为堂吏，深得其信任，负责撰拟文书。善词，有《梅溪词》。
[8] 堂吏：唐宋时中书省的办事官吏。

诸城九仙山僧人事

国初有一僧，金姓，自京师来青之诸城[1]，自云是旗人[2]，金中丞之族，公然与冠盖[3]交往。诸城九仙山古刹常住，腴田数千亩，据而有之，益置膏腴，起甲第[4]，徒众数百人，或居寺中，或以自随[5]。居别墅，鲜衣怒马[6]，歌儿舞女，虽豪家仕族不及也。有金举人者，自吴中来，父事之，愿为之子。此僧以势利横间里[7]者几三十年乃死,中分其资产,半予僧徒,半予假子[8]。有往吊[9]者,举人斩衰[10]稽颡[11],如俗家礼。余为祭酒日,举人方肄业[12]太学[13],亦能文之士,而甘为妖髡[14]假子,忘其本生[15],大可怪也。因书广州大汕事而并记之。(《分甘余话》卷四)

[1] 诸城:今山东诸城,明清时隶属青州府。

[2] 旗人:指满族人。

[3] 冠盖:指官吏。

[4] 甲第:豪华的宅第。

[5] 自随:跟随在自己身边。

[6] 鲜衣怒马:指服饰奢华。

[7] 闾里:乡里。

[8] 假子:养子。

[9] 吊:吊唁。

[10] 斩衰:也作"斩缞",丧服名。古代丧服分为五种,称"五服",其中斩衰为最重的一种。

[11] 稽(qǐ)颡(sǎng):古代的一种跪拜礼节,屈膝下拜,双手向前,额头触地。

[12] 肄业:修习课业。

[13] 太学:古代最高学府。

[14] 髡(kūn):僧人,和尚。

[15] 本生:亲生父母。

左懋第祠事

莱阳左公萝石[1],忠孝大节,出于天性,乡人敬仰之,称大忠先生。昆山徐章仲(炯),健庵尚书次子也。岁庚辰,官山东提学,允公议[2],建大忠祠于其里,首捐百金为倡,一时皆乐佽助[3],不浃岁[4]落成[5],粗[6]有次第[7]。而新令某适至,方修廨署,日遣胥役[8]入祠,取所庇[9]甓石木植之属。乡之绅士以为言[10],令诟怒[11],欲申请毁祠。会章仲按莱考试,令恐拂[12]其创建之意,乃诡辞[13]以自白[14]。章仲因而慰之曰:"子勿虑,第往,具牲牢[15]躬拜祭,则浮议[16]自息。"令如其指,祠竟得无恙。(《香祖笔记》卷七)

[1] 左公萝石:即左懋第,明山东莱阳人,字仲及,号萝石。崇祯四年(1631)进士,授韩城知县,擢户科给事中。福王立,任右佥都御史,巡抚应天、徽州诸府。受命偕陈洪范、马绍愉同往北京与清议和,议和不成,被扣留,清兵破南京后因拒降遇害。著有《左忠贞公集》。

[2] 公议:公众的议论,舆论。

[3] 佽(cì)助:以金相助,资助。

[4] 浃岁:一年。

[5] 落成:竣工。

[6] 粗:略,稍微。

[7] 次第:规模,气派。

[8] 胥役:小吏和差役。

[9] 庀:通"庇"。庇护,遮蔽。

[10] 以为言:因这件事而发怨言。

[11] 诟怒:恼怒,嗔怒。

[12] 拂:违逆,违背。

[13] 诡辞:说假话。

[14] 自白:自我表白。

[15] 牲牢:牲畜。

[16] 浮议:没有根据的议论。

杂事数则

山东济宁州民卢行之父廷辅,以康熙十三年为异母弟廷献殴死,行尚幼稺[1]。及年十五,其母刘氏病不起,语以父死之故,令长大为父报雠,行泣涕受教。时廷献避居金乡县,行以孤孱[2]未敢轻发,乃伪与廷献子阿黑和好,若忘前事者,廷献信之。康熙二十九年七月初八日,廷献醉卧,行抽刃刺杀之,自缚诣吏。吏稽[3]前案,其族卢得捷、卢广居等词证,皆有左验[4]。巡抚谳上[5],下法司[6],核拟照祖父母、父母为人所杀,而子孙不告官司,擅杀行凶人者,杖六十律,热审[7]减等[8],笞五十。奉俞旨,一时公卿士大夫无不奇行者。(《居易录》卷十一)

[1] 幼稺(zhì):年纪小。稺,同"稚"。

[2] 孤孱:孤单弱小。

[3] 稽：核查，调查。

[4] 左验：证人，证据。

[5] 谳上：呈报朝廷，请求定案。

[6] 法司：掌司法刑狱的官署。

[7] 热审：明清时规定每年小满后十日起，至立秋前一日止，以天气炎热，凡流徒、笞杖，例从减等处理，称为"热审"。

[8] 减等：减刑，减轻已判罪的等级。

新城牛德者，鬻[1]身及妻女于旗下，逃归十余年矣。一旦为有司[2]获解[3]，自供子女几人。有司复查解[4]到部，而长女次女皆已适[5]人。有司来请明示。按条例，长女系旗下所生，带逃，应提解[6]。次女系逃后民间所生，应追身银[7]四十两，解部给主。予以提解则夫妇离异，方难之。其旗主李文士者，忽具呈[8]自言不忍其女夫妇断离，人与身银俱不愿领，祈行知[9]地方官，各令宁家[10]，永无改悔。予惊叹曰：世乃有如此人乎？阴德大矣，其后必昌。亟面加奖励，准行[11]。而二女皆安室家矣。文士之义不可使湮没无传也，特表而出之。（《居易录》卷十九）

[1] 鬻：卖。

[2] 有司：官吏。

[3] 获解：拘捕押送。

[4] 查解：查获并解送。

[5] 适：嫁。

[6] 提解：押送人犯。

[7] 身银：卖身钱。

[8] 具呈：备办呈文。

[9] 行知：发文通知。

[10] 宁家：回家。

[11] 准行：准许，许可。

吾乡泰山，收碧霞元君祠香税，自明正德十一年[1]从镇守太监[2]言始。（《居易录》卷二十九）

[1] 正德十一年:公元 1516 年。正德是明武宗朱厚照的年号。

[2] 镇守太监:镇守地方的太监,这里指镇守山东的太监黎鉴。

长山[1]城南楼钟悬数十年,扣[2]之无声。文龙祷[3]以文,卜迁之。文曰:"惟神职司宣布,功懋晨昏。本秉气于西清,讵受制于南焰。致两位不相得,而声气难求;使万民失所瞻,而聋瞆弗启。爰兹改卜,期尔发灵。谢彼离巽之乡,奠厥庚辛之宅。大扣大鸣,起声闻于天下;曰宣曰畅,快久郁之人心。为尔铭功,鉴予申祝。"遂迁之城西,自是果鸣。右二事见郑仲夔《隽区》。吾邑本长山地,以关乡里,故实录之。(《居易录》卷三十四)

[1] 长山:古县名,明清时属济南府,后撤销,今大部属山东邹平。

[2] 扣:敲击。

[3] 祷:祈祷以求福。

驾[1]在德州,赐致仕[2]在籍[3]户部左侍郎田雯[4]"寒绿堂"扁额,原任翰林侍读萧惟豫[5]、编修田需[6]亦蒙赐御书各一幅。(《香祖笔记》卷一)

[1] 驾:指皇帝。

[2] 致仕:退休。

[3] 在籍:居于本籍。

[4] 田雯:山东德州人,字纶霞,又字子纶、紫纶,号漪亭,又号山姜子,晚号蒙斋。康熙三年(1644)进士,官至户部侍郎。著有《古欢堂集》《黔书》等。

[5] 萧惟豫:山东德州人,字介石,号韩坡。顺治十五年(1658)二甲进士,顺治十八年(1661)授翰林院编修,封文林郎。康熙二年(1663)授内国史院侍读,提督顺天等处学政。著有《但因草》《纪恭诗》等。

[6] 田需:田雯仲弟,字雨来,号鹿关。康熙五年(1666)举于乡,康熙十八年(1679)进士,后改编修,授文林郎。著有《侧垫录》《潞河集》《涉江集》等。

上谕[1]:"官民人等及革职降级官员、赎罪人犯,愿赴山东被灾[2]地方泰安

州、沂州、新泰、蒙阴、郯城等县赈济[3]饥民者,列名以闻,事毕议叙[4]。"(《香祖笔记》卷二)

[1] 上谕:诏书,皇帝发布的命令。
[2] 被灾:受灾。
[3] 赈济:救济。
[4] 议叙:清时对考绩优异的官员,交部核议,奏请给予加级、记录等奖励。

　　康熙壬午年,吾乡有少年十余人,自登莱往济南,肩舁[1]数笼,笼有虎一、熊一,又一羊六足,一犬三足。欲观者先以钱投之,攫资[2]无算[3]。(《香祖笔记》卷三)

[1] 舁(yú):抬。
[2] 攫资:获取钱财,赚钱。
[3] 无算:不计其数,言其多。

　　上东巡幸曲阜,竭至圣庙[1],庙门外降辇[2]步行,行三拜礼,留御前曲柄伞[3]于大成殿[4],命家祭[5]即陈设之,古今未睹之异数[6]也。事详《幸鲁盛典》。按宋故事,天子谒孔庙,止行肃揖[7]之礼;庆历四年五月,仁宗特行再拜[8]礼。乃知先圣后圣,其揆一也[9]。《盛典》,衍圣公孔毓圻疏请翰林院庶吉士孙致弥、乙丑进士金居敬(金,予之门人)纂修。书成,金已前授灵丘县知县,卒于官;孙先以无妄讹误[10],至是复官[11]授编修云。(《香祖笔记》卷七)

[1] 圣庙:孔庙的尊称。
[2] 降辇:帝王下车。
[3] 曲柄伞:皇帝外出巡游时的仪仗。
[4] 大成殿:孔庙的主殿。
[5] 家祭:家族对祖先的祭祀。
[6] 异数:特殊的礼遇。
[7] 肃揖:恭敬地拱手行礼。

[8] 再拜：古代一种隆重的礼节，先后拜两次，以表敬意。

[9] 先圣后圣，其揆（kuí）一也：语出《孟子·离娄下》，意思是无论前代的圣人还是后代的圣人，他们的准则是相同的。揆，道理，准则。

[10] 诖误：因过失或牵连而受到处分。

[11] 复官：恢复官职。

　　济宁州学[1]武生[2]欧阳陆叩阍[3]，自称大禹之后，下[4]其词[5]。巡抚议大禹姒姓，欧阳陆狂率[6]，冒称后裔，革去武生，依律充军云。（《香祖笔记》卷九）

[1] 州学：州一级设立的学校。

[2] 武生：武秀才。

[3] 叩阍：向朝廷申诉。

[4] 下：投递，投送。

[5] 词：讼词，诉讼。

[6] 狂率：狂妄轻率。

　　乙酉，自济南至青州，诸郡县皆有狼灾。（《香祖笔记》卷十）

　　《老学庵笔记》[1]：陈师锡[2]家享仪[3]，以冬至前一日为冬住[4]，又云《唐·卢顼传》云，是日冬至除夜，乃知唐人冬至前一日亦谓之除夜。吾乡三十年前冬至节祀先贺岁，与除夕、元旦同，近乃不行，亦不知其所以然也。乙酉夏山东多疫，忽有乡人持斋素者言以五月晦为除夕，禳[5]之则疫可除，一时村民皆买香烛祀神祇祖先，亦妖言也。（《香祖笔记》卷十）

[1] 老学庵笔记：南宋陆游的一部笔记作品，由其书斋"老学庵"得名。

[2] 陈师锡：建州建阳（今属福建）人，字伯脩。宋神宗熙宁九年（1076）进士，知临安县，为监察御史。后为秘书省校书郎，历知宣、苏、颍、庐、滑等州。

[3] 享仪：祭祀的仪式。

[4] 冬住：冬至节的前一天。

[5] 禳：向鬼神祈祷消除灾殃。

乙酉，有书贾[1]来益都之颜神镇[2]，携苏过叔党[3]《斜川集》，仅二册，价至二百金有奇[4]，惜未得见之。（《香祖笔记》卷十一）

[1] 书贾：书商。
[2] 颜神镇：今山东博山。
[3] 苏过叔党：苏过，北宋文学家，字叔党，号斜川居士。苏轼第三子。
[4] 有奇：有余。

俗人传讹袭谬，有绝可笑者。兖州阳谷县西北有冢，俗呼西门冢，有大族潘、吴二氏，自言是西门嫡室吴氏、妾潘氏之族。一日社会[1]，登台演剧，吴之族使演《水浒记》，潘族谓辱其姑，聚众大哄，互控于县令。令大笑，各扑[2]一二人，荷校[3]通衢[4]，朱批曰："无耻犯人某某示众。"然二氏终不悟也。从侄鹓过阳谷，亲见之。（《香祖笔记》卷十二）

[1] 社会：旧时于春秋社日迎赛土神的集会。
[2] 扑：打。
[3] 荷校：以肩荷枷，即颈上带枷。
[4] 通衢：四通八达的道路。

乡前辈某公入秋闱[1]，策问[2]天文，不能悉，偶忆地理一篇，遂用塞白[3]，自谓必无望矣。榜发，中式[4]，及领卷阅之，批云："题问天文，而子兼言地理，可称博雅之士。"文章遇合[5]，信[6]有命哉！（《古夫于亭杂录》卷四）

[1] 秋闱：指乡试，由于其考试时间一般在秋季，故又称"秋闱"。
[2] 策问：所出的试题。
[3] 塞白：应付考试。
[4] 中式：科举考试合格或被录取。

[5] 遇合：遇到而相投合。

[6] 信：确实，的确。

　　掖县张大司寇北海（忻）[1] 夫人陈 [2]，大学士文安公端 [3] 母也。张与胡中丞为姻家 [4]，胡故有优伶 [5] 一部。一日，两夫人宴会，张谓胡曰："闻尊府梨园 [6] 最佳。"胡古朴不晓文语，辄应曰："如何称得梨园？不过老枣树几株耳。"左右皆匿笑 [7]。莱人因号胡氏班为"老枣树班"。（《古夫于亭杂录》卷四）

[1] 张大司寇北海：即张忻，明末清初山东掖县人，字静之，号北海。明天启五年（1625）进士，官擢刑部尚书。后入清，授兵部左侍郎兼右副都御史，巡抚天津。大司寇，清时刑部尚书的别称。

[2] 陈：指张忻夫人陈氏。

[3] 文安公端：即张端，张忻之子。明崇祯十六年（1643）进士，改庶吉士。随父入清，官至国史院大学士。卒谥文安。

[4] 姻家：姻亲。

[5] 优伶：戏曲演员。

[6] 梨园：指戏班。

[7] 匿笑：暗暗偷笑。

　　章丘诸生李观，善医。尝传治小便不通一方：用犀角 [1]、玳瑁 [2] 二味研 [3] 水服之，果立效。（《古夫于亭杂录》卷四）

[1] 犀角：中药名。性寒，可凉血、压惊、清毒解热。

[2] 玳瑁：海龟的一种，其甲片可入药，性寒、味甘，具有清热解毒的功效。

[3] 研：细磨，碾为粉末。

名物篇

大明湖

陆务观[1]云:"吾乡镜湖,为人侵耕几尽,阆州南池数百顷,亦为平陆[2]。"古今胜迹[3],往往陵谷[4]迁移[5]如此。吾郡明湖[6],几分城之半,四五十年前,湖面甚阔,近为人家占作藕塘,此疆彼界,画为沟塍[7],舟行渠中,了无烟波浩淼[8]之趣,几何[9]不为镜湖、南池之续耶?为之一叹。(《分甘余话》卷一)

[1] 陆务观:即陆游,务观为其字。
[2] 平陆:陆地。
[3] 胜迹:有名的古迹。
[4] 陵谷:比喻世事变化。
[5] 迁移:变迁。
[6] 明湖:即今济南大明湖。
[7] 沟塍:沟渠和田埂。
[8] 烟波浩淼:雾气笼罩的水面广阔无边的样子。
[9] 几何:如何,怎么。

白云湖

白云湖[1]一名刘郎中陂,在章丘县西北七里许,周围六十余里,有河泊所与㴉淯(即今绣江)二水会同入大清河,邑乘载之甚明。而张中丞南溟(鹏)[2]《重浚小清河议》乃云:"在浒山泺[3]之东,陶唐口[4]之西。"按长山县[5]无湖,西距白云湖尚百里,不知何据也?(章丘李中麓太常著《白云湖考》。)(《池北偶谈》卷二十六)

[1] 白云湖:今位于山东章丘西北。
[2] 张中丞南溟:即张鹏,清江苏丹徒人,字抟万,别号南溟。顺治十八年(1661)进士,官至吏部左侍郎。张鹏曾于康熙二十三年(1684)担任山东巡抚。
[3] 浒山泺:原湖泊名,在邹平旧县城西十五里。王士禛《长白山录》中载:"浒山泺在九龙山西,醴泉寺北,中多芙藻、菱芡、荻芦、鱼蚌之产,渔舟虎落,交于山麓,周回三十里,盖漯水之委也。"
[4] 陶唐口:古村庄名,清时属山东长山县。据嘉庆六年《长山县志》载:"陶唐

口,在县北五十里。"

[5] 长山县:古县名,明清时属济南府,后撤销,今大部属山东邹平。

　　张中丞南溟(鹏)修小清河,自作《浚河议》,谓白云湖在长山县,非也。按白云湖在章丘县,距长山尚百里。李中麓[1]云:章丘西北有湖,名白云湖,东接淯河诸山七十二峪,西灌鹅女沟七十二渠,溪谷缕注,众水潴[2]而为湖。白云英英[3]出其中,湖因以名。其水入大清,与小清无涉,不知南溟何据而云然。(《居易录》卷二十五)

[1] 李中麓:即李开先,明山东章丘人,字伯华,号中麓。嘉靖八年(1529)进士,授户部主事,官至太常寺少卿,后罢官归田。擅长词曲,著有《宝剑记》《词谑》《闲居集》等。
[2] 潴:水积聚。
[3] 英英:轻盈明亮的样子。

济南泉水

　　《墨庄》[1]云:"济南为郡,在历山之阴,水泉清泠,凡三十余处。"予按济南七十二泉,其名具载《齐乘》[2],实不止三十余也。又云李格非文叔[3]作《历下水记》,叙述甚详,文体有法,惜不与《洛阳名园记》并传。(《香祖笔记》卷十一)

[1] 墨庄:即宋张邦基所著《墨庄漫录》。
[2] 齐乘:元代于钦所撰的山东地方志。
[3] 李格非文叔:李格非,宋齐州章丘人,字文叔,李清照之父。

　　《墨庄漫录》云:"济南为郡,在历山之阴,水泉清泠,凡三十余所,如舜泉、爆流、金线、真珠、孝感、玉环之类皆奇。李格非文叔作《历下水记》,叙述甚详,文体有法。曾子固诗爆流作趵突,未知孰是。"按文叔《水记》,宋人称之者不一,而不得与《洛阳名园记》并传,可恨也。吾郡名泉凡七十二,此云三十余者,盖未详也。(《分甘余话》卷一)

唐刘伯刍品水,以中泠[1]为第一,惠山[2]、虎丘[3]次之。陆羽[4]则以康王谷[5]为第一,而次以谷帘、惠山。古今耳食[6]者遂以为不易[7]之论,其实二子所见不过江南数百里内之水,远如峡中虾蟆碚[8],才一见耳,不知大江以北,如吾郡发地[9]皆泉,其著名者七十有二,以之烹茶,皆不在惠泉之下。宋李文叔格非,郡人也,尝作《济南水记》,与《洛阳名园记》并传,惜《水记》不存,无以正二子之陋耳。谢在杭[10]品平生所见之水,首济南趵突泉[11],次以益都孝妇泉[12](在颜神镇)、青州范公泉[13],而尚未见章丘之百脉泉[14]。右皆吾郡之水,二子何尝梦见。予常题王秋史(苹)二十四泉草堂云:"翻怜陆鸿渐,跬步限江东。"正此意也。(《古夫于亭杂录》卷三)

[1] 中泠:泉名。在今江苏镇江西北金山下的长江中。相传其水烹茶最佳,有"天下第一泉"之称。

[2] 惠山:指惠山泉,位于江苏无锡西郊惠山山麓锡惠公园内。

[3] 虎丘:指虎丘泉水,位于今江苏苏州,在古城阊门外西北。

[4] 陆羽:唐复州竟陵(今湖北天门)人,字鸿渐,一名疾,字季疵,自称桑苎翁,又号竟陵子、东冈子。嗜茶,精于茶道,被称为茶神、茶圣、茶仙。著有《茶经》。

[5] 康王谷:位于江西庐山大汉阳峰。

[6] 耳食:轻信别人的话。

[7] 不易:不变。

[8] 虾蟆碚:位于湖北省宜昌市西北灯影峡中。虾蟆,即蛤蟆,其中有石突出,形似蛤蟆,故名。上有泉水,味道甘甜,陆羽将其列为第四泉。

[9] 发地:出自地面。

[10] 谢在杭:即谢肇淛,明福建长乐人,字在杭。万历三十年(1602)进士,官至广西右布政使。博学善文,著有《五杂俎》《滇略》《方广岩志》《小草斋稿》等。

[11] 趵突泉:位于今山东济南历下区趵突泉公园内。

[12] 孝妇泉:又名"灵泉",位于山东淄博博山区西南凤凰山南麓的颜文姜祠内。此泉由来与当地流传的孝妇颜文姜传说有关,据《齐乘》记载:"齐有孝妇颜文姜,事姑孝养,远道取水,不以寒暑易心,感得灵泉生于室内,文姜常以缉笼盖之。姑怪其需水即得,值姜不在,入室发笼观之,水即喷涌,坏其居宅。故呼为笼水,今孝妇河也,出益都县颜神镇孝妇祠下。"

[13] 范公泉:据南宋祝穆《方舆胜览》记载:"范公泉,在青州城西。范仲淹知青

州,有惠政。溪侧忽漏醴泉,遂以范公泉名之。今医家汲此丸药,号青州白
丸子。"

[14] 百脉泉:位于山东章丘。与趵突泉齐名,曾巩有言:"岱阴诸泉,皆伏地而发,
西则趵突为魁,东则百脉为冠。"

济南七桥

环明湖有七桥,曰芙蓉、水西、湖西、北池、百花、泺源、石桥。曾子固诗:"从
此七桥风与月,梦魂长到木兰舟。"[1](《香祖笔记》卷九)

[1] 从此七桥风与月,梦魂长到木兰舟:诗句出自曾巩《离齐州后五首》。

北渚亭

吾郡遗文[1],惟晁无咎[2]《北渚亭赋》最为瑰丽,有淮南小山[3]之遗风[4]。
其序曰:"北渚亭,熙宁五年集贤校理南丰曾侯巩[5]守齐之所作也。盖取杜甫《宴
历下亭》[6]诗以名之。风雨废久,州人思侯,犹能道之。后二十一年,而秘阁校
理南阳晁补之来承守乏[7]。侯于补之丈人行[8],辱出其后,访其遗文故事,廑有
存者。而圃多大木,历下亭又其最高处也。举首南望,不知其有山。尝登所谓北
渚之址,则群峰屹然,列于祠上,城郭井间,皆在其下。陂湖[9]迤逦[10],川原极
望[11],太息语客,想见[12]侯经始[13]之意,乃彻[14]池南茅间坏亭,徙而复之。"
赋见《鸡肋集》第二卷。今水面亭、历下亭皆在明湖之南,而湖北水关之西有小
圃,传为北渚亭故址,尚有古屋数橼,修竹数十竿。其地濒湖背城,绝无高明爽
垲[15]之观,不知子固所创,无咎所赋,果此地否? 因读《鸡肋集》而识之,俟访诸
故老[16]。(《香祖笔记》卷十二)

[1] 遗文:古人留下的诗文。
[2] 晁无咎:即晁补之,宋济州巨野人,字无咎,号济北,晁端友之子。神宗元丰
    二年(1079)进士。工书画、诗词,著有《鸡肋集》《琴趣外篇》。
[3] 淮南小山:汉淮南王刘安的部分门客的总称。 汉王逸《招隐士》序云:"《招
    隐士》者,淮南小山之所作也。昔淮南王安博雅好古,招怀天下俊伟之士,自
    八公之徒,咸慕其德而归其仁,各竭才智,著作篇章,分造辞赋,以类相从,故

或称小山，或称大山，其义犹《诗》有《小雅》、《大雅》也。"

[4] 遗风：遗留下来的风气。

[5] 曾侯巩：即曾巩，北宋建昌军南丰人，字子固，世称南丰先生。仁宗嘉祐二年（1057）进士，曾任太平州司法参军、集贤校理，后历任齐州、襄州、洪州、福州、明州、亳州、沧州等知州。擅长散文，唐宋八大家之一。北渚亭当是曾巩任职齐州时所建。

[6] 宴历下亭：全名为《陪李北海宴历下亭》。天宝四年（745），北海太守李邕与杜甫恰巧在济南相聚，李邕在历下亭宴请杜甫及诸名士，杜甫当即赋诗《陪李北海宴历下亭》："东藩驻皂盖，北渚凌清河。海右此亭古，济南名士多。云山已发兴，玉佩仍当歌。修竹不受署，交流空涌波。蕴真惬所遇，落日将如何。贵贱俱物役，从公难重过。"北渚亭之亭名当由"北渚凌清河"句而得来。

[7] 来承守乏：担任官职的谦称。绍圣元年（1094），晁补之出知济州。

[8] 丈人行：长辈。晁氏家族在宋代的始迁祖为晁佺，其有三子：晁迪、晁迥、晁遘。晁补之为晁迪五世孙，曾巩为晁遘的孙女婿。

[9] 陂（bēi）湖：湖泽。

[10] 逶迤：曲折连绵。

[11] 极望：放眼远望。

[12] 想见：推测而知。

[13] 经始：开始营建，初始建造。

[14] 彻：拆除。

[15] 爽垲（kǎi）：高爽干燥。

[16] 故老：元老，年高识多之人。

名士轩

　　济南藩司署后临明湖西偏，即曾子固[1]集中所谓西湖[2]也。曾守郡日[3]，尝作名士轩。轩今入署中，明时尚有古竹数竿，芍药一丛，传是宋故物。（《香祖笔记》卷九）

[1] 曾子固：即曾巩。

[2] 西湖：指济南大明湖。曾巩非常喜爱大明湖，其诗亦常以"西湖"为题，如"左符千里走东方，喜有西湖六月凉"（《西湖二首》），"问吾何处避炎蒸，十顷西

湖照眼明"(《西湖纳凉》)。

[3] 曾守郡日:曾巩在熙宁五年至六年(1072—1073)担任齐州知州。

济南名人别业

汉终军[1]故里[2]在府城[3]南九十里。尹太宰旻[4]尹家亭子[5]在湖[6]上。边尚书贡[7]别业[8]在张马泊[9]。刘吏部天民[10]别业在城南六十里吊枝庵[11]。许长史邦才[12]别业在北水门[13]外。殷文庄士儋[14]通乐园[15]在趵突泉西。赵尚书世卿[16]别业在府城东祝店[17]。李按察攀龙[18]白雪楼[19]初在韩仓店[20],所谓"西揖华不注,东揖鲍山"者,后改作于百花洲[21],在王府后碧霞宫西,许长史诗所谓"湖上楼"也。今趵突泉东有白雪楼,乃后人[22]所建,以寓仰止[23]之意,非旧迹也。(《香祖笔记》卷九)

[1] 终军:西汉济南人,字子云。博学善文,武帝时拜为谒者给事中,累擢谏大夫。元鼎四年(前113),出使南越。次年,被南越相吕嘉杀害。年仅二十余岁。

[2] 故里:旧时故居。

[3] 府城:州、郡府治的所在地。

[4] 尹太宰旻:尹旻,明山东历城人,字同仁。天顺七年(1463),擢为吏部侍郎。成化九年(1473),任吏部尚书。后被劾罢职。

[5] 尹家亭子:尹公亭。明崇祯《历乘》载:"尹公亭,北门内,尹旻建。今废。"

[6] 湖:指大明湖。

[7] 边尚书贡:边贡,明山东历城人,字廷实,号华泉。弘治九年(1496)进士,嘉靖时累官至南京户部尚书。善诗文,风格婉约,明代文学"前七子"之一。

[8] 别业:别墅。

[9] 张马泊:白泉泉群泉水的汇集处,旧址在山东历城的王舍人镇。

[10] 刘吏部天民:刘天民,明山东历城人,字希尹,号函山。正德九年(1514)进士,历户部主事、吏部稽勋,官至四川按察司副使。著有《函山集》《蛮吟集》等。

[11] 吊枝庵:位于山东历城锦绣川乡,本为林泉观,后改为吊枝庵。

[12] 许长史邦才:徐邦才,明山东历城人,字殿卿。嘉靖二十二年(1543)解元,官永宁知州,迁德周二府长史。著有《梁园集》《海右倡和集》。

[13] 北水门:也叫"汇波门",位于山东济南大明湖东北角,宋神宗熙宁年间由

曾巩改建。

[14] 殷文庄士儋：殷士儋，明山东历城人，字正甫。嘉靖二十六年（1547）进士，官至武英殿大学士。卒谥文庄。诗负盛名，著有《金舆山房稿》等。

[15] 通乐园：即今济南趵突泉公园中的"万竹园"。殷士儋辞官返回故里济南后，筑室于元代万竹园故址，并取名"通乐园"。

[16] 赵尚书世卿：赵世卿，明山东历城人，字象贤，号南渚。隆庆五年（1571）进士，累迁户部尚书，兼署吏部。为人刚正，后因故被劾，弃官归家。

[17] 祝店：即今山东历城东风街道祝甸社区。原称祝店，明崇祯《历乘》载："城东十里，一名祝店。赵司农卜筑于此。花木菁葱，亦属通衢。"后因地处城郊，沿称祝甸。

[18] 李按察攀龙：李攀龙，明山东历城人，字于鳞，号沧溟。嘉靖二十三年（1544）进士，授刑部广东司主事，擢陕西提学副使，累迁河南按察使。明代著名文学家，倡导文学复古运动，是"后七子"的领袖人物，著有《古今诗删》《李沧溟集》等。

[19] 白雪楼：李攀龙辞官后，在历城王舍人庄之东鲍山下所建。他在《酬李东昌写寄〈白雪楼图〉并序》中言："楼在济南郡东三十里许鲍城，前望太麓，西北眺华不注诸山；大小清河交络其下。左瞰长白、平陵之野，海气所际。每一登临郁为胜观。"

[20] 韩仓店：今属山东历城鲍山街道，为李攀龙故里。

[21] 百花洲：位于大明湖南边。明崇祯《历乘》载："百花洲，百花桥侧。"《大清一统志》载："百花洲，在历城县大明湖南，方广数十里。居民庐舍，围旋环绕。"

[22] 后人：指叶梦熊。明万历年间，当时任职山东右布政使的叶梦熊曾在趵突泉畔建白雪楼，以表达对李攀龙的追思。

[23] 仰止：仰慕。

德、衡藩故址

济南德藩故宫[1]，面南山，负百花洲，宫中泉眼以数十计，皆澄泓[2]见底，石子如挦蒱[3]然。青州衡藩故宫[4]，乱后尚存望春楼及流觞曲池，上有偃盖松，盖数百年古物。予顺治丙申饮于此，甘橘、绣球尚数十株。后丙午、丁未间，周中丞（有德）[5]另建抚署[6]，乃即德藩废宫故址[7]，移衡藩木石以构之，落成[8]，壮丽甚,衡藩废宫鞠为茂草^[9]矣。放翁记长安民家契券四至,有云:某处至花萼楼,某处至含元殿者。古今皆然。(《池北偶谈》卷二十二)

[1] 德藩故宫:即明代由德王朱见潾建于济南的德王府。朱见潾是明英宗朱祁镇的次子,被封为德王,初建藩德州,后改于济南。

[2] 澄泓:水又清又深。

[3] 抟蒲:骰子,赌博时的一种用具,又称色子。

[4] 衡藩故宫:明代由衡王朱祐楎建于青州的衡王府。朱祐楎是明宪宗朱见深的儿子,被封为衡王,建藩青州府。

[5] 周中丞:即周有德,清汉军镶红旗人,字彝初。顺治初由贡生授弘文院编修。康熙时周有德曾担任过山东巡抚。

[6] 抚署:巡抚衙门。

[7] 故址:旧址。

[8] 落成:竣工。

[9] 鞠为茂草:指杂草密布,形容荒芜衰败的景象。

平陵故城

　　《后山谈丛》^[1]云:"齐之龙山镇^[2]有平陵故城,高五丈四,方五里。附城有走马台,其高半之,阔五之三,上下如一。其西与南则在内,东北则在外,莫晓其理。"按东平陵城^[3],唐之全节县也,即古谭子国^[4],《诗》所谓"谭公维私"^[5]者也。故城址尚存,走马台则不可辨识矣。城东门有汉夏侯胜^[6]墓。(《香祖笔记》卷十二)

[1] 《后山谈丛》:宋代史料笔记,著者为陈师道。书中内容宽泛,北宋政事、君臣言行、书法绘画、农事水利、奇闻逸事等均有所涉及。

[2] 龙山镇:今属山东章丘。

[3] 东平陵城:关于东平陵城名称由来及发展,《大清一统志》记载较详,其文为:"在历城县东,春秋齐平陵邑。刘向《说苑》:'齐桓公之平陵,见家人有年老而自养者。'汉置东平陵县,以右扶风有平陵,故此加东也。济南郡治马晋永嘉后移郡治历城,以东平陵为属县,后去东字,刘宋因之。郦道元《水经注》:'武原水迳东平陵县故城西,故陵城也,后乃加平。'李吉甫《元和郡县志》:

'后魏曰东陵,周省。隋末土人李义满据堡自守,武德二年归唐,于堡复置平陵县及谭州,以满为总管,封平陵郡公。贞观元年,州废以县属齐州。十七年,齐州都督齐王佑叛,满及男君球固守,贼平县废,有诏重置,改名全节,以旌其功。'县西南至州七十里,元和十五年并入历城。"

[4] 谭子国:西周至春秋时期的诸侯国。西周初年周武王分封谭国,国君为嬴姓。后为齐桓公所灭,谭氏出逃到莒国。

[5] 谭公维私:语出《诗经·卫风·硕人》:"齐侯之子,卫侯之妻。东宫之妹,邢侯之姨,谭公维私。"

[6] 夏侯胜:西汉东平人,字长公,为今文《尚书》学"大夏侯学"的开创者。

《后山丛谈》云:"齐之龙山镇,有平陆故城,高五丈四,方五里,附城有走马台,其高半之,阔五之三,上下如一,其西与南则在内,东、北则在外,莫晓其理。"今平陵城故址[1]尚在,在历城、章丘界,所谓走马台者,不可复识矣。坡公诗"济南春好雪初晴,行到龙山马足轻",即此地。孟子之平陆[2],则在今汶上县[3]。此城本东平陵,唐齐王祐[4]反,县人不从,太宗嘉之,诏改县名为"全节"。后山云平陆,亦讹[5]也。(《池北偶谈》卷十九)

[1] 故址:遗址。
[2] 孟子之平陆:语出《孟子·公孙丑下》。"平陆"为齐国边境城邑名,在今山东汶上北。
[3] 汶上县:今为山东济宁所辖县。
[4] 齐王祐:李祐,唐太宗李世民的儿子,封齐王。
[5] 讹:错误。

娥皇女英祠

娥皇女英祠[1]在趵突泉,今废。曾子固诗:"层城齐鲁衣冠会,况有娥英诧世人。"[2]《水经注》:泺源亦谓娥英水,以泉上有舜妃娥英庙故也。俗人但知吕仙祠矣。(《香祖笔记》卷九)

[1] 娥皇女英祠:该祠是为纪念舜的二妃娥皇和女英而建。

[2] 层城齐鲁衣冠会,况有娥英诧世人:诗出曾巩《趵突泉》。

薛文清、王文成、许逵祠

天心水面亭[1]南有薛文清[2]、王文成[3]二公祠,东有许忠节公(逵)[4]祠。正统间,文清以吏部尚书郭琎荐,督学山东。文成以弘治甲子典[5]山东试,得堂邑穆文简(孔晖)[6]为解元[7]。忠节初令乐陵,当刘六[8]之乱,破贼全城;后与孙忠烈公(燧)[9]同死宸濠之变[10]。祠中有庶子[11]何洛文[12]碑,又一碑刻大复先生何景明[13]《乐陵令行》一篇。洛文即大复之孙也。(《香祖笔记》卷九)

[1] 天心水面亭:位于济南大明湖。《大清一统志》载:"天心水面亭,在大明湖上,元李洞建,虞集有记。亭后有超然台。明建文时铁铉曾犒军于此。"
[2] 薛文清:即薛瑄,明山西河津人,字德温,号敬轩。永乐十九年(1421)进士,正统间,为山东提学佥事,官至通议大夫、礼部左侍郎兼翰林院学士。天顺八年(1464)卒,谥号文清。
[3] 王文成:即王守仁,明代著名文学家、哲学家,浙江余姚人,字伯安,号阳明子,称为"王阳明"。弘治十二年(1499)进士,历任刑部主事、庐陵知县、右佥都御史、两广总督等职,晚年官至南京兵部尚书、都察院左都御史。曾于弘治十七年(1504)主考过山东乡试。谥号文成。
[4] 许忠节公:即许逵,明河南固始人,字汝登。正德三年(1508)进士,授乐陵知县,后迁江西按察司副使。谥号忠节。
[5] 典:主持。
[6] 穆文简:即穆孔晖,明山东堂邑人,字伯潜,号玄庵。弘治十八年(1505)进士,官至南京太常寺卿。卒谥文简。著有《前汉通纪》《读易录》等。
[7] 解元:科举乡试第一名。
[8] 刘六:原名刘宠,明顺天府文安人。正德时与其弟刘七在霸州发动农民起义,转战于山东、河南、京畿等地,后兵败于黄州西北,溺死。
[9] 孙忠烈公:即孙燧,明浙江余姚人,字德成。弘治六年(1493)进士,历刑部主事、郎中、河南右布政使,擢右副都御史,巡抚江西。后被害,谥号忠烈。
[10] 宸濠之变:亦称宁王之乱,明武宗正德十四年(1519)宁王朱宸濠在南昌发动叛乱,巡抚孙燧与江西按察副使许逵被杀害,后叛乱被王守仁平定。
[11] 庶子:官职名,明朝属詹事府,为正五品。

[12] 何洛文：字启图，号震川，明河南信阳人，何景明之孙。嘉靖四十四年（1565）
进士，改庶吉士。历官侍读学士、詹事府少詹事等，至礼部左侍郎。有《何
震川先生集》二十八卷。

[13] 何景明：明河南信阳人，字仲默，号大复。弘治十五年（1502）进士，授中书
舍人，官至陕西提学副使。明代著名的"前七子"之一，著有《大复集》《雍
大记》《四箴杂言》等。

章丘神迹祠

《书奕》（黄秉石著）引《春秋·元命包》云："姜嫄[1]游閟宫[2]，履大人[3]迹
而生稷[4]。"今章丘有神迹祠，即姜嫄所履。宋济南太守萧承之[5]立祠此山，妻
学履之，是生齐帝[6]。此说志书未引之。然姜嫄何缘[7]至今章丘，事属难稽[8]。
果尔，则章丘一邑，而周室、南齐两朝之祖皆肇迹[9]于此，亦大奇矣。（《居易录》
卷二十九）

[1] 姜嫄：也作"姜原"，帝喾之妻，周人始祖后稷之母。
[2] 閟宫：神庙。
[3] 大人：巨人。
[4] 稷：周之始祖，姬姓，尧舜时期为农官，教民稼穑，称为"后稷"。
[5] 萧承之：南朝宋南兰陵人，字嗣伯，齐高帝之父。官右军将军，曾担任过济南
太守。
[6] 齐帝：指齐高帝萧道成，南北朝时期南朝齐的开国皇帝。
[7] 何缘：为什么，怎么。
[8] 稽：核查，调查。
[9] 肇迹：开始，始兴。

灵岩寺

唐玄奘法师摩顶松[1]，在齐州灵岩寺[2]。师取经西域归，始住长安洪福、大
慈恩二寺及宜君玉华宫译经耳。灵岩属今长清县，图经[3]但以为佛图澄[4]卓
锡[5]之地，而不知玄奘，故著之。（《香祖笔记》卷十）

[1] 摩顶松:《长清县志》载:"松实为柏,高可三丈,大五抱,传唐玄奘往西天取经时,临行于灵岩寺,手摩庭前松曰:'吾西去求佛,教汝枝西长,归时东向,使吾门弟子知之。'后果然。……谓之摩顶松。"

[2] 灵岩寺:位于泰山西北,今山东济南长清区万德镇境内。《嘉定重修一统志》:"在长清县东南方山下,后魏正光中法定禅师始建寺。有摩顶松,相传为唐三藏法师遗迹。"

[3] 图经:附有图画、地图的书籍或地理志。

[4] 佛图澄:僧人,西晋时龟兹国人,本姓帛。晋怀帝永嘉四年(310),来到洛阳,后投奔石勒,深得石勒、石虎崇信。其弟子众多,其中以道安、僧朗等最为著名。

[5] 卓锡:卓,植立;锡,锡杖,僧人外出所用。因谓僧人居留为卓锡,即立锡杖于某处之意。如清蒲松龄《聊斋志异·西僧》:"西僧自西域来,一赴五臺,一卓锡泰山。"

花之寺

沂水县有花之寺,不解其义,张杞园[1]问之土人[2],云以寺门多花卉,而径路窈折[3]如"之"字形,故以为名。周侍郎栎园[4]诗"月明萧寺梦花之",其长子在浚有《花之词》一卷。(《分甘余话》卷三)

[1] 张杞园:即张贞,清山东安丘人,字起元,号杞园。康熙十一年(1672)拔贡生,官至翰林院孔目。

[2] 土人:当地人。

[3] 窈折:曲折。

[4] 周侍郎栎园:即周亮工,明末清初金溪人(后迁河南祥符和南京),字元亮,号栎园。崇祯(1640)十三年进士,官至浙江道监察御史。入清后历任兵备道、布政使、左副都御史、户部右侍郎等。

高植墓

门人国子监助教赵(善庆),德州人。前户侍景毅(继鼎)之孙也。家藏一玉炉,云耕夫得之土冢[1]中。冢有断碑云:"君讳植,字子建。"始疑是陈思王[2],考之,乃北齐高植^[3]墓。按高氏渤海蓨人，正今德州境。然《北齐书》竟不载植姓名，何也？（《居易录》卷二十八）

[1] 土冢：坟墓。
[2] 陈思王：指曹植，字子建，曹操之子。封陈王，卒谥思，故称陈思王。
[3] 高植：渤海蓨人，字子建，高肇之子。拜为中书侍郎，后历任济、青、相、朔、恒等五州刺史。《魏书•外戚列传•高肇传》下附"高植"条。

古冢石枕

德州四牌坊^[1]西，居人^[2]掘地得古冢，中一石枕，上锓^[3]诗云："百宝装腰带，金丝络臂鞲。笑时花近眼，舞罢锦缠头。"（《香祖笔记》卷九）

[1] 四牌坊：立在十字路口的四个骑道牌坊组合，俗称"四牌坊"。
[2] 居人：居民。
[3] 锓（qǐn）：刻。

锦秋亭

自夏庄桥渡时水（俗名乌河）而东，并河北行，内河外湖，浩淼无际。十里至湾头，新、博二邑分界处也。时水自南而北，小清故河自西而东，汇于湾头，与湖相望，中亘长堤。湾头烟火数百家，夹河以居，艖舟^[1]渔艇，鳞次^[2]市桥。再渡湾头桥而北，市廛^[3]尽处，堤直如弦，属于博昌城，凡十里，榉柳夹之。两岸皆稻塍荷塘，篱落^[4]菜圃，与纬萧交错。时十月下浣，过之，烟雨空濛，水禽矫翼^[5]，黄叶满地，人行其中，宛若画图，时见牧人蓑笠御毂觫^[6]归村落间，邈然有吴越间意。明日晴，遂由东城骑行而南，舍骑过石梁，登架笔山。山叠土为之，三峰起伏，杂植桃柳，锦秋亭在东峰。此亭元中统所建，《齐乘》以为在东南城上，而山乃嘉靖甲辰金事黄鳌所筑，则亭之移，当在是时也。北枕城堞^[7]，西望河堤，东南俯临极浦，备烟波旷渺之趣。因忆徐隐君（夜）^[8]旧示予《锦秋亭辨》，具录于此，以备兹亭故实^[9]，使来者有所考焉。

北湖名锦秋，新城、博兴二县志，皆以为本于坡诗，其所谓诗，即今志所载："霜风收绿锦"五言八句者是也。予独疑诗中北阙字，不类宋时事迹；而《东坡全集》及单刻《胶西集》，都无此首；诗之气格亦不类，然无据以夺之。及阅元兵部侍郎于公钦[10]《齐乘·锦秋亭》一则，乃知此诗即于公作，所谓取坡诗命名者非。此诗乃取《和文与可横湖绝句》而名之也。后来作志者，据钦书采入，不细详文义，牵连读去，以致承袭讹误而不之改。据钦所记，亭为中统[11]间邑人[12]所建，中统乃元初年号，后苏公百数十年，当时岂遂有亭可赋诗耶？然何以知其取诗即《横湖绝句》也？以其篇中连缀"锦秋"二字而知之也。今钦诗"霜锦云秋"等字，亦仍本此。辄录钦原文并录苏诗于后。《齐乘》一则：锦秋亭，博兴东南城上，中统中邑人所建，取坡诗命名（此下于自叙述）。盖齐地淄、时、般、浱诸水，汇为马车渎以入海，博兴宛在水中，舟楫交通，鱼稻成市。昔尝过之，爱其风景绝类江南，赋诗亭上云："霜风收绿锦，万顷水云秋。海气朝成市，山光晚对楼。舟车通北阙，图画入南州。且食鲈鱼美，吾盟在白鸥。"其鲈虽小，亦四腮，不减[13]松江，有莼菜，齐人不识，目[14]鲈为豸云。苏公《横湖绝句》："贪看翠盖拥红妆，不觉湖边一夜霜。卷却天机云锦段，从教匹练写秋光。"外祖季木王公[15]，世目博洽，公《北湖游记》载：钦常自济南华不注山下，经小清河，东入此湖；折而南，入时水，至索镇，舍舟归益都。（此亦本《齐乘·时水》条下所载。）则知钦过此赋诗，是其常所往来之地矣。独记中于此诗偶失简察[16]，尚沿旧志之讹。而外伯祖康宇先生[17]作志亦仍[18]之，安知后来不有据此而编入苏集者，是不可不辨也。谓宜于湖之北岸胜处[19]，祠苏、于二公，额以"盟鸥"，更榜"卷云写练"四大字于其上，庶[20]俾[21]后来知此缘起[22]。特为笔述，俟吾地之大人君子有志乘籍[23]者折衷[24]焉。岁在庚戌五月九日，湖上老渔徐夜记。（康宇先生，即先祖方伯公也。）（《池北偶谈》卷十一）

[1] 鹾舟：运盐船。鹾，盐的别名。

[2] 鳞次：像鱼鳞一样依次排列。

[3] 市廛：街市的店铺。

[4] 篱落：篱笆。

[5] 矫翼：展翅。

[6] 觳（hú）觫（sù）：指牛。语出《孟子·梁惠王上》："吾不忍其觳觫，若无罪而就死地。"本指牛恐惧发抖的样子，后以此词借指牛。

[7] 城堞（dié）：城墙。

[8] 徐隐君：即徐夜，明末清初山东新城人，初名元善，字长公，后更名夜，字嵇庵，又字东痴，王士禛的表兄。明诸生，后隐居东皋郑潢河上。康熙间荐鸿博，

不赴。著有《东痴诗钞》。

[9] 故实：出处，典故。

[10] 于公钦：于钦，元山东益都人，字思容。初仕国子助教，历官山东廉访司照磨、御史都事、左司员外郎、兵部侍郎等职，后因受排挤，出任益都府田赋总管。在山东任职期间，于钦完成了《齐乘》一书。《中国方志大辞典》称该书"是山东现存最早的一部完整的方志，亦是全国著名方志之一"。

[11] 中统：元世祖忽必烈的年号。

[12] 邑人：同乡的人。

[13] 不减：不次于，不差于。

[14] 目：称，称呼。

[15] 季木王公：即王象春，王士禛的叔祖父，字季木。万历三十八年（1610）进士，官至南京吏部考功郎中。王象春为徐夜的外祖父。

[16] 简察：检察。

[17] 康宇先生：指王象晋，明山东新城人，字荩臣，号康宇，王士禛的祖父。万历三十二年（1604）进士，官至浙江布政使。著有《群芳谱》《赉桐载笔》等。

[18] 仍：沿袭。

[19] 胜处：美好的地方。

[20] 庶：希望。

[21] 俾（bǐ）：使。

[22] 缘起：事情的起因。

[23] 乘籍：史书。

[24] 折衷：取正，作为判断的准则。

庞家湖

新城东北有庞家湖，亦名庞居士湖。相传以为庞居士沈金[1]处，然不知居士何许人也。陶南村《辍耕录》云："相传庞居士家赀钜万[2]，殊用劳神。自念[3]曰：'若以予[4]人，又恐人之我若，不如置之无何有之乡[5]。'遂辇送大海中，举家修道，总成证果[6]。"即此事也。湖在锦秋湖之西，青沙湖之东。邑志当补入（载第十九卷）。（《古夫于亭杂录》卷二）

[1] 沈金：即沉金。

[2] 钜万：形容数量极多。《汉书•食货志上》："富者累钜万，而贫者食糟糠。"颜师古注："钜，大也。大万，谓万万也。"

[3] 念：想。

[4] 予：给。

[5] 无何有之乡：指空无所有的地方。语出《庄子•逍遥游》："今子有大树，患其无用，何不树之于无何有之乡，广莫之野。"成玄英疏："无何有，犹无有也。莫，无也。谓宽旷无人之处，不问何物，悉皆无有，故曰无何有之乡也。"

[6] 证果：修行得道。

长白山

予幼自乙酉、丙戌间避兵长白[1]，即《史记》所称副岳[2]也。《酉阳杂俎》记山中崔罗什沙弥二桃事，其峰峦洞壑，横侧单复之奇，概未之及也。乙未举进士，后丙申春始与邑高士徐东痴（夜）同游，凡柳庵、上书堂、醴泉寺诸胜皆至焉，刻《长白游诗》一卷。癸丑丁内艰[3]，以先祭酒府君[4]命养疴[5]山中，仅至柳庵、生生庵、唐李庵、醴泉寺，距昔游已十八年。乙丑丁外艰[6]，丁卯往视内兄张隐君（实居）宾公于山中，遂同至书堂、柳庵、葛洞，未及醴泉而返。距癸丑之游，又十三年矣。名山近在户庭[7]，宦游[8]四方，辄不得归，归而往游，动逾十稔[9]。中间惟丙申之游最乐，癸丑以先恭人[10]艰归，又值先兄考功之变，丁卯以乞假归省，寻遇祭酒府君大故[11]，岂复有山水之乐哉！即此一山之游，今昔陵谷[12]之感，不啻[13]如右军禊帖[14]云云[15]矣。（《居易录》卷五）

[1] 长白：长白山在今山东邹平南，延伸至章丘、淄博等境内。

[2] 副岳：长白山被称为泰山副岳。

[3] 丁内艰：遭逢母亲丧事。

[4] 先祭酒府君：指王与敕，王士禛的父亲。祭酒为官名，王与敕曾封国子监祭酒。

[5] 养疴：养病。

[6] 丁外艰：遭逢父亲丧事。

[7] 户庭：门庭，家门。

[8] 宦游：在外做官。

[9] 十稔（rěn）：十年。稔，年。

[10] 恭人：明清时四品官员妻子的封号。这里指王士禛的母亲。

[11] 大故：父母丧。

[12] 陵谷：指世事变迁。

[13] 不啻：无异于，如同。

[14] 右军禊帖：指王羲之《兰亭集序》。禊帖，《兰亭集序》的别称。序中抒发了王羲之对世事变化、生死无常的感慨，如"当其欣于所遇，暂得于己，快然自足，不知老之将至；及其所之既倦，情随事迁，感慨系之矣。向之所欣，俯仰之间，已为陈迹，犹不能不以之兴怀，况修短随化，终期于尽！"

[15] 云云：用来表示所省略之词。

范公泉

　　宋王辟之圣涂[1]云："皇祐中，范文正公[2]守青州，兴龙僧舍西南洋溪中有甘泉涌出，公构亭泉上，刻石记之。幽人[3]逋客[4]，往往赋诗鸣琴烹茶其上，日光玲珑，珍禽上下，真物外之游。欧阳永叔[5]、刘贡父[6]皆有诗刻石。青人目[7]之曰范公泉。"按范公泉非一，今益都西南百八十里颜神镇城东秋谷[8]有范公祠，泉清冷，出祠中，东北流，合城西之笼水，亦名颜娘泉。北流历淄川、长山、新城，为孝水，邹平长白山东峰上之书堂，西峰下之醴泉寺，皆有范公泉。盖文正幼随其母，流寓[9]长山，读书长白山中，又往来秋谷，故范泉有三，皆其孤贫流寓时读书之迹，而青州之范泉，则既贵后宦游[10]之迹也。世或不知，故详著之。（《香祖笔记》卷九）

[1] 王辟之圣涂：王辟之，宋青州营丘人，字圣涂。英宗治平四年（1067）进士。著有《渑水燕谈录》。

[2] 范文正公：即范仲淹，文正为其谥号。

[3] 幽人：隐士。

[4] 逋（bū）客：避世之人。

[5] 欧阳永叔：即欧阳修，永叔为其字。

[6] 刘贡父：即刘攽，字贡父，号公非。北宋史学家，曾助司马光修《资治通鉴》。

[7] 目：称，称呼。

[8] 秋谷：位于今山东淄博博山区。

[9] 流寓：流落异乡居住。

[10] 宦游：外出做官。

礼参店

范文正公幼随其母客[1]济南长山县[2]，而读书长白山之醴泉寺[3]，今长山城外孝水南岸有公祠。城西十五里礼参店，公所常往来之地。后公守青州，过长山，父老迎候于此。从曾叔祖开封太守曙峰公（之都）[4]作三贤祠于市之西北隅，以祀公与陈仲子、伏生，香火至今不绝。《文正集》旧刻大字本编首有《礼参店图》，俗讹为李三店，非也。（《分甘余话》卷一）

[1] 客：寄居，迁居他乡。
[2] 长山县：古县名，明清时属济南府，后撤销，县城今为山东邹平长山镇。
[3] 醴泉寺：位于长白山中，在今山东邹平境内。
[4] 曙峰公：指王之都，明山东新城人，字尔章，号曙峰。王之都为王士禛曾祖王之垣的堂弟，故士禛称其为从曾叔祖。

醴泉寺溪

醴泉寺在长白山之西，西有大溪，溪中多巨石，红叶时最可游憩[1]。石下产小蟹，百十为群，一二寸之鱼泳游其间，与日影相映，恍忽无定。去吾别业[2]才七八里。余有诗云："千林红叶多，乱此一溪水。叶逝水空明，鱼苗可怜紫。"（唐诗："鱼鳞可怜紫"）"石根如蟹堁，螯跪五铢小。琐琲腹中居，何似清流好。"（《分干余话》卷一）

[1] 游憩：游玩和休息。
[2] 别业：别墅。

墨王亭

长白山会仙峰[1]之北，浒山泺[2]中有墨王亭，从叔祖洞庭（象咸）[3]之别业也。米元章[4]称法书[5]曰墨王，陆友仁[6]谓非钟王[7]不能当，亭名义取诸此。洞庭仕明末崇祯时，为光禄署正，工草书，尤嗜酒，酒酣落笔如风雨骤至，蛟龙怒飞,人得其纨素便面[8],皆藏弆[9]以为宝,今真迹不易得矣。别业今为邹平张氏所有,亭犹在。予少时题句云:"墨王亭子水中央,四面菰蒲作夏凉。"周栎园(亮工)侍郎[10]过此,有诗《见怀》云:"独有墨王亭畔水,空明与客忆王郎。"冯大木(廷槐)舍人[11]爱墨王之名,因为道其缘起[12]如此。(《居易录》卷十五)

[1] 会仙峰:即今会仙山,位于山东邹平西南,为长白山脉北部主峰。

[2] 浒山泺(pō):原湖泊名,在邹平旧县城西十五里。王士禛《长白山录》中载:"浒山泺在九龙山西,醴泉寺北,中多芙蕖、菱芡、葭芦、鱼蚌之产,渔舟虎落,交于山麓,周回三十里,盖漯水之委也。"泺,同"泊"。

[3] 洞庭:即王象咸,明山东新城人,号洞庭,王士禛的从叔祖。

[4] 米元章:即米芾,北宋书法家、画家,字元章。徽宗时召为书画学博士,擢礼部员外郎。

[5] 法书:指名家的书法范本,供人学习或欣赏。

[6] 陆友仁:元代书法家,以善诗、工书、鉴赏书画而闻名,著有《砚史》《墨史》《砚北杂志》等。

[7] 钟王:指钟繇和王羲之。钟繇是三国魏时期的书法家;王羲之为东晋书法家,有"书圣"之称。

[8] 纨素便面:指细绢制成的扇子,扇面可用来写字、作画,是古代书画作品的形式之一。纨素,白色的细绢;便面,原指古代用以遮面的扇状物,后也用以称扇子或扇面。

[9] 藏弆(jǔ):收藏。弆,藏。

[10] 周栎园侍郎:即周亮工,详见"花之寺"条注释[4]。

[11] 冯大木舍人:冯廷槐,清山东德州人,字大木。康熙二十一年(1682)进士,授内阁中书。

[12] 缘起:事物的起因。

崂山

劳山[1],在莱州府即墨县境中。昆山顾宁人(炎武)序《劳山图志》曰:"自田齐之末,有神仙之论,而秦皇、汉武谓真有此人在穷山巨海之中,于是八神之祠遍于海上,万乘之驾常在东莱,而劳山之名由此起矣。山皆乱石巉岩[2],下临大海,逼仄[3]难度,其险处土人[4]犹罕至焉。秦皇登之,是必万人除道,百官扈从[5],

千人拥挽而后上也。五谷不生,环山以外,土皆疏瘠[6],海滨斥卤[7],仅有鱼蛤,亦须其时。秦皇登之,必一郡供张[8],数县储偫[9],四民[10]废业,千里驿骚[11],而后上也。于是齐人苦之,而名曰劳山也。"杨太史(观光),《致知小语》曰:"山祖昆仑,起自西北,劳山居东南,为中国山尽处。行远而劳,所以名也。"二说未知孰是?以理揆[12]之,顾说为长。(顾近寄所著《日知录》,内辨劳山三则,又与前说不同。)(《池北偶谈》卷十五)

[1] 劳山:即崂山,位于今青岛市东部。明清时期属即墨县。
[2] 巉岩:高险的山石。
[3] 逼仄:狭窄。
[4] 土人:本地人。
[5] 扈从:随从,跟随。
[6] 疏瘠:疏松贫瘠。
[7] 斥卤:盐碱地。
[8] 供张:陈设宴饮所需物品。
[9] 储偫(zhì):储备。偫,积储。
[10] 四民:古代士、农、工、商称为"四民"。
[11] 驿骚:惊扰骚乱。
[12] 揆:估量,揣度。

陆放翁云:天下名山,惟华山、青城、茅山无僧寺[1]。吾乡劳山亦无僧寺。明万历间,憨山大师[2]建海印寺于劳山,寻为道流[3]所讼,谴戍粤东[4]。(《池北偶谈》卷二十二)

[1] 僧寺:佛教寺院。
[2] 憨山大师:明末四大高僧之一,明金陵全椒县(今属安徽)人,名德清,字澄印,号憨山。
[3] 道流:道士。
[4] 粤东:广东一带。

劳山[1]多耐冬花，花色殷红，冬月始盛开，雪中照曜山谷，弥望皆是。说者谓即南中[2]之山茶，然花不甚大，所云海红花[3]是也。（《香祖笔记》卷十）

[1] 劳山：即今青岛崂山。
[2] 南中：指南部地区。
[3] 海红花：山茶花的一种，花朵较小。《七修类稿·辩证类·海红花》："世俗每云纷纭不靖为海红花，今人不惟不知纷纭不靖之意，亦未知海红花。吾友王荫伯家有一本，即山茶花也，但朵小而花瓣不大，放开其叶，与花丛杂，蓬蕊不见枝干，真可谓纷纭不靖也，自十二月开至二月，故刘菊庄诗云：'小院犹寒未暖时，海红花发昼迟迟；半深半浅东风里，好似徐熙带雪枝。'"

石门山

孔博士东塘[1]言，曲阜县东北有石门山[2]，即杜子美[3]诗《题张氏隐居》所谓"春山无伴独相求"，《刘九法曹郑瑕丘石门宴集》所谓"秋水清无底"者是也。李太白[4]有《石门送杜二甫》诗"何言石门路，复有金尊开"，亦其地。山麓今尚有张氏庄，相传为唐隐士张叔明（一作卿）[5]旧居。张盖与太白、孔巢父辈同隐祖徕[6]，称"竹溪六逸"者也。山不甚高大，石峡对峙如门，故名。中有石门寺，寺后曰涵峰。峰顶有泉，流入溪涧，往往成瀑布。孔于寺前水汇处作亭曰"秋水"，又于其左起馆曰"春山"，皆取杜句也。山南有两小阜[7]，俗称金耙齿、银耙齿者，子美诗"不贪夜识金银气"之句，盖偶然即目耳，非身历其处，固不知也。又故鲁城北有范氏庄，即太白访范居士失道落苍耳中者。孔亦将修复其址，仍取李诗"闲园养幽姿"[8]之句，名以"闲园"。予喜其好事，诺为其作记，而先书于此。（注家引《水经注》，谓石门在临邑，非是。）（《居易录》卷二十七）

[1] 孔博士东塘：即孔尚任，清山东曲阜人，字聘之，号东塘。康熙二十五年（1686）由监生授国子监博士，官至户部员外郎。著有《桃花扇》。
[2] 石门山：今位于曲阜城东北，因有两峰对峙如同石门，故得名。
[3] 杜子美：即唐代诗人杜甫。
[4] 李太白：即唐代诗人李白。
[5] 张叔明：唐代名士，山东宁阳人，与李白、孔巢父、韩準、裴政、陶沔居祖徕山，号"竹溪六逸"。

[6] 徂徕：山名，位于泰山东南部。

[7] 小阜：小土山。

[8] 闲园养幽姿：此句出自李白《寻鲁城北范居士失道落苍耳中见范置酒摘苍耳作》一诗。

鱼山

　　东阿[1]鱼山[2]，即曹子建[3]闻梵处[4]，有墓在焉。山上有台二：曰柳书，曰羊茂（见隋碑），皆传为子建读书处，二台名义不甚可解。鱼山一名吾山，即汉武帝《瓠子歌》所云"吾山平兮巨野溢"是也。（《居易录》卷十五）

[1] 东阿：今属山东聊城。

[2] 鱼山：古山名，在今山东东阿南。

[3] 曹子建：指三国时期曹植，字子建，曹操之子。曹植曾封于东阿，并葬在鱼山。

[4] 闻梵处：指曹植闻听梵乐之处。据《法苑珠林·呗赞篇》载："（曹植）尝游鱼山，忽闻空中梵天之响，清雅哀婉，其声动心，独听良久，而侍御皆闻。植深感神理，弥寤法应，乃慕其声节，写为梵呗。"

东阿之井

　　罗长源[1]云：今之历下[2]等处，发地[3]悉是流水，济[4]所过也。东阿之井，正济所溢，故阿胶止浊住吐，下隔而疏痰。以济之性趋下，清而不重，故治淤浊逆上之疴[5]。（《居易录》卷二十八）

[1] 罗长源：即罗泌，宋吉州庐陵人，字长源，号归愚。著有《路史》。

[2] 历下：宋时属济南府历城县，今属山东济南。

[3] 发地：出自地面。

[4] 济：指济水，古水名，发源于河南，流经山东入渤海。

[5] 疴：病。

超然台

诸城古东武[1]，即宋密州，坡公[2]超然台[3]在焉。县学[4]有石刻坡八分书[5]云："明叔、传道、禹功、子瞻游。轼。"凡十字。坡书满天下，而八分仅见此石。（《居易录》卷十三）

[1] 东武：古县名，西汉初置，后改称诸城。
[2] 坡公：对宋苏轼的敬称。
[3] 超然台：位于山东诸城内，苏轼在此任太守时所建，其弟苏辙命名。
[4] 县学：旧时供生员读书的学校。科举童试录取后可入县学读书，准备参加更高一级的考试。
[5] 八分书：书体名，与隶书字体相近。

诸城李渭清（澄中）太史言，超然台上旧有苏文忠公[1]三大字，嘉隆间，知县颜某，字琅邪，秦人，幼时尝梦登琅邪台，因以自号，后果筮仕[2]诸令。秩满[3]，窃载苏书归，而别以赝[4]石易之，今台上止存八分题名九字。琅邪台上秦碑高数丈，形制[5]甚朴，无趺首[6]，今可辨者仅臣斯臣去疾数字。又台下入海十余里，复有一碑，每海潮退时，乃可见。（《池北偶谈》卷二十五）

[1] 苏文忠公：即苏轼，文忠为其谥号。
[2] 筮仕：初出做官。
[3] 秩满：官员任期届满。
[4] 赝：假的，伪造的。
[5] 形制：形状和构造。
[6] 趺首：碑座和碑首。趺，指碑座，碑下的石座。首，指碑首，碑的最上部。

琅邪台

诸城琅邪台秦碑[1]，石壁俯临海岸，高数十丈。海中复有一碑，去岸数里，潮上则没，潮落则出。其上岁久皆蛎房[2]所结，不可辨识。又始皇鞭石成桥[3]处，石路长数百丈，无寸土，石罅[4]皆生小松，才数寸，海上人鬻[5]为盆盎之玩。（《池北偶谈》卷二十六）

[1] 秦碑：秦始皇所建的石碑，刻记颂扬秦之功德。

[2] 蛎房：指牡蛎。

[3] 鞭石成桥：关于秦始皇的一则典故，《艺文类聚》卷七九引晋伏琛《三齐略记》云："始皇作石桥，欲过海观日出处。于时有神人，能驱石下海，城阳一山石，尽起立。巍巍东倾，状似相随而去。云石去不速，神人辄鞭之，尽流血，石莫不悉赤，至今犹尔。"

[4] 罅：缝隙。

[5] 鬻：卖。

曹州牡丹

曹州[1]五色牡丹，天下第一。居人[2]于花圃种植，左牡丹，右芍药，则花繁盛，反是则不花，花亦不繁。(《居易录》卷十四)

[1] 曹州：今山东菏泽。

[2] 居人：居民。

曹州牡丹，品类甚多，先祭酒府君[1]尝往购得黄、白、绿数种。长山李氏独得黑牡丹一丛，云曹州止诸生某氏有之，亦不多得也。(《池北偶谈》卷二十四)

[1] 先祭酒府君：指王与敕，王士禛的父亲。祭酒，为官名，王与敕曾封国子监祭酒。府君，古代子孙对其先世的尊称。

心太平庵砚

有渔于道士洑[1]者，得一砚，八角，制作古雅，背镌"心太平庵"字，盖陆放翁[2]故物[3]也。和州项副使得之，今归淄川毕载积州守(际有)[4]。(《池北偶谈》卷十四)

[1] 道士洑：位于今湖北黄石，当地古镇，临西塞山。

[2] 陆放翁：指陆游，放翁为其号。

[3] 故物：前人的遗物。

[4] 毕载积州守：指毕际有，明末清初山东淄川人，字载积，明户部尚书毕自严的
次子。顺治二年(1645)中拔贡，顺治十三年(1656)任山西稷山知县，后提拔
为江南通州知州，故此称其为州守。

谢道韫砚

孙北海侍郎(承泽)[1]藏谢氏道韫[2]小砚一，有铭云："丝红清石，墨光洪璧，
资我文翰，玉砆坚质。"末有道韫字。家兄考功[3]云："详其文句，可回读，然倒
正皆殊不工。砆音厉，水激石声，作冰字用尤误。恐非谢笔耳。"(《池北偶谈》卷
十五)

[1] 孙北海侍郎：即孙承泽，明末清初山东益都人，字耳伯，号北海，又号退谷。
明崇祯四年(1631)进士，明时官至刑科都给事中，入清后，任吏科都给事中，
后历官兵、吏两部侍郎。

[2] 谢氏道韫：谢道韫，东晋才女，宰相谢安的侄女，王羲之次子王凝之的妻子。

[3] 考功：指王士禄，清山东新城人，字子底，号西樵山人，王士禛的长兄。顺治
九年(1652)进士，授莱州府教授，迁国子监助教，擢吏部考功员外郎。诗集有
《表微堂诗刻》《十笏草堂诗选》《辛甲集》等。

多福砚

张华东公(延登)[1]，崇祯丁丑三月游泰山，宿大汶口。偶行饭[2]至河滨，
见水中光芒甚异，出之，则一石可尺许，背负一小蝠、一蚕，腹下蝠近百，飞者伏
者，肉羽如生，蚕右天然有小凹，可以受水，下方正受墨。公制为砚，名曰"多福
砚"，铭之云："泰山所钟。汶水所浴。坚劲似铁，温莹如玉。化而为蝠，生生百族。
不假雕饰，天然古绿。用以作砚，龙尾[3]继躅[4]。文字之祥，自求多福。"《尔雅》：
蝙蝠服翼。郭璞注：齐人呼为蟙䘃[5]。因又名之曰"蟙䘃砚"。公门人刘文正(理
顺)、马文忠(世奇)、夏考功(允彝)、高中丞(名衡)诸公皆为铭赞，亦奇物也。(《池
北偶谈》卷二十)

[1] 张华东公：即张延登，明山东邹平人，字济美，号华东。万历二十年(1592)进

士，官至都察院左都御史。朝廷赠官太子太保，追谥忠定。著有《黄门纪事》《晏海编》等。

[2] 行饭：饭后散步。

[3] 龙尾：砚名，因砚石出自江西婺源龙尾山而得名。

[4] 继踵：指事物相继而至。

[5] 蝙蟷：蝙蝠的别称。

兖墨

宋贵兖墨，前卷屡载之。晁氏《墨经》云：今兖州泰山、徂徕山（二山今属济南）、凫山、峄山；沂州龟山、蒙山；密州（今诸城）九仙山；登州牢山（即大劳小劳二山）皆产松之所。兖、沂、登、密之山，总谓之东山。东山之松，色泽肥腻，性质沉重，品惟上上[1]。工则兖州陈朗，朗弟远，远子惟进、惟迫，与易水奚氏并称。又东坡题跋云：此墨兖人东野晖所制，每枚必十千[2]，信非凡墨之比。东野氏周公之裔，至今居曲阜云。（《居易录》卷十三）

[1] 上上：最好，最上等。

[2] 十千：一万。

印石

莱州府城东北满家亭子[1]有水石之观，地产石，色理如碧玉，莹如水晶，可为印章，但苦质脆耳。先兄考功[2]客莱时，余寄诗云："雁门石砆谷，昆山玉子冈。古人风流入笔墨，每恨道远难携将。满家亭子水清妙，试采瑶华来锦囊。"兄有答诗载集中。南阳门人李鸿常贻余墨晶印章，色如点漆[3]，而温润如玉，尤可爱，余刻其文曰"茗柯有实理"。鸿，名相文达公[4]裔孙[5]也。（《古夫于亭杂录》卷二）

[1] 满家亭子：清毛贽所编《识小录》中载："治西曰满家亭子，依石筑室，高下参差，仙阙雉堞。渔洋诗云，满家亭子山水古，指此。"

[2] 考功：即王士禄，王士禛的长兄。曾仕吏部考功员外郎，故称其考功。

[3] 点漆：乌黑光亮。

[4] 文达公：指明代李贤，字原德，官至吏部尚书、华盖殿大学士，为一代名相。

卒谥文达。

[5] 裔孙:远代子孙。

乐毅枣

　　乐毅枣,产吾乡,大倍常枣,云是乐毅[1]伐齐所遗种也。《太平广记》所载,有王母、仲思等名。又有安期枣,梁国夫人枣。《西京杂记》,上林有西王母枣,出昆仑山,而不及此。先方伯[2]《群芳谱》云,乐氏枣,丰肌细核,多膏肥美,旧传乐毅自燕携来。《太平寰宇记》,潍州[3]贡毅氏枣,今青城县产无核枣,一名虚中,即《西京杂记》之枵枣也。上林又有颜渊李,出鲁国。(《池北偶谈》卷二十四)

[1] 乐毅:战国时中山国灵寿人,魏将乐羊后裔。后为燕昭王所招而入燕,任为
　　亚卿。燕昭王二十八年(前284),拜上将军,率领五国联军攻打齐国,下齐
　　七十余城,封昌国君。后受燕惠王猜忌而出奔赵国。
[2] 先方伯:指王士禛的祖父王象晋。
[3] 潍州:即今山东潍坊。

无核枣

　　济南青城[1]有无核枣,小而甘,移之他处即生核。《尔雅》曰:"皙,无实[2]枣。"又曰:"休,无实李。"东坡有《求无实枣帖》。(《居易录》卷三)

[1] 青城:古县名,原属济南,后与高苑县合并为高青县(今属山东淄博)。
[2] 无实:指植物不结子实。

豐

禪

文

八达氏诗

济南长清县灵岩山寺[1]，有元至治元年忽都虎[2]郡王太夫人[3]八达氏诗，云："岩前松桧年年绿，殿上君王岁岁春。"（《居易录》卷八）

[1] 灵岩山寺：即灵岩寺，位于山东济南长清区万德镇境内。
[2] 忽都虎：元蒙古人，麦里吉台氏。官至邳州万户府万户。
[3] 太夫人：对官吏母亲的称谓。

边贡诗

边华泉[1]尚书集有《送于利》四绝句。利[2]，吾县人，弘治己酉举人，官扬州府同知，苑马寺卿璧[3]之子也。边诗云："送君城南桥，笑折城南柳。归来掩关坐，皎月当窗牖。""露下夜已久，清轩调玉琴。凄凉湘水曲，窈窕白头吟。""一别春城雨，两回秋月圆。樽前不尽醉，书札但空传。""离肠似连环，宛转不可绝。相送淮水秋，相思燕地雪。"（《古夫于亭杂录》卷三）

[1] 边华泉：即边贡，明山东历城人，字廷实，号华泉。弘治九年（1496）进士，嘉靖时累官至南京户部尚书。善诗文，与李梦阳、何景明等称"前七子"。有《华泉集》。
[2] 利：于利，明山东新城人。弘治二年（1489）举人，授安徽凤阳府通判，后迁扬州府同知，曾参与成化年间《新城县志稿略》的编纂。与王士禛为同乡，且私交甚好。
[3] 璧：于璧，于利之父，天顺六年（1462）举人，官苑马寺少卿。

毕亨诗

吾邑工部尚书毕公亨[1]，字嘉会，成化进士，历仕弘、正朝为名臣，国史有传，求其遗集[2]不可得矣。偶于《钓台集》见其五言一首录之，诗云："气节扶炎祚，纶竿岂钓名。人心终不死，庙貌俨如生。木落长江迥，山高独树平。滩头明月在，照见古今情。"公之子山西巡抚昭[3]，号蒙斋，有句云："行过竹里如尘外，望入荷边似镜中。"集亦不传于世。（《居易录》卷三十四）

[1] 毕公亨：毕亨，明山东新城人，字嘉会。明成化十一年（1475）进士，授吏部主事，历右副都御史，累官工部尚书。

[2] 遗集：指前人留下的诗文集。

[3] 昭：毕昭，毕亨之子。明弘治十二年（1499）进士，由部曹出守汝宁，后迁都察院右副都御史巡抚山西。

毕九歌诗

毕九歌，字调虞，吾邑大司空[1]亨[2]之裔[3]。能诗，今仅传其一绝云："芍药花残布谷啼，鸡闲犬卧闭疏篱。老农荷锸归来晚，共说南山雨一犁。"（《古夫于亭杂录》卷六）

[1] 大司空：明清时工部尚书的别称。

[2] 亨：即毕亨，详见前"毕亨诗"条注释[1]。

[3] 裔：后代子孙。

陈深诗

《宁极先生诗》四卷，元吴人陈深子微[1]著，殊浅劣[2]。深生宋末，天历中奎章阁[3]以能书荐，不赴。有读《易》、《诗》、《春秋》诸编。集中《济南赵君成南使羁留三纪得还其犹子求诗》一绝云："三十六回秋月明，年年望断雁南征。苏郎白首还乡去，愧杀当时李少卿。"赵不详何许人，录之以备吾郡故事。子卿[4]称苏郎，颇似杜撰。（《居易录》卷五）

[1] 陈深子微：宋元间平江人，字子微，号宁极。宋亡后，闭门著书。著有《读易编》《读诗编》《宁极斋稿》等。

[2] 浅劣：低下，水平不高。

[3] 奎章阁：又称宣文阁，设立于元文宗天历二年（1329），主要是为皇帝读书游艺而设，阁中诸臣均是能文之士。

[4] 子卿：指西汉苏武，字子卿。奉命出使匈奴，被扣十九年，终获释回朝。

丁耀亢、丘石常诗

诸城丁耀亢野鹤[1]与丘石常海石[2]友善[3]，而皆负气[4]不相下。一日饮铁沟园中（东坡集有《铁沟行》，即其地），论文不合，丘拔壁上剑拟[5]丁，将甘心焉，丁急上马逸去[6]。丁著《天史》，诗多奇句，如《老将》云："低头怜战马，落日大江东。"《老马》云："西风双掠耳，落日一回头。"此例皆警策。丘晚为夏津训导，《过梁山泊》诗云："施罗一传堪千古，卓老标题更可悲。今日梁山但尔尔，天荒地老渐无奇。"丁迁惠安令，丘迁高要令，皆不赴。（《古夫于亭杂录》卷五）

[1] 丁耀亢野鹤：丁耀亢，明末清初山东诸城人，字西生，号野鹤。顺治间由贡生官至惠安知县，但未赴任。工于诗，有《丁野鹤诗钞》《赤松游》等。
[2] 丘石常海石：丘石常，明末清初山东诸城人，字子廪，号海石。明副贡生，入清后，曾为利津训导，后擢广东高要县知县，未赴任。有诗名，著有《楚村诗文集》。
[3] 友善：亲近友好。
[4] 负气：凭意气而不愿居于人下。
[5] 拟：指向，比划。
[6] 逸去：逃走。

丁耀亢诗

徐东痴[1]言，少时于章丘逆旅[2]，见一客，袴褶[3]急装[4]，据案大嚼[5]，旁若无人。见徐年少，呼就语曰："吾东武[6]丁野鹤也。顷有诗数百篇，苦无人知，子为我定之。"因掷一巨编[7]示徐，尚记其一律云："陶令儿郎诸葛妻，妻能炊黍子烝藜；一家命薄皆耽隐，十载形劳合静栖。野径看云双屐蜡，石田耕雨半犁泥；谁须更洗临流耳，戛戛幽禽尽日啼。"野鹤晚游京师，与王文安（铎）诸公倡和[8]，其诗亢厉[9]，无此风致[10]矣。（《池北偶谈》卷十二）

[1] 徐东痴：即徐夜，详见"徐夜诗文之役"条注释[1]。
[2] 逆旅：旅店。
[3] 袴褶：服装名。上衣穿褶，下身着裤，外面不加表裳。
[4] 急装：扎得很紧的装束。

[5] 据案大嚼：在桌子前大吃。

[6] 东武：今山东诸城。

[7] 巨编：篇幅长的著作。

[8] 倡和：用诗词相互酬答。

[9] 亢厉：激烈昂扬。

[10] 风致：风格韵味。

杜善甫诗

宋有杜善甫者，济南名士，善为诗。时有掌兵官远戍，其妻宴客，竟夕[1] 笙歌。善甫赋诗云："高烧银烛照云鬟，沸耳笙歌彻夜阑。不念征西人万里，玉关霜重铁衣寒。"闻者韪[2] 之。诗见《山书随笔》[3]。（《香祖笔记》卷九）

[1] 竟夕：整晚，通宵。

[2] 韪（wěi）：是，对。

[3] 山书随笔：作者为元蒋子正，书中所记多宋末、元初之事。按：此处有误，当为《山房随笔》。

傅宸诗

侍御傅彤臣[1]，余同邑同年也，博雅能诗，为词曲亦有致[2]。顺治辛丑请急[3]归。康熙戊午，应博学宏词[4] 之征，明年报罢[5]。往来沧州，道中感秋柳，赋诗二十首，多可诵。身后[6] 著述散佚[7]，聊录数章于此，以见一斑云。"灞桥桥畔美人居，性慧能为倒薤书。一睹靓容频问讯，十眉新样近何如。""绝代容华照眼明，几年声价重金城。谁言青鬓垂垂老，一到临风百媚生。""零露萧晨半未干，日高犹自怯轻寒。连钱骢马骄嘶过，青眼楼头带笑看。""残照芙蓉溢颊红，珊珊骨节玉珑璁。几番眠起娇无力，披拂偏宜少女风。""垂金小篆不曾讹，叶叶纷披撒与波。截柳编蒲无用处，只传新样似元和。""灵和前殿见丰姿，成薛耽情写艳词。九月受风秋色里，冶游心醉麴尘丝。""拂堤又复映征帆，折赠还宜女手搀。薄暮一番微雨后，江州司马湿青衫。"（《古夫于亭杂录》卷三）

[1] 傅彤臣：即傅宸，明末清初山东新城人，字兰生，一字彤臣，号丽农。顺治

十二年（1655）进士，官至监察御史。工诗文，著有《增订尧山堂外纪》《姓谱增补》等。

[2] 有致：有韵味。

[3] 请急：请假。

[4] 博学宏词：古代科举名目之一，始于唐，宋代此科已较冷落。清代于康熙十八年（1679）和乾隆元年（1736）开科两次，亦称"博学鸿儒""博学鸿词"，或简称"鸿博"。由各地举荐有才学、有名望之人，不分已仕未仕，定期在殿廷考试，录取者即授官职。

[5] 报罢：指科举考试落第。

[6] 身后：死后。

[7] 散佚：散失。

高珩诗

淄川高念东[1]侍郎，少时与兄解元[2]绳东（玮）同举省试[3]，公车[4]北上，谒邹平尚书华东张公（延登）[5]。公言："君辈少年登第，不啻登仙。老夫少年，意气亦尔，今老矣，回忆五十年中，功名官职，都如嚼蜡。更数十年，君阅历当自知之。"公辛巳以南总宪[6]考满[7]过家[8]，薨[9]于里第[10]。司寇[11]及兄，癸未、丙戌先后成进士。司寇入翰林，十年至佐铨，已，乃以事左迁[12]。又十余年，再贰司寇，忆尚书之语，慨然赋诗云："翘车北指五云边，绪论追陪岂偶然？晚节功名如嚼蜡，少年科第似登仙。旷怀久矣推先辈，微语还堪悟后贤。毕竟山中煨芋好，十年宰相亦堪怜！"（《池北偶谈》卷十一）

[1] 高念东：即高珩，明末清初山东淄川人，字葱佩，别字念东，晚号紫霞道人。明崇祯十六年（1643）进士，选庶吉士，官至刑部侍郎。著有《栖云阁集》等。

[2] 解元：乡试第一名。

[3] 省试：即乡试，一般在各省的省城举行，中榜者称举人。

[4] 公车：指举人进京应试。

[5] 华东张公：即张延登，明山东邹平人，字济美，号华东。万历二十年（1592）进士，授内黄县知县，官至都察院左都御史，后病逝，赠官太子太保。弘光时，追谥忠定。

[6] 南总宪：指南京都察院左都御史一职。总宪，明清时期都察院左都御史的别

称。

[7] 考满：任满。

[8] 过家：还乡。

[9] 薨：死。

[10] 里第：里中宅第，私宅。

[11] 司寇：指高珩。清朝时别称刑部尚书为大司寇，刑部侍郎为少司寇，由于高
珩做过刑部侍郎，故此称其为"司寇"。

[12] 左迁：贬职，降官。

淄川袁松篱（藩）[1]孝廉得秦镜，高念东侍郎为赋诗云："河山历历看来空，
万古消沉向此中；便是秦时明月在，可能还照栎阳宫。""兴亡转毂[2]见何频？照
胆[3]咸阳迹已陈；多少人间怊怅[4]事，金人辞汉镜辞秦。""炯如秋水了无尘，曾
照阿房宫里人；惟有玉姜[5]今不死，莲花掌上五云新。"（《池北偶谈》卷十四）

[1] 袁松篱：即袁藩，明末清初山东淄川人，字宣四，号松篱。康熙二年（1663）举
人，曾参与续修《淄川县志》。

[2] 转毂：飞转的车轮，形容转换迅速。

[3] 照胆：相传秦咸阳宫中有大方镜，能照见病患五脏。女子有邪心者，以此镜
照之，可见胆张心动。

[4] 怊（chāo）怅：惆怅。

[5] 玉姜：传说中的毛女名字。汉刘向《列仙传·毛女》："毛女者，字玉姜，在华
阴山中，猎师世世见之，形体生毛。自言秦始皇宫人也，秦坏，流亡入山避难，
遇道士谷春教食松叶，遂不饥寒，身轻如飞。"

高侍郎念东（珩）和[1]寒山子[2]诗云："诋佛耽空处，空于世何益。此言影
响耳，原未究实际，空者空情想，空者空欲嗜。空者空烦恼，空者空荣利。未发之
谓中，试想归何处。真空乃妙有，此中生天地。空有即中和，岂得妄同异。鸥鼠
笑鸿鹄，下士多苛议。学术本上乘，反訾无利济。试看王阳明，勋业名当世。吹
毛诋良知，又谓学乖刺。旨哉古人言，蚍蜉撼大树。"又："世儒诋仙佛，此亦不足
怪。弟子不如师，门风坐颓败。两家之儿孙，其行同乞丐。都是师子虫，反把师

子坏。即如所谓儒,科第事冠盖。岂徒周孔羞,那是程朱派。所以秦始皇,辣手亦痛快。"前一首破却顽空[3],后一首说尽三教末流之弊。(《古夫于亭杂录》卷五)

[1] 和:唱和。
[2] 寒山子:唐代著名诗僧,隐居浙江天台山寒岩,故称为寒山或寒山子,与国清寺僧人拾得交友。有《寒山集》。
[3] 顽空:宗教语,指一种虚无境界。后亦用来指佛老之学。

高名衡诗

沂水高中丞平仲[1],讳名衡,工诗画。后抚汴,有功名。崇祯辛未初举进士。在京师手画白练衣[2]一称[3],寄其内[4]张夫人。凡花卉二十五种,作三十二丛,着色[5]生动,备极[6]恣态。又题五七言绝句,凡八首。略云:"对月偏成忆,临风更有思。乡心无可寄,聊写最娇枝。""花枝鲜且妍,置之在怀袖。好记花枝新,怜取衣裳旧。""轻襦画折枝,悠然感我思。画时肠已断,著时心自知。""雾縠偏宜暑,冰绡迥出尘。著时怜百朵,应忆画眉人。"安丘张贞杞园作《画衣记》。(《居易录》卷二十九)

[1] 高中丞平仲:即高名衡,明末山东沂州人,字平仲(一作仲平),号鹭矶。崇祯四年(1631)进士,授御史,巡按河南,后擢河南巡抚,因守城有功,晋兵部右侍郎,辞归。清兵破沂州时殉难。中丞,明清时对巡抚的称呼。
[2] 白练衣:用白绢裁制的衣服。
[3] 称:量词,用于成套的服装,一称即一套。
[4] 内:妻子。
[5] 着色:涂上颜色。
[6] 备极:形容程度很深。

耿鸣世妻诗

吾邑耿太淑人徐氏,长山人,巡抚、金都御史以贞[1]孙,长治知县继志[2]女,陕西参议耿公鸣世[3]之配,巡抚浙江金都御史庭柏[4]之母也。幼读书,工诗,偶记数篇于此。《寄子中丞》云:"家内平安报尔知,田园岁入有余资。丝毫不用南中物,好做清官答圣时。"《挽王烈妇毕孺人》(先叔祖翰林检讨象节配)云:"烈矣王门妇,贤声着帝京。贞心同玉洁,素质宛冰清。取义丘山重,捐生一羽轻。恩承明主诏,千载播芳名。"《偶成》云:"时近清明二月天,娇花粉竹正鲜妍。秋千架上人如玉,溪水堤边柳似烟。紫燕飞飞归画栋,白鸥点点浴晴川。年来景物还依旧,不见人生再少年。"其篇什[5]最多,壬午乱后,尽散佚[6]矣。(《居易录》卷十九)

[1] 以贞:徐以贞,明济南府长山人,字本良。成化十四年(1478)进士,累官巡抚延绥都察院右佥都御史。
[2] 继志:徐继志,徐以贞二弟徐惟贞的长子,官长治知县。
[3] 耿公鸣世:耿鸣世,明山东新城人,字茂谦,号敬亭。隆庆二年(1568)进士,授邢台知县,累官陕西参议,巡按应天府。
[4] 庭柏:耿庭柏,耿鸣世之子,字惟芬,号华平。万历二十年(1592)进士,历官山阴县令、光山县令、吏部考功司主事、都察院右佥都御史、巡抚浙江。
[5] 篇什:诗篇。
[6] 散佚:散失。

公鼐诗

吾乡公文介公(鼐)[1],万历中,为词林[2]宿望[3],诗文淹雅[4],绝句尤工。如《习家池》云:"岘首岩巉汉水长,习池烟树野亭荒。羊公流涕山公醉,并枕残碑卧夕阳。"《西郊金主钓台》云:"花石遗纲入战图,蓟门衰草钓台孤。不知艮岳宫前叟,得见南军入蔡无?"《畿南问宋辽战地》云:"战胜河东下蓟丘,高梁失御阵云愁。六飞不入燕山府,直见銮舆下广州。"《明湖独眺》云:"窄岸平桥万柳斜,半城春水半人家。东风吹雨宵来急,一片乡心到海涯。"《别邢子愿》云:"南浦分携暮雨微,平林望断送将归。新诗一一题团扇,陇首秋云片片飞。"《衍元白诗寄冯用韫》云:"千里禩期付此词,邮筒珍重寄相思。将来莫遣玲珑唱,泪尽夷陵缓棹时。""生平有意皆成幻,死去凭谁得报君?灯影幢幢对疏雨,一声哀雁入秋云。"《济南晤李季重》云:"一望并州雁影沉,三年幽梦蜡湖阴。历城四面寒泉水,堪照青陵台下心。"《泉林寺》云:"百里天涯一夕分,月华中断怅离群。坐闻庄子城头水,却忆夷吾台上云。"《兰溪望金华山水》云:"新安水色括苍烟,煜煜金华婺女连。灵异果应仙路近,始知此是蔚蓝天。"(杜子美梓州金华山诗"上有蔚蓝天",谓潼川之金华山,此乃借用)"百折桐江绕钓台,四明云起接天台。半空突出冰轮涌,定是龙湫雁宕开。"《南楼》云:"十二楼开列玉京,分明天上落层城。檐前寂寂三珠树,半夜鹤飞来上鸣。"《掖县道中》云:"齐疆行尽海云生,处处看山自问名。麦秀渐渐桑柘绿,马头不见曲侯城。"《襄阳》云:"江上轻帆落浴凫,镜中倒影数峰孤。林莺送客岩花笑,曾见铜鞮歌舞无?"《南竺寺》云:"晚霞挂重塔,微月碧殿空。林壑松桧响,十里闻秋风。"皆不减[5]唐人风致[6]。而《列朝诗》[7]取之甚少,不可解。盖牧翁[8]多抑[9]西北人也。(《池北偶谈》卷十一)

[1] 公文介公:即公鼐,明山东蒙阴人,字孝与。万历二十九年(1601)进士,官至礼部右侍郎,协理詹事府詹事。文介为其谥号。

[2] 词林:词坛。

[3] 宿望:素来的名望。

[4] 淹雅:高雅。

[5] 不减:不差,不次于。

[6] 风致:风格韵味。

[7] 列朝诗:指《列朝诗集》,由钱谦益先生所编选的一部明代诗歌总集,共 81 卷。

[8] 牧翁:指钱谦益,明末清初江南常熟人,字受之,号牧斋,晚号蒙叟,又自称牧翁、东涧遗老等。万历三十八年(1610)进士,明时官至礼部尚书,后降清,官礼部侍郎。

[9] 抑:贬损。

李格非诗

李格非文叔[1],易安[2]之父也,尝著《洛阳名园记》[3],不见其诗。《露书》[4]载其《临淄怀古》绝句云:"击鼓吹竽七百年,临淄城阙尚依然。如今只有耕耘者,曾得当时九府钱。"颇可诵。(《香祖笔记》卷三)

[1] 李格非文叔:李格非,宋齐州章丘人,字文叔。神宗熙宁间进士,历任校书郎、著作佐郎、礼部员外郎、京东提点刑狱。工词章,著有《洛阳名园记》。

[2] 易安:李清照,易安为其号。

[3] 洛阳名园记：李格非所著，记述了北宋兴盛时洛阳名园共十九处。《宋史·李格非传》："尝著《洛阳名园记》，谓洛阳之盛衰，天下治乱之候也。"

[4] 露书：明姚旅撰，其书分核篇二，韵篇三，华篇、杂篇、迹篇、风篇、错篇、人篇、政篇、籁篇、谐篇、规篇、枝篇、异篇各一。杂举经传，旁证俗说，取东汉王仲任所谓口务明言，笔务露文之意，名曰《露书》。

　　吾郡李文叔格非，闺秀清照之父，元祐君子也。其集不传，传者仅《洛阳名园记》一卷，可略见其梗概。此外遗文[1]数篇，杂见《说部》，余已录之，以存文献。近从《枫窗小牍》又得元祐六年七月，哲宗幸[2]太学[3]，宰执侍从吕大防、苏颂、韩忠彦、苏辙、冯京、王岩叟、范百禄、梁焘、刘奉世、范纯礼、孔武仲、顾临等三十六人纪事倡和诗序一，碑雅洁，是元祐作者风气[4]，文多不录。他日或续郡志，不可遗此文。（《分甘余话》卷三）

[1] 遗文：散佚的诗文。
[2] 幸：指皇帝亲临某地。
[3] 太学：古代的最高学府。
[4] 风气：风格和气韵。

李清照诗

　　宋闺秀李清照[1]，号易安居士，吾郡人，词家大宗。其集名《漱玉》，而诗不概见[2]。见西樵昔撰《然脂集》，采摭[3]最博，止得其诗二句，云"少陵也是可怜人，更待明年试春草"，此外了不可得。陈士业[4]《寒夜录》乃载其《和张文潜浯溪碑歌诗》二篇，未言出于何书。予撰《浯溪考》，因录入之，诗云："五十年功如电扫。华清花柳咸阳草。五坊供奉斗鸡儿，酒肉堆中不知老。胡兵忽自天上来，逆胡亦是奸雄才。勤政楼前走胡马，珠翠踏尽香尘埃。何为出战辄披靡，传置荔支多马死。尧功舜德本如天，安用区区纪文字。著功铭德真陋哉，乃令神鬼磨山崖。子仪光弼不自猜，天心悔祸人心开。夏为殷鉴当深戒，简策汗青今具在。君不见，当时张说最多机，虽生已被姚崇卖。"又："惊人兴废传天宝，《中兴碑》上今生草。不知负国有奸雄，但说功成尊国老。谁令妃子天上来，虢秦韩国皆天才。苑中羯鼓玉方响，春风不敢生尘埃。姓名谁复知安史，健儿猛将安眠死。去天尺五抱瓮峰,峰头凿出开元字。时移势去真可哀,奸人心丑深如崖。西蜀万里尚能返,南内一闭何时开。可怜孝德如天大,反使将军称好在。呜呼奴辈胡不能道,辅国用事张后尊,只能道,春荠长安作斤卖。"右二诗未为佳作,然出妇人手,亦不易,矧易安之逸篇乎?故著之。(《香祖笔记》卷五)

[1] 李清照:宋齐州章丘人,号易安居士,李格非之女,赵明诚之妻。善词,婉约派代表,有《易安居士集》,已佚。后人辑有《漱玉集》,今辑本有《李清照集》。
[2] 概见:概略的记载。
[3] 采摭(zhí):采集摘录。
[4] 陈士业:即陈弘绪,士业是其字,号石庄。明末清初文学家、史学家、藏书家。工古文,与徐巨源齐名。著有《读书日记》《诗经解义》《尚书广义》《寒夜录》等。

刘澄甫诗

青州城南花林疃[1],泉石清幽,有尘外[2]之趣。山泉翁[3]题诗云:"山藏柳市无车马,水隔桃源有子孙。"冯宗伯(琦)[4]爱其语,遂与钟司空(羽正)[5]约,卜邻其地。(《池北偶谈》卷十六)

[1] 花林疃:村名,今属山东青州云门山街道。
[2] 尘外:尘世之外。
[3] 山泉翁:指刘澄甫,明山东寿光人,字子静,号山泉。正德三年(1508)进士,官至山西布政司参议。著有《山泉集》。
[4] 冯宗伯:即冯琦,明山东临朐人,字用韫。万历五年(1577)进士,官至礼部尚书。宗伯为礼部尚书的别称,故称其为"冯宗伯"。
[5] 钟司空:即钟羽正,明山东益都人,字叔濂,号龙渊。万历八年(1580)进士,官至工部尚书。司空为工部尚书的别称,故称其为"钟司空"。

刘迎诗

上金[1]谓之紫磨金[2],刘迎[3]诗:"紫磨金饼暾扶桑[4]。"迎字无党,莱州人。(《香祖笔记》卷十)

[1] 上金：上等黄金。

[2] 紫磨金：用"紫磨"指上品黄金。汉孔融《圣人优劣论》："金之优者，名曰紫磨，犹人之有圣也。"北魏郦道元《水经注·温水》："华俗谓上金为紫磨金，夷俗谓上金为阳迈金。"宋蔡绦《铁围山丛谈》卷六："其金，紫磨也，光艳溢目，异常金。"

[3] 刘迎：金东莱人，字无党，号无诤居士。世宗大定十四年（1174）进士，除齐王府记室，改太子司经。著有《山林长语》。

[4] 紫磨金饼暾扶桑：出自诗作《楚山清晓图》，全文为："山娟娟，江茫茫，缘山林木老已苍。穿林细路萦羊肠，汀洲人家兰杜香。两山秀出江中央，宛如双剑森锋芒。层峦架空化宝坊，塔波突兀一气旁。鸡声喔喔林鸟翔，顾瞻曙色开东方，清风宿雾方苍凉。兜罗绵网淡平野，紫磨金饼暾扶桑。橹声才动欲离岸，钟韵已残犹殷床。当年有米维楚狂，生子亦复肖阿章。想从乃翁住朝阳，收拾山绿餐湖光。"

刘正宗诗

安丘刘宪石相国（正宗）[1] 好为诗，尝赋《从军行》云："匣里双雄剑，腰间两石弓。蓬蒿真浪死，何必怯辽东。"后竟以事隶旗下[2]，人以为诗谶[3]。（《香祖笔记》卷二）

[1] 刘宪石相国：即刘正宗，明末清初山东安丘人，字可宗，号宪石。明崇祯元年（1628）进士，入清，被荐为国史院编修，官吏部尚书、文华殿大学士。

[2] 旗下：清代指八旗之下。

[3] 诗谶（chèn）：指所作诗文无意中预示了未来之事。

僧郘子诗

僧澄瀚，字郘子，济宁人，工诗，有绝句云："昨宵初罢上元灯，又欲看山向秣陵。骑马乘船都不会，飘然谁识六朝僧。"为时所称。（《池北偶谈》卷十三）

僧成楚诗

新城[1]释成楚,字荆庵,受五戒[2]于法庆[3],今居灵岩,颇能小诗。落花云:"高枝忍别离,逝水随飘荡。"雨后云:"青猿临涧饮,白鸟向空翻。"秋日云:"风来夕沼绿荷败,霜落秋山黄叶多。"山居云:"险崖句后参宗旨,陷虎机前验作家。"新霁云:"岚气千重萦嶂背,清流万道出云根。"赠奚林大师云:"派衍灵山第一枝,无言得髓是吾师。偶然竖拂天花落,绝胜空生晏坐时。"记之当续访其全云。同时僧智泉者,亦新城人,有移竹诗云:"别去寒山寺,来依明月楼。"亦有致[4]。(《池北偶谈》卷十九)

[1] 新城:今山东桓台。
[2] 五戒:佛教徒终身信守的五条戒律,即不杀生、不偷盗、不邪淫、不妄语、不饮酒。
[3] 法庆:指法庆寺,旧址在山东青州西北,建于清初,为当时山东省内著名禅院。
[4] 有致:有韵味。

邵经邦诗

明刑部员外郎邵经邦[1],字弘斋,著《弘艺录》,载《漷水驿与巴钝斋宪使宴》诗云:"婺女星前瞻使节,斗牛槎底泛行舟。张骞自觅河源去,徐福从招海外游。绮席玉杯光照夜,绣衣霜简气横秋。来朝共拟寻天姥,白鹤翛翛下九州。"钝斋[2],讳思明,吾邑人。由给事中外迁监司,子孙式微[3],其生平亦无可考,仅存城中一坊耳,故录此诗。(《居易录》卷三十四)

[1] 邵经邦:明浙江仁和人,字仲德。正德十六年(1521)进士,任工部主事,进员外郎,后改刑部。
[2] 钝斋:即巴思明,明山东新城人。正德九年(1514)进士,授行人,后官兵科给事中、浙江按察佥事。
[3] 式微:衰败。

唐梦赉诗

予改官[1]翰林侍讲时，淄川唐济武（梦赉）太史[2]寄诗云："蜡烛五侯新制诰，秋千三影旧郎中。"语虽巧，特工妙。后读王威宁[3]诗，有云："江浙老成新运使，户曹公道旧郎中。"乃知前辈已有此句法，但工拙[4]异耳。（《池北偶谈》卷十六）

[1] 改官：晋升调任。
[2] 唐济武太史：指唐梦赉，清山东淄川人，字济武，别字豹岩。顺治六年（1649）进士，官内翰林秘书院检讨，后罢官归田。著有《铜钞疏》《备边策》《志壑堂文集》等。明清时由于翰林院负责修史事宜，因此又称翰林为太史。由于唐梦赉供职于翰林院，故此称其为太史。
[3] 王威宁：即王越，明大名府浚县人，字世昌。景泰二年（1451）进士，明宪宗时官至兵部尚书，孝宗即位后，总制甘、凉边务，进少保兼太子太傅。卒谥襄敏。曾因功封为威宁伯，故世称"王威宁"。除军事外，王越亦善为诗词，有《黎阳王襄敏公集》《王威宁文集》等。
[4] 工拙：优劣。

王遵坦诗

益都王太平（遵坦）[1]有《咏佛手柑诗》云："断此黄金体，施于祇树林。度人难下指，合掌即传心。味向骈枝悟，香从反覆寻。诸天有真诀，巨擘竞森森。"予每叹其工。太平又尝作禅意诗[2]数十篇。（《池北偶谈》卷十六）

[1] 王太平：即王遵坦，明末清初山东益都人，字太平。顺治年间随军入蜀，官至四川巡抚。好古诗，有《愿学斋集》《墨甲堂集》等。
[2] 禅意诗：指反映僧人或文人在生活中修行悟道内容的诗歌。

辛弃疾诗

辛稼轩[1]，词中大家，而诗不多见。刘后村诗话载其《送别湖南部曲》一诗云："青衫匹马万人呼，幕府当年急急符。愧我明珠成薏苡，负君赤手缚于菟。观书到老眼如镜,论事惊人胆满躯。万里云霄送君去,不妨风雨破吾庐。"稼轩,吾济南人,故录之。其长短句[2],予家有旧刊本。(《居易录》卷二)

[1] 辛稼轩:指辛弃疾,稼轩为其号。
[2] 长短句:词的别称。

徐准诗

余邑先辈文献无征[1],每以为恨[2],故于群书中遇邑人逸事遗文,辄掌录之。乙酉再至安德,观《永平府志》,得邑方伯[3]徐公准[4]诗一首,《卢龙塞》云:"燕呼黑水作卢龙,塞北风沙泣断蓬。汉将已随羌笛老,秦人莫恨久从戎。"公即诗人夜[5]字东痴之曾祖也,万历中尝为永平太守。(《香祖笔记》卷九)

[1] 无征:没有证明,没有实据。
[2] 恨:遗憾。
[3] 方伯:明清时布政使称"方伯"。
[4] 徐公准:即徐准,明山东新城人,字子式。万历十一年(1583)进士,授中书舍人,历官永平知府,官至云南布政使,为万历时"四君子"之一。
[5] 夜:即徐夜,明末清初山东新城人,字东痴,为王士禛叔祖王象春的外孙。隐居东皋郑潢河上,康熙间荐鸿博,不赴。有《东痴诗钞》。

杨巍诗

吾郡杨太宰梦山先生(巍)[1],五言冲古[2]淡泊,在高子业[3]、华子潜[4]季孟[5]间,如"远道令人愁,况近单于垒。""秋风入雁门,羽书日三至。""微微霁景流,天壤色俱素。""乡心生塞草,世事入秋风。""风雨楼烦国,关山李牧祠。""闲将流水引,梦与古人居。""雨响残秋地,城分不夜天。""石古苔生遍,泉香麝过余。"皆逼[6]古作。(《分甘余话》卷二)

[1] 杨太宰梦山:即杨巍,明山东海丰人,字伯谦,号梦山。嘉靖二十六年(1547)进士,万历间官户部、工部、吏部尚书。有《存家诗稿》等。
[2] 冲古:淡泊古朴。

[3] 高子业:即高叔嗣,明河南祥符人,字子业,号苏门山人。有诗名,著有《苏门集》。

[4] 华子潜:即华察,明常州府无锡人,字子潜,号鸿山。嘉靖五年(1526)进士,官翰林侍讲学士。精于诗歌,著有《岩居稿》《翰苑集》《皇华集》等。

[5] 季孟:伯仲之间,不分上下。

[6] 逼:近似。

袁藩诗

淄川袁孝廉松篱(藩)[1],名士也,以康熙癸卯[2]冠礼经,壬戌[3]尚困公车[4]。闱中[5]赋诗云:"二十年前古战场,卧听谯鼓夜茫茫;三条画烛连心爇,一径寒风透骨凉。苦向缁尘埋鬓发,凭谁青眼托文章?明宵别后长安月,偏照河桥柳万行。"武康陈孝廉兴公(之群)吟之,至泣下。是科袁竟下第[6],乙丑病蛊卒。(《池北偶谈》卷十七)

[1] 袁孝廉松篱:即袁藩,明末清初山东淄川人,字宣四,号松篱。康熙二年(1663)举人,曾参与续修《淄川县志》。

[2] 康熙癸卯:即康熙二年(1663)。

[3] 壬戌:指康熙二十一年(1682)。

[4] 困公车:指举人进京应试未能考中。

[5] 闱中:指考场。闱,科举时代对考场的称呼。

[6] 下第:落第,没考中。

文人和诗

康熙庚申,刑侍高公(珩)[1]再致政[2],归淄川,未行,移居宣武门西松筠庵。相国益都冯公(溥)[3]过[4]之,流连[5]竟日[6]。高公赠诗云:"户倚双藤禅宇开,无人知是相公来;相看一笑忘朝市,风味依然两秀才。"冯公和云:"隐几僧寮[7]户不开,天亲无著忆从来;而今老去浑忘却,祗识维摩是辨才。"予亦和云:"二老前身二大士[8],相逢半日画炉灰;它年古寺经行地,记取寒山拾得[9]来。"(《池北偶谈》卷十七)

[1] 高公：指高珩，明末清初山东淄川人，字葱佩，别字念东，晚号紫霞道人。明崇祯十六年(1643)进士，选庶吉士，官至刑部侍郎。著有《栖云阁集》等。

[2] 致政：退休。

[3] 冯公：指冯溥，明末清初山东益都人，字孔博。清顺治三年(1646)进士，康熙间官至文华殿大学士。卒谥文毅。著有《佳山堂集》。

[4] 过：探望，拜访。

[5] 流连：停留。

[6] 竟日：终日，整天。

[7] 僧寮：僧舍。

[8] 大士：佛教对菩萨的通称。

[9] 寒山拾得：寒山、拾得，均为唐代高僧，曾一起居住于天台山国清寺。相传二人为文殊菩萨和普贤菩萨的化身，民间称为"和合二仙"。

德州罗酒[1]擅名[2]京师，清冽在沧酒之上。余自甲申归田[3]，谢郎中方山（重辉）[4]屡致家酿，己丑冬雪后，先以诗来云："黄流初压室氤氲，亲贮陶瓶远寄君。非向故人夸酒旨，醉乡风味欲平分。"余以二诗报谢云："白家乌帽重屏里，初试红泥小火炉。恰是陵州酒船到，不愁风雪压廧麻。""酒车冒雪远冲泥，尺素殷勤谢传题。一树山茶红破蕊，花前催进玉东西。"（《分甘余话》卷三）

[1] 罗酒：明清时德州名酒。《山东通志》载："罗酒，出德州罗氏，色白而味醇。"

[2] 擅名：享有盛名。

[3] 归田：退休回乡。

[4] 谢郎中方山：即谢重辉，清山东德州人，字千仞，号方山。官至刑部郎中。著有《杏村诗集》。

咏济南诗

曾子固[1]曾通判吾州，爱其山水，赋咏最多，鲍山、鹊山、华不注山皆有诗，而于西湖[2]尤惓惓[3]焉，如鹊山亭、环波亭、芍药厅、水香亭、静化堂、仁风厅、凝香斋、北渚亭、历山堂、泺源堂、阅武堂、下新渠、舜泉、趵突泉、金丝泉、北池、郡楼、郡斋，皆有作。及迁知襄州，尤不能忘情，离齐州后云："千里相随是明月，水西亭上一般明。"又"文犀刢刢穿林笋,翠匳田田出水荷。正是西湖消暑日,却将离恨寄烟波。""将家须向习池游,难忘西湖十顷秋。从此七桥(明湖上有七桥)风与月,梦魂长到木兰舟。""荷气夜凉生枕席,水声秋醉入帘帏。一帆千里空回首,寂寞船窗秖自知。""西湖一曲舞《霓裳》,劝客花前白玉觞。谁对七桥今夜月,有情千里莫相忘。"按明湖一名濯缨,一名莲子,今俗称北湖,而子固谓之西湖,以在城中西北隅也,当从之。曾文有《齐州北水门》、《齐州二堂》两记。(《居易录》卷三十三)

[1] 曾子固:即曾巩,北宋建昌军南丰人,字子固,世称南丰先生。擅长散文,唐宋八大家之一。曾巩曾于熙宁间任职于齐州。

[2] 西湖:即济南大明湖。

[3] 惓惓:念念不忘。

　　曾子固以熙宁五年守济南,其后二十一年晁无咎[1]继来为守,作《北渚亭赋》最著。有《别历下》二绝句云:"来见芙蕖溢渚香,归途未变柳梢黄。殷勤趵突溪中水,相送扁舟向汶阳。""鸳央鸂鶒绕渔梁,摇漾山光与水光。不管使君征棹远,依然飞下旧池塘。"又《将行陪贰车观灯》云:"行歌红粉满城欢,犹作常时五马看。忽忆使君身是客,一时挥泪逐金鞍。"又《赴齐州》诗云:"淮南蒙召鬓毛斑,乞得东秦慰病颜。晓整轻鞍汶阳北,却冲微雨看青山。"吾州于宋得子固、子由[2]、无咎三公,而东坡公过此亦有"济南春好雪初晴,行到龙山马足轻"之咏,足敌唐北海、子美、太白[3]三公矣。(《居易录》卷三十四)

[1] 晁无咎:即晁补之,宋济州巨野人,字无咎,号济北,晁端友之子。神宗元丰二年(1079)进士。工书画、诗词,著有《鸡肋集》《琴趣外篇》。

[2] 子由:指苏辙,字子由,苏轼之弟。苏辙担任过齐州掌书记,因此也曾于济南为官。

[3] 北海、子美、太白:北海指李邕,因曾担任过北海太守,故称;子美指杜甫,子美为其字;太白指李白,太白为其字。三人都曾游于济南,并创作了不少与济南相关的诗文。

赵子昂[1]同知济南[2]亦有诗,唯趵突泉诗最著,余数篇人罕[3]述之。如《初到济南》云:"自笑平生少宦情,龙钟四十二专城。青山历历空怀古,流水泠泠尽著名。官府簿书何日了,田园归计有时成。道逢黄发惊相问,只恐斯人是伏生。"《胜概楼》云:"楼下寒泉雪浪惊,楼前山色翠屏横。登临何必须吾土,啸傲聊因得此生。帘外白云来托宿,梁间紫燕语关情。济南胜概天下少,试倚阑干眼自明。"《怀宋齐彦学士田师孟省郎》云:"乍可望尘迎使者,何堪据案箠疲民。济南虽有如渑酒,准议愁中过一春。"《东城》云:"野店桃花红粉姿,陌头杨柳绿烟丝。不因送客东城去,过却春光总不知。"《湖上莫归》云:"春阴柳絮不能飞,雨足蒲芽绿更肥。正恐前呵惊白鹭,独骑款段绕湖归。"《春日漫兴》云:"春事匆匆转眼过,满城流水绿阴多。西园总有红千叶,尘土埋头奈尔何。"又《送山东廉访照磨于思容》(名钦,著《齐乘》者。):"林生春动紫烟生,策马东风十里程。若到济南行乐处,城西泉上最关情。"(《居易录》卷三十四)

[1] 赵子昂:赵孟頫,字子昂,号松雪道人,南宋末至元初著名书法家、画家、诗人。累拜翰林学士承旨。有《松雪斋文集》。

[2] 同知济南:赵孟頫曾出任同知济南总管府事一职,同知为佐官,主要是辅助总管处理政务。

[3] 罕:很少。

元遗山[1]济南赋咏尤多而工,如"济南山水天下无,鹊山寒食泰和年"等句,古今脍炙[2],具载《遗山集》。(《居易录》卷三十四)

[1] 元遗山:即元好问,金忻州秀容人,字裕之,号遗山。宣宗兴定五年进士,官至行尚书省左司员外郎。

[2] 脍炙:指诗文为人所称赞。

元翰林直学士谥文清宋褧[1]《燕石集》,至正八年,圣旨下都省移江浙省,于各路有钱粮学校内刊行。中书省御史台据御史段弼、杨忠、王思顺、苏宁等奏请也。此与《石田集》皆奉旨刊行,元时崇文[2]如此。或谓"九儒十丐"[3],当是天历[4]未行科举以前时语[5]耶?文清诗温润清丽,济南数篇,偶录于此:《渡济河初见近城诸山》云:"华山高耸鹊山东,一带烟霏翠扫空。安石从来多雅兴,却如新妇闭车中。"《中秋与吕仲实清话忆李溉之内翰》云:"大明湖上水涵天,月色偏宜李谪仙。应笑吾曹煞风景,碧梧腮下对灯眠。"兄本[6],官国子祭酒,谥正献,工于古文,时号二宋。(《居易录》卷三)

[1] 宋褧(jiǒng):元大都人,字显夫。泰定元年(1324)进士,曾任监察御史、翰林待制、国子司业、翰林直学士兼经筵讲官等职。卒谥文清。

[2] 崇文:崇尚文治。

[3] 九儒十丐:元代把人分为十等,分别是:一官、二吏、三僧、四道、五医、六工、七匠、八娼、九儒、十丐。读书人被列为第九等,仅居于末等乞丐之上。

[4] 天历:元文宗、元明宗的年号。按:"天历"当为"延祐"。延祐,元仁宗的年号。元朝立国后废除了科举考试,一直到元仁宗延祐元年才恢复。

[5] 时语:当时的口语。

[6] 本:宋本,元大都人,字诚夫,宋褧之兄。英宗至治元年(1321)进士,累官集贤直学士,兼国子祭酒。卒谥正献。

　　阎古古(尔梅)[1]在济南有诗云:"四围松竹山当面,一望楼台水半城。"虽本[2]白太傅[3]"灯火万家楼四面,星河一道水中央",实难甲乙[4]也。刘后村[5]亦云:"地占百弓全是水,楼无一面不当山。"予少时在济南亦有句云:"郭边万户皆临水,雪后千峰半入城。"今前集不载。(《池北偶谈》卷十四)

[1] 阎古古:即阎尔梅,明末清初江南沛县人,字用卿,号古古,又号白耷山人、蹈东和尚。明崇祯三年(1630)举人。有《白耷山人集》。

[2] 本:依据,按照。

[3] 白太傅:指白居易,因其曾做过太子少傅,故称"白太傅"。

[4] 甲乙:评定优劣。

[5] 刘后村:刘克庄,宋兴化军莆田人,字潜夫,号后村居士。官至工部尚书兼侍讲、焕章阁学士。其诗词作品收录在《后村先生大全集》。

　　苏颖滨[1]从事[2]吾郡,作《闵子祠堂记》、《泺源石桥记》,又《和孔武仲济南四咏·环波亭》云:"过尽绿荷桥断处,忽逢朱槛水中央。"《北渚亭》云:"西湖已过百花汀,未厌相携上古城。"据此,则北渚亭当在北城之上不疑。《鹊山亭》,《槛泉亭》,槛泉[3]即趵突也。又《和李诚之待制燕别西湖》,西湖即明湖之西偏,曾子固诗亦称西湖。又《西湖二咏》,又《徐正权秀才城西溪亭》云:"溪上路穷惟画舫,城中客至有罾鱼。"徐[4],石介[5]之婿也。又《次韵李昭叙燕别湖亭》,又《游泰山四首·初入南山》云:"兹人谓川路。"今黄山铺已南至泰山,皆名川路,故其下又云:"嘉陵万壑底,栈道百回屈。崖巇互峥嵘,征夫时出没。"因川路以寄故乡之思也。《四禅寺》,《灵岩寺》,《岳下》,又《舜泉复发》,又《答徐正权谢示闵子庙记》,又《舜泉诗》四言,序曰:"始余在京师,闻济南多甘泉,流水被道,蒲鱼之利与东南比。会其郡从事阙,求而得之。既至大旱,问之,其人云,城南舜祠有二泉,今竭矣。明年夏虽雨,而泉不作。相与[6]惊曰:'舜其不复享[7]耶!'又明年夏大雨,麦禾荐登,泉乃复发。民欢曰:'舜其尚顾我哉!'泉之始发,潴[8]为二池,酾[9]为石渠,自东南流于西北,无不被焉。灌濯播洒,蒲莲鱼鳖,其利滋大。因为诗,使祠者歌之。"诗不具录。按李公择[10]亦为齐守,而历下诗不多见,惟颍滨集有《和公择赴历下道中杂咏十二首》耳。公择、子由,在齐正同时[11]也。(《香祖笔记》卷十二)

[1] 苏颍滨:即苏辙,字子由,一字同叔,号颍滨遗老。苏洵之子,苏轼之弟,唐宋八大家之一,与父、兄合称"三苏"。苏辙曾在齐州任掌书记。

[2] 从事:任职。

[3] 槛泉:原意为滥泉,喷涌之泉。语出《诗·大雅·瞻卬》:"觱沸槛泉,维其深矣。"后为济南趵突泉别称。

[4] 徐:指徐遁,字正权。北宋齐州人,是石介的弟子,也是其女婿。

[5] 石介:北宋思想家,兖州奉符人,字守道,一字公操,世称徂徕先生。曾任国子监直讲,官至太子中允、直集贤院。著有《徂徕集》。

[6] 相与:互相,共同。

[7] 享:指神鬼享用祭品。

[8] 潴(zhū):蓄积。

[9] 酾(shī):分流,疏导。

[10] 李公择:即李常,著名诗人,南康建昌人,字公择,黄庭坚的舅父,苏轼、苏辙兄弟的好友。

[11] 在齐正同时:李公择于神宗熙宁九年(1076)二月任齐州知州,此时苏辙仍

为齐州掌书记，两人一起共事半年多，可惜当年十月，苏辙因任满而离齐赴京。

高珩小词

吾乡刑部侍郎念东高公珩，下笔妙天下，而留意二氏[1]之学，生平撰著不减万篇。常广东坡"劝尔一杯聊复醉，人间贫富海茫茫"之意，作小词[2]八首，虽出游戏[3]，亦绝调[4]也。偶记一二于此云："亭长归来屯万乘，大风云起飞扬。数行泣下美人裳，楚歌为若舞，何似在乌江。铜雀双鸾春宛转，挂钗便到分香。西陵歌吹为谁长，一杯聊复醉，啼笑海茫茫。""送客白衣看短剑，羽声击筑相将。雪园寒月倦游梁，夷门虚左地，春暮绿芜长。香水吴宫多少恨，鱼肠酒后如霜。姑苏麋鹿亦荒凉，一杯聊复醉，恩怨海茫茫。""杨柳春风何婀娜，幽兰瑟瑟秋霜。江潭憔悴子兰狂，世情双燕子，随处得雕梁。惊道碧纱新姓字，大槐争铸金章。木棉庵近半闲堂。一杯聊复醉，荣悴海茫茫。""野外秋蓬风外絮，一生萍海中央。青衫红泪吊浔阳，江云天漠漠，枫树梦苍苍。汉月秦关秋雁断，短歌对酒河梁。西风班马玉鞭长。一杯聊复醉，离合海茫茫。""不尽江潮铁绰板，商歌玉树秋江。莓苔因雨上宫墙，金仙留剩泪，百度续沾裳。汾水年年秋雁去，雷塘杨柳含霜。渔歌樵唱下斜阳。一杯聊复醉，兴废海茫茫。"又三首不及录。使明皇[5]闻之，必叹为真才子也。（《居易录》卷九）

[1] 二氏：指佛、道两家。
[2] 小词：按曲谱填写的短篇歌词。
[3] 游戏：戏谑。
[4] 绝调：指绝妙的文章。
[5] 明皇：指唐玄宗李隆基。因其谥号为至道大圣大明孝皇帝，故后世称其为明皇。

孙廷铨北曲

吾乡益都孙文定公（廷铨）[1]，顺治十八年以吏部尚书乞假归省[2]，途中作北曲[3]《归田》有句云："闪煞人，旌门画戟虎头牌；喜煞人，神钱花鼓牛王庙。"又有北曲《自笑》云："把一个洛阳街花攒锦簇美前程，生扭做望江亭，风清月冷，

乔丰韵。"其得元人遗意[4]。(《居易录》卷三十二)

[1] 孙文定公:即孙廷铨,明末清初山东益都人,字道相,别字沚亭。明崇祯十三
    年(1640)进士,官至内秘书院大学士。文定为其谥号。著有《颜山杂记》《南
    征纪略》等。
[2] 归省:回家探望父母。
[3] 北曲:金元时期流行于北方的戏曲。
[4] 遗意:指前人留下的意味、旨趣。

邢侗书法

临邑太仆卿邢子愿先生(侗)[1]以书名万历间,取法[2]晋人,不落唐、宋窠
臼[3]。其邑人王葱岳大司马(洽)[4]萃[5]其书为《来禽馆帖》,凡数十卷,时号"北
邢南董"。今董书盛行海内而邢书知之者鲜[6]矣,余西城别墅"茂林修竹"四大
字是其真迹。(《分甘余话》卷一)

[1] 邢子愿:即邢侗,明山东临邑人,字子愿,号知吾。万历二年(1574)进士,官
    至陕西行太仆寺少卿。工诗文,尤善书法,与董其昌、米万钟、张瑞图齐名,时
    称"邢张米董"。有《来禽馆集》《武定州志》《来禽馆帖》等。
[2] 取法:效法。
[3] 窠臼:俗套,旧有的格式。
[4] 王葱岳大司马:即王洽,明山东临邑人,字涵仲,又字和仲,号葱岳。万历
    三十二年(1604)进士,历知东光、任丘等县,擢吏部稽勋主事、考功文选郎中,
    官至兵部尚书。大司马为兵部尚书的别称。
[5] 萃:聚集。
[6] 鲜:少。

赵孟頫书画

历下孙氏有别墅在济南郡城西北十里而近[1],其地四面皆稻塍[2],与嵩[3]、
华[4]两山相望。囿中有泉,相传赵松雪[5]洗砚泉也。一日,园丁治蔬畦,得石
刻于土中,洗剔[6]视之,乃松雪篆书二诗:"'抱膝独对华不注,孤吟四面天风来。

泉声振响暗林壑，山色滴翠落莓苔。散发不冠弄柔翰，举杯白月临空阶。有时扶筇步深谷，长啸袖染烟霞回。'竹林深处小亭开，白鹤徐行啄紫苔。羽扇不摇纱帽侧，晚凉青鸟忽飞来。'同知济南路总管府事赵孟頫题。"松雪篆不多见，此石刓缺 [7] 处惜为石工以意修补，寖失 [8] 古意。今其地名砚溪，在泺口之北。（《香祖笔记》卷五）

[1] 而近：不到，以内。十里而近，指不到十里。

[2] 塍（chéng）：田间的土埂子。

[3] 嵹：即鹊山，在今山东济南北。相传扁鹊炼丹于此，又为每年七八月乌鹊翔集处，故名。《隋书·地理志》记载齐郡历城有"舜山、鸡山、卢山、鹊山、华山、鲍山"，即此。

[4] 华：即华不注山，在今山东济南东北。孤峰特拔，下有华泉。《左传》记载晋齐鞍之战，"齐师败绩，逐之，三周华不注"，即此。

[5] 赵松雪：即赵孟頫，字子昂，号松雪道人，南宋末至元初著名书法家、画家、诗人，宋宗室。累拜翰林学士承旨，曾于至元二十九年（1292），出任济南路总管府事。有《松雪斋文集》。

[6] 洗剔：清洗剔除。

[7] 刓（wán）缺：磨损残缺。

[8] 寖（jìn）失：逐渐失去。寖，逐渐。

　　赵松雪《鹊华秋色图》[1]，为周密公谨 [2] 作，山头皆著青绿，全学右丞 [3]。公谨家世济南，流寓 [4] 吴兴，故松雪为作此，以寄其故乡之思。密常著《癸辛杂识》、《云烟过眼录》诸书。癸辛 [5]，所居巷名，犹许浑之丁卯桥 [6]。（《香祖笔记》卷十二）

[1] 鹊华秋色图：赵孟頫的画作，描绘的是济南鹊山和华不注山的秋天景象。画作上有赵孟頫的一段题跋："公谨父齐人也，余通守齐州，罢官归来，为公谨说齐之山川，独华不注最知名，见于《左传》，而其状又峻峭特立，有足奇者，乃为作此图。其东则鹊山也。命之为《鹊华秋色图》。"可见，此画为周密所作。

[2] 周密公谨：周密，南宋文学家，字公谨，号草窗。祖籍济南，其曾祖随高宗南渡，遂居吴兴。著有《草窗旧事》《云烟过眼录》《齐东野语》《癸辛杂识》《武

林旧事》等。周密一生从未回过故乡济南，却持有浓重的怀乡之情。他在《齐东野语》中曾说："余世为齐人，居历山下，或居华不注之阳……余故齐，欲不齐不可。"

[3] 右丞：即王维，唐朝著名诗人、画家。唐肃宗乾元年间任尚书右丞，故世称"王右丞"。

[4] 流寓：流落异乡居住。

[5] 癸辛：指癸辛街，周密居于此。

[6] 许浑之丁卯桥：许浑，唐代著名诗人，字用晦。文宗太和六年（832）进士，历润州司马、监察御史、睦郢二州刺史，后抱病退居润州丁卯桥村舍，并将诗集取名为《丁卯集》。

宋琬藏画

庚戌七月，予寓公路浦，莱阳宋荔裳（琬）[1] 北上过 [2] 予，所携名画甚夥 [3]，因得纵观 [4]。最奇者为郭河阳《枯木》、刘松年《罗汉》（上有御府图书、皇妹图书各一）、赵松雪《百马图》、黄子久《浮岚暖翠图》、文征仲《松泉高士图》。又元孤云处士王振鹏 [5] 画《维摩不二图》一卷，甚奇妙，楷法 [6] 类赵承旨 [7]，自记云："至大元年二月初一日，拜住 [8] 怯薛 [9] 第二日，隆福宫花园山子 [10] 上西荷叶殿内，臣王振鹏特奉仁宗皇帝潜邸 [11] 圣旨，临 [12] 金马云卿 [13] 画《维摩不二图》草本 [14]。"又云："至大戊申二月，仁宗皇帝在春宫，出张子有平章所进故金马云卿茧纸画《维摩不二图》，俾 [15] 臣某临于东绢 [16]，更叙说'不二'之因。某谨按：释典有云（维摩诘所说经），故唐僧皎然诗云：'禅女来相试，将花欲染衣。禅心定不起，还捧旧花归。'东坡有坐上戴花诗云：'结习渐消留不住，却须还与散花天。'又云：'毗耶居士谈空处，结习已空花不坠。试教天女御铅华，千偈澜翻无一语。'又云：'要令卧疾致文殊。'又臂痛谒告诗云：'小阁低窗晏卧温，了然非嘿亦非言。维摩未病吾真病，谁识东坡不二门。'又维摩塑像诗云：'当其在时或问法，俯首无言心自知。'杜工部题顾恺之画维摩像云：'虎头金粟影，神妙独难忘。'又东坡题石恪画维摩云：'试观石子一处士，麻鞋破帽露两肘；能使笔端出维摩，神通又过维摩诘。'某详观马云卿所作《维摩不二图》，笔意超绝 [17]，似亦悟入 [18] 不二门 [19]，岂非神通过于摩诘 [20] 者乎？某当时奉命临摹，更为修饰润色之。图成，并书其概略进呈，因得摹本珍藏，暇日展玩 [21] 以自娱也。东嘉王振鹏。"又丁南羽画师利像，亦奇。按《元史》以功臣木华黎、赤老温、博尔忽、博尔术四族，世领

怯薛之长。怯薛,犹言更番宿卫也。(《池北偶谈》卷十五)

[1] 宋荔裳:即宋琬,清山东莱阳人,字玉叔,号荔裳。顺治四年(1647)进士,授户部主事,累迁浙江按察使。与施润章齐名,称"南施北宋"。著有《安雅堂集》。

[2] 过:探望。

[3] 夥:同"伙",多。

[4] 纵观:博览。

[5] 王振鹏:元温州永嘉人,字朋梅,著名画家。元仁宗赐号孤云处士,官至漕运千户。

[6] 楷法:楷书之法。

[7] 赵承旨:即赵孟頫,元湖州人,字子昂,号松雪道人。官至翰林学士承旨,故此称其为"赵承旨"。博学多才,尤善书法和绘画。

[8] 拜住:元蒙古人,功臣木华黎之后。元武宗时袭为怯薛长,英宗时官至中书右丞相。

[9] 怯薛:蒙古语,指轮值守卫,后用以指宫廷卫士,即禁卫军。关于元代的怯薛轮值制度,《元史·兵志二·宿卫》载:"太祖功臣博尔忽、博尔术、木华黎、赤老温,时号掇里班曲律,犹言四杰也,太祖命其世领怯薛之长。怯薛者,犹言番直宿卫也。凡宿卫,每三日一更。申、酉、戌日,博尔忽领之,为第一怯薛,即也可怯薛。博尔忽早绝,太祖命以别速部代之,而非四杰功臣之类,故太祖以自名领之。其云也可者,言天子自领之故也。亥、子、丑日,博尔术领之,为第二怯薛。寅、卯、辰日,木华黎领之,为第三怯薛。巳、午、未日,赤老温领之,为第四怯薛。赤老温后绝,其后怯薛常以右丞相领之。"按:中华书局出版的《池北偶谈》、齐鲁书社出版的《王士禛全集》(第四册)中此处均断句为"至大元年二月初一日拜住怯薛,第二日隆福宫花园山子上西荷叶殿内",误。元代文献记录日期时往往加缀怯薛执勤次第,包括当值怯薛长的名字、日次等,如"泰定二年四月二十八日,撒儿蛮怯薛第三日,慈仁殿后鹿顶殿里有时分……""皇庆元年十月二十八日,拜住怯薛第一日,嘉禧殿内有时分……"因此本句话应断为"至大元年二月初一日,拜住怯薛第二日,隆福宫花园山子上西荷叶殿内"。也就是说,二月初一日当值的怯薛长是拜住,且是他执勤的第二天。

[10] 山子:假山。

[11] 潜邸：皇帝没有即位之前所居住的地方，后来也用来指太子尚未即位。

[12] 临：临摹，照着字画模仿。

[13] 马云卿：金介休人，马天来之弟，擅长绘画。

[14] 草本：原稿。

[15] 俾（bǐ）：使。

[16] 东绢：四川省盐亭县产的鹅溪绢，一般多用于绘画。

[17] 超绝：超出寻常，超群绝伦。

[18] 悟入：佛教语，指开悟而入于实相之理。

[19] 不二门：佛教语，指人人平等而无彼此分别的实相法。佛教有八万四千法门，不二法门在诸法之上，能直见圣道。

[20] 摩诘：维摩诘的省称，佛教著名居士，宣扬大乘佛教的教义。佛经《维摩诘经》即是以维摩诘居士为中心，通过与诸菩萨的反复辩说，提出不二法门等理论。

[21] 展玩：欣赏玩味。

济南鼎铭

　　薛尚功[1]《钟鼎款识》第二卷有济南鼎二，其文如《五岳真形图》[2]。薛云是向潘传本，又云二铭字画奇怪，未容诠释，以鼎出济南，姑以名之。此吾郡典故也。然二鼎今不知所在，或已入宣和[3]内府[4]矣。（《香祖笔记》卷九）

[1] 薛尚功：宋代金石学家，字用敏。著有《历代钟鼎彝器款识法贴》二十卷，绝大部分是商周铜器铭文。

[2] 五岳真形图：道教符篆，据称为太上道君所传，有免灾致福之效。

[3] 宣和：指宋徽宗赵佶，宣和为其年号。

[4] 内府：指王室的仓库。

范公祠石刻

　　邹平长白山醴泉寺，即范文正公画粥处[1]，四山环合，一溪带漾[2]，溪上有范公祠，祠中多前代石刻，有嘉靖十三年崧少山人张鲲[3]八绝句最佳。节录于左："危阁烟霞出，峰檐麋鹿来。春泉落西硼，声绕读书台。""台前碧玉树，叶叶上青霄。工师求大木，隆栋万年朝。""风昼溪杨色，烟春岩蕙香。人言背绝壑，才是上书堂。""山护埋金窟，泉通画粥厨。传灯衣钵在，曾伴老龙图。""灵刹群峰合，名祠半日游。难逢浮海术，易集下山愁。"鲲，河南钧州人，诗名[4]不甚著，而诗之工如此。（《池北偶谈》卷十一）

[1] 画粥处：相传范仲淹曾在醴泉寺读书，生活比较艰苦，用小米煮粥，待粥凝固之后，用刀画成四块，早晚各取两块来吃。
[2] 潆（yíng）：水流环绕的样子。
[3] 张鲲：明河南钧州人，字子鱼。正德十二年（1517）进士，官至山西右布政使。著有《东山集》《崧少漫稿》等。
[4] 诗名：作诗的名声。

曹植碑

东阿县鱼山陈思王[1]墓道[2]有隋碑，书法杂用篆、隶、八分，甚古。今略其辨识者载于此。"王讳植，字子建，沛国谯人也。洪源与九泉竞深，崇□□□比峻。自植舆□□□昌兴焉。其后建国开基，□□周室，显霸业于东郏，彰茅封于谯邑。琼根宝叶，莳芳兰以莫朽；轩冕[3]相传，袭缙绅[4]而不绝。此乃备颁典册，聊可梗概而言矣。逮丞相参[5]乃成王室，道勋[6]隆重，位登上宰，受国平阳。自兹厥后，鸣鸾佩玉，飞盖交映。祖嵩，汉司隶太尉公，执掌三事，从容论道，美著阿衡之任[7]，不亦宜乎？父操，魏太祖武皇帝，资神龙虎，剖判郁以开基。名颁谶牒，谣敞真人，火运[8]告终，土德[9]承历。援据图录，享有天下。骤改质文，驰迁正朔[10]。英雄之气，盖有余矣。昆[11]丕，魏高祖文皇帝，绍即四海，光泽五都，负宸[12]明堂，朝宗万国。允文允武，庶绩咸熙。正践升平，时称宁晏。致黄龙表瑞，验兆漳滨，玉虎金鸡，恒纶宇宙。王乃□内通理，恺淑唅英。懿哲[13]禀于自然，博愍由于天纵[14]。佩金华以迈四气，抱玉操以忽风霜。缀赡藻[15]于孩年，摄酋什于孺岁。寻声制赋，应诏题诗。词采昭灼，子云[16]遥惭于吐凤[17]；文华理富，仲舒[18]远愧于怀龙[19]。又能诵万卷于三冬，观千言于一见。才比山薮，思并江湖。清辞菀菀，若蓁苟之蔚邓林；绿藻妍妍，如河英之照巨海。武库太官之誉握促之器者也。但禄由德赏，频享皇爵。建安十六年封平原侯，十九年改封临淄侯，都不以贵任为怀，直置清雅自得。常闲步文籍，偃仰琴书，朝览百篇，夕存吐握。使高据擅名之士，侍宴于西园；振藻独步之才，陪游于东阁。皇初二年，奸臣谤奏，遂贬爵为安乡侯。三年，晋立为王，诣京师面陈滥谤之罪，诏令复国。自以怀正信而见疑，抱利器而无用，每怀怨慨，频启频奏。四月，改封东阿王。五年，以陈前四县封，后封为陈王。以谗言数构，奸臣内兴，十一年里，频频徙都，汲汲无欢，遂发愤而薨，时年三十有一。即营墓鱼山，傍羊茂台，平生游陟有终焉之所。既而年代复远，兆茔 [20] 崩沦。茂响英声，远而不绝。至十一世孙曹永洛 [21] 等去齐朝，皇建二年蒙前尊孝照皇帝恢弘古典，敬立二王 [22]，崇奉三恪 [23]。永洛等于时膺符，表贡面陈。照皇亲酬圣诏，比经穷讨，皆存实录。蒙敕报允 [24]，兴复灵庙，馈嗣蒸尝 [25]，四时虔谒。使恭恭嗣子，得展衷诚之愿；茕茕孝孙，长毕昊天之慕。遂雕镂真容 [26]，镕金写状。庶使□□相度，永劫而不泯；七步文宗，传芳猷于万叶者也。其词□□□□□□粤维王，磐石斯固，缔绪攸长。波连溟渤，枝带扶桑。分珪作瑞，建国开疆。蕙楼菌阁，远迈灵光。（其一。）器调高奇，风革梳朗。谈人刮舌，灵蚰曜掌。东阁晨开，西园夜赏。松华桂茂，玉润金响。（其二。）声驰天下，道冠生民；才惊旷古，德重千钧。混混不浊，磨而不磷。如何一旦，萎我哲人？（其三。）山舟易失，日车难驻。一谢人间，长遵埏路。风哀松栢，坟穿狐兔。何世何年，还成七步？（其四。）乃考惟昆，廓定洪基。受图应历，运合紫微。一辞皇阙，永背象□。声随日转，响逐云飞。（其五。）大隋开皇十三年岁次皇□之吉。"此碑文不极工，考欧《集古录》、赵《金石录》及近代《金薤琳琅》、《石墨镌华》、《金石志》俱不及载。（《居易录》卷二十）

[1] 陈思王：指曹植，字子建，曹操之子。封陈王，卒谥思，故称陈思王。

[2] 墓道：墓前的甬道。

[3] 轩冕：官位爵禄。

[4] 缙绅：官宦。

[5] 参：曹参，西汉泗水沛人。秦末，与萧何随刘邦起事，刘邦称帝后，封平阳侯。汉惠帝时官至丞相。

[6] 道勋：道德功业。

[7] 阿衡之任：国家辅弼之任。

[8] 火运：应火德而昌的帝运。这里指汉朝的气数。

[9] 土德：五德之一，古代以五行相生相克附会王朝命运，谓土胜者为得土德。这里指曹魏政权。

[10] 正朔：帝王新颁的历法。

[11] 昆：兄。

[12] 负扆（yǐ）：指皇帝临朝听政。

[13] 睿哲：圣明，明智。

[14] 天纵：上天所赋予。

[15] 赡藻：形容诗文内容丰富并有文采。

[16] 子云：指西汉扬雄，字子云。擅长辞赋，著有《太玄》《法言》《方言》《训纂篇》等。

[17] 吐凤：指有文才。《西京杂记》卷二："雄（扬雄）著《太玄经》，梦吐凤凰，集《玄》之上。"后用"吐凤"来称颂人的文才或文字之优美。

[18] 仲舒：指西汉董仲舒。

[19] 怀龙：才学卓异。《西京杂记》卷二："董仲舒梦蛟龙入怀，乃作《春秋繁露》词。"后用以称颂人的才学。

[20] 兆茔：坟墓。

[21] 曹永洛：南北朝时期人，曹植的十一世孙。

[22] 二王：新兴王朝封前二代王室的后裔，给以王侯名号，称为"二王"。

[23] 三恪：新兴王朝封前三代王室的后裔，称为"三恪"。

[24] 报允：许可，批复照准。

[25] 蒸尝：本指秋冬二祭，董仲舒《春秋繁露·四祭》："春曰祠，夏曰礿，秋曰尝，冬曰蒸。"后泛指祭祀。

[26] 真容：塑像。

《夫子庙堂碑》《张公墓碑铭》

历城门人赵于京丰原[1]，官城武教谕，寄其邑二碑，尚极完好，盖世鲜知之，摹搨[2]者少故也。一虞永兴《夫子庙堂碑》，不减[3]王彦超翻刻西安本。《元赠中宪大夫、中书兵部侍郎、上骑都尉、清河郡伯张公墓碑铭》，翰林侍讲学士、中奉大夫、知制诰、同修国史元明善撰，集贤学士、资德大夫赵孟頫书，资善大夫、御史中丞王毅篆额[4]。张，讳成，济宁之虞城人，户部侍郎孜之父。元清河[5]古文为当时之冠，与吴兴[6]书法真两绝也。二碑，近《金薤琳琅》、《金石志》俱失载。（《居易录》卷二十三）

[1] 赵于京丰原：赵于京，清山东历城人，字丰原。康熙二十年（1681）举人，后选任城武（今山东成武）教谕，官至河南府知府。

[2] 摹揭：也作"摹拓"，按照样子描制。

[3] 不减：不差于。

[4] 篆额：用篆字书写碑额。

[5] 元清河：即元明善，因其为清河人，故称。

[6] 吴兴：指赵孟頫，其为浙江吴兴人。

景范碑

邹平县西南五六里有小山，曰相公山，山前有景相公[1]墓。墓上有碑，虽阙文[2]，尚可读。近于奕正[3]作《天下金石志》，亦未之载。录于左云。

大周故银青光禄大夫中书侍郎同中书门下平章事上柱国晋阳县开国伯食邑七百户赠侍中景公神道碑[4]铭并序。

翰林学士朝议郎尚书水部员外郎知制诰柱国赐绯衣袋臣扈载奉敕撰。

翰林待诏朝议郎守司农寺丞臣孙崇望奉敕书。

帝轩辕乘土德之运，其臣曰奢龙、祝融，能辨方域，以制区夏[5]。帝妫氏禅陶唐之基，其臣曰伯夷、后夔，能典礼乐，以和人神。上古佐命之道，（阙五字）焉。三政嗣兴，图史寔盛[6]，弥纶[7]辅翼[8]，代有其人。皆金策丹书，绚缋[9]功业。垂其训聚而为坟典[10]，形其美流而为歌颂。陋篆籀之质略[11]，我则润之以（阙五字）之沦朽[12]，我则镂之以贞珉[13]。铭以纪功，碑以志行，千载之下，粲然可观者，其惟神道之表乎！故中书侍郎平章事景公讳范，皇朝元佐，（阙二字）显德二祀，冬十一月，薨于淄川郡之私第。天子废视朝[14]，轸歼夺[15]之念，制赠侍中，遣使赠奠，饰终[16]之典优而厚（阙二字）诏词臣（阙一字）文（阙一字）琰盛矣。（阙三字）孔悝彝鼎，不出庙门；杜预丰碑，空沉汉水。姑自矜于名氏，诚未显于邦家，与夫辉煌帝恩，导扬休烈（阙八字）者可同日而语也（阙六字）纶有直而叙之，用丕显[17]我大君[18]之命。臣闻景氏之先，出于芊姓，从楚王于梦泽，差（阙一字）侍臣；画汉（阙一字）于云台，丹推名将。济美垂（阙六字）生伟人，维周之辅。长山之下，淄济为川，地胜气清，惟公故里。夫嘉遁[19]绝世高卧于是者，足以（阙一字）颢气而为（阙七字）生于是者，足以（阙三字）而为世杰。故公之先，由烈考[20]太仆府君[21]之上，曰王父[22]宾，大王父[23]闻，皆贞晦[24]不仕，介享天爵[25]。而巢许（阙十三字）（下阙）仲曰篆公（阙四字）世（阙二字）聿登相位，而申甫之祥著矣。昔者圣人之教天下也，本之以仁义，制之以经籍，是谓人文，是谓人（阙六字）以（阙一字）开物成务者，（阙四字）所于此（阙二字）以公辅之位，必由稽古升；廊庙之才，必以经术显。而公以明经擢第[26]于春官氏[27]，则贤哲之（阙六字）为吏于清阳（阙十一字）掾于高密郡，秩满而（阙一字），授范县令。大鹏之翼，铩北溟以未舒；蛰雷之声，殷南山而不（阙一字）。然则（阙七字）于之（阙十五字）通人之才变而顺，则方圆之量不能局。故公之佐县政也，人谓其勤且洁矣。典刑书也，人谓其（阙八字）邑恪（阙一字）以（阙八字）使（阙一字）政（阙一字）而从入者，则人谓其贤且能矣。粤若[28]日月之彩，得天而大明；风云之期，遇屯而勃起。（阙十字）磻溪（阙一字）璜（阙十字）我大周圣神恭肃文武孝皇帝，建大功于汉室，为北藩于魏邦。初筵既开，得贤斯盛。于是我公（阙九字）而君臣之（阙九字）龙飞在天，躬载曜灵[29]，至于霄极[30]。皇业肇建，制以公为秋曹郎，进阶至朝散大夫。而（阙九字）万（阙十二字）之枢。惟圣人执左契，临万邦，经久制大命曰政之机，国之大柄，总于枢务者，可谓重矣。而公（阙九字）忠而贤。（阙十一字）公为左司郎中，充枢密直学士，寻转谏议大夫，克职。今皇帝嗣位之时，登用[31]旧臣，而并人乘我大丧，拥众南寇。亲征之举，迅若奔雷，分命大臣，保厘（阙七字）于公仍拜贰卿，（阙九字）振帝伐张，黄钺白旄，殪群凶而皆尽；参旗河鼓[32]，导清跸[33]以言旋。大禋[34]既已平，九服[35]又已定。（阙四字）时惟辅臣，而公昌言，可（阙八字）圣谟硕望，可以镇流俗。爰立之命，帝心允孚。六府肇修兵赋，元大邦之调用。（阙五字）公自立不回，信而有守，（阙十字）哉。大运逢时，洪钧在手，资忠孝于君父，享富贵之崇高。而尽悴之劳，因成恙疾[36]。封章叠上，优诏[37]褒称，听解利权[38]。（阙一字）专（阙七字）以列卿归第[39]，悬车[40]故乡。嗟风树之忽惊，诉昊天兮何极？见星而往，夕露方多，泣血以居，晨浆屡绝。哀与性尽，卧疾而终，享年五十有二。（阙七字）观夫公之行事，则其道也淳而粹，充充焉无能称。其言也直而肆，謇謇焉无所忌。耿介以自立，强干以自（阙一字）故其仕也，（阙一字）一命之卑，（阙一字）三（阙六字）无悔吝，古人之操何以尚也！秉笔者得无愧于词矣。许国夫人李氏，嗣子太庙斋郎严信等，（阙三字）灵（阙一字）光（阙二字）烝尝翼翼贤人（阙九字）子事终之礼。佳城闭日，长楸箸云，勒铭垂休，以示千古。其词曰：

长白苍苍，淄水汤汤。哲人之生，逢时会昌。哲人之逝，魂游故乡。（阙一字）高山兮峨峨，逝水兮惊波。（阙一字）而（阙一字）死（阙十九字）山有颓坂，水有高岸，人何世而弗新？善有名兮独远。猗欤公兮，时用丕显。

显德三年岁次丙辰十二月己未朔十日戊辰。（《池北偶谈》卷十六）

[1] 景相公:指景范,唐淄州长山(今山东邹平)人,字万卿。后周时官至中书侍郎平章事、判三司,世称"景相公"。

[2] 阙文:缺失的文字。

[3] 于奕正:明顺天府宛平人,字司直。崇祯间诸生,著有《天下金石志》《帝京景物略》(与刘侗合撰)等。

[4] 神道碑:立于墓道前记载死者生平事迹的石碑。

[5] 区夏:华夏,中国。

[6] 寖盛:逐渐兴盛。

[7] 弥纶:治理。

[8] 辅翼:辅佐。

[9] 绚缋:以优美的语言记述。

[10] 坟典:古书。

[11] 质略:质朴简略。

[12] 沦朽:消亡朽坏。

[13] 贞珉:指石刻碑铭。

[14] 视朝:临朝听政。

[15] 歼夺:丧亡。

[16] 饰终:人死时给予尊荣。

[17] 丕显:充分显示。

[18] 大君:天子,皇帝。

[19] 嘉遁:隐遁,隐居避世。

[20] 烈考:对亡父的称呼。

[21] 太仆府君:太仆,指景范父亲的官职。府君,是对已故者的敬称。

[22] 王父:祖父。

[23] 大王父:曾祖父。

[24] 贞晦:保持高洁,不求显达。

[25] 天爵:指精神上的爵位,与"人爵"相对。《孟子·告子上》:"仁义忠信,乐善不倦,此天爵也;公卿大夫,此人爵也。"

[26] 擢第:科举考试及第。

[27] 春官氏:礼部的别称。

[28] 粤若:句首发语词,引出下文。

[29] 曜灵:指太阳。

[30] 霄极：天空的最高处。

[31] 登用：选拔任用。

[32] 参旗河鼓：参旗，星名，属毕宿。河鼓，星名，属牛宿。

[33] 清跸：指帝王的车辇。

[34] 大祲：大的饥荒。

[35] 九服：全国各地。

[36] 恙疢（chèn）：指疾病。

[37] 优诏：赞美嘉奖的诏书。

[38] 利权：爵禄和权柄。

[39] 归第：回家。

[40] 悬车：指辞官归乡。

醴泉寺志公碑

　　常白山[1]醴泉寺志公碑，唐开元乙卯立，文作齐梁体[2]，可辨者十之三，书法圆劲，在欧、虞间，每行凡七十九字，其下多断蠹[3]不存，其碑阴[4]乃志公[5]像也。碑可辨者录于此。

　　大唐齐州章丘县常白山醴泉寺志公之碑

　　（阙二字）京大荐福寺奉敕（阙一字）庆（阙一字）缀文沙门玄伞（阙五字）荐福寺（阙二字）翻经院校勘沙门正智寺都维（阙一字）僧道寂建此寺（阙三十字）

　　（阙二字）昙花未出，庸讵知寂灭之名，觉日犹（阙一字）曷尝识苦空之相。（阙一字）夫金仪下降，舍灵（阙一字）净月之光；宝教旁流，（阙四字）云之润。三车（阙一字）驾，（阙二十九字）化工（阙三字）香不息，所以化身周流于别土，神（阙三字）于尘沙。或十大声闻，驻形（阙二字）一方菩萨，纳景凉台观（阙一字）背领以宣慈，清辨起（阙二十六字）未掩白足。（阙二字）佛法之（阙三字）月（阙一字）咸（阙一字）王城之舍盖（阙一字）生（阙一字）道（阙一字）境发（阙一字）若不人（阙一字）具（阙四字）谛幢高（阙一字）者与。今此醴泉寺者，是宋齐（阙二十八字）经文师即（阙二字）身之菩萨（阙一字）游神境，来届兹山，栖托岩阿，聿修禅寂，以为此地玄武之分，青龙（阙四字）首以开疆，据天齐而划野，却（阙二十六字）尚父之（阙一字）居九合一匡，齐桓公之霸国。尔其常白山者，乃摩天（阙一字）地，崦映蔽亏[6]，抱泉石以娱神，出云霞而养性，山毛地发，名花将软草连芳。（阙二十九字）人（阙二字）绘（阙二字）形胜（阙二字）招提[7]。自后七级崇图，（阙一字）起舍佉之才，五层乡（阙一字）重标战胜之门。海目山亭，妙相殚于变态，虹梁鸟革，大壮（阙三十字）彩画（阙二字）尘凡（阙二字）香（阙一字）水调八解之（阙一字）风（阙一字）五音之说。息心之辈，见流注以超升；回面[8]之徒，仰幽关[9]而悟入。时逢（阙二字）代属（阙三十二字）金林玉（阙一字）寥落幽岩。我国家灌顶四天，纂图千帝，以佛乘为马，用道品为城郭。八方起塔，（阙二字）道形九（阙一字）聚盐情殷，（阙三十二字）佛（阙二字）此精庐（阙一字）通尧日，三齐族姓，向梵境以翘诚，四履（阙二字）仰释天而矫首。又属中宗孝和皇帝龙兴汉道，入天经（阙二十七字）周法界去，景龙二年，岁次口子，爰有齐州正智寺都维僧仁万，俗姓李，字道寂，慨兹隳坠[10]，抗表[11]（阙一字）宗，天鉴至诚，特赐名（阙三十三字）否而还泰，山灵掩以重开。法俗欢康，人神一悦。初师之行进表也，梦乘船上山。及翌（阙一字）赴朝所刂无碍。岂非兴废（阙一字）定通（阙一字）悬期（阙二十九字）俶装[12]东上将（阙二字）州（阙二字）三藏义净法师，各代高僧，天下重德，先奉敕于大荐福寺。（阙三字）律以（阙六字）胜缘（阙一字）城在东倍增（阙二十六字）四（阙一字）降灵五（阙一字）德（阙一字）人天之表，名扬宇宙之间，圣（阙一字）难（阙一字）神功叵测，及将命星发，载达京（阙十字）时有（阙三十四字）身（阙二字）辍弦歌岁（阙三字）即以二月八日，亲率合境[13]老幼，大会新寺，表庆天恩。又于（阙二字）之（阙一字）尊卑就列，雁行齐听。（阙三十三字）忽见有醴泉（阙四字）三四尺，深浅三尺余，色净味甘，爰符瑞典，挹酌同饮，咸觉蠲疴[14]。岂不以（阙一字）福（阙一字）圆三灵允答，光扬宝（阙一字）滋液金场，故（阙二十七字）上闻（阙二字）垂感，有敕改名为醴寺，仍更抽入册九僧住持行道。自玄波再委，王题重开，日殿赫而（阙一字）升，月宫华而桂满。若乃（阙二十八字）海精勤以齐深戒月澄空（阙二字）密雾，禅灯焰室，巧避轻风，濯（阙二字）之龙（阙一字）洗毗（阙一字）之鸟眼，长祛五住，远效四心。刷（阙一字）雁以飞云，辔（阙二十七字）舍生之地续桂（阙二字）有情根轨足方（阙一字）鸣金鼓（阙一字）功不朽，流福无穷。斯并先帝之本愿，庄严法师，幽赞威神之所致也。又师游戏生死，示（阙二十五字）俨如亲对，即平时所将黑犬，亦系具（阙二字）厥（阙二字）无愿不从。乃至有患心痛者，但取庙前少土，和水服之，应时便愈。遗形是托，神灵保持，由是（阙二十五字）梁寺史传师木，俗姓朱氏，金城人也。少出家，（阙二字）道林寺僧，俭法师为和上业存禅（阙一字）宋太始初，渐彰异迹，居止不定，饮食无时，长发跣足。每（阙二十七字）词同谶记，言不虚发，应验如神。或（阙一字）视通于北（阙一字）分形遍于南国，奇怪忽恍，不可殚论。以天监十三年，岁次甲午十二月八日，（阙二十九字）相，奄然示终[15]，时有异香，（阙二字）芬馥。特敕厚加殡送，葬于钟山[16]独龙阜，仍于墓所（阙一字)开善精舍[17]，敕陆倕制铭于冢内，王筠勒碑于寺阴，（阙二十六字）生，及其去也，以精灵度物，哀怜庶类[18]，福祚皇王。且彼托钟山，此依常白，彼葬龙阜，此（阙一字）龙台。前王挹风建开善之坟，（阙一字）后帝倾（阙二字）醴（阙二十五字）至今大唐太极元年，岁次壬子，皇帝御天下之三载，凡一百九十九年。化化之缘，古今无尽，明明之德，日月弥新。其所变现之梗概。（阙二十七字）之（阙一字）众所未谅，恭敬者随时受福，疑慢者应念立征。事迹繁夥，不可备载。当嘉声上彻，先帝令左台监察御史宋务先，亲加检覆[19]。（阙二十八字）八正所以知归，一属（阙一字）缘，获未曾有。（阙二字）复命，倍沃天心。刺史杨元禧，分符北极，露冕东藩，（阙一字）雨逐于行车，仁风随于转扇。黄金（阙二十八字）追鸟迹于上乘，想（阙六字）绳宝地（阙一字）动天宫，荐瑞香园，延光帝载。县丞、主簿、县尉（阙一字）舍（阙四十三字）群物，扬舲彼岸，录事（阙二字）乡（阙一字）等门滋兰（阙四字）芽，忠信满于州间，因果（阙一字）于（阙四字）虔命（阙一字）奉（阙三十六字）九地荷于津通，贝树披春，帝王之遗文秩矣。金（阙三字）诸佛之正道通矣，迷津（阙一字）路，菩萨运载之乘行矣。（阙八字）之（阙二十七字）况玄天大造，充溢于尽空，净域鸿缘，牢笼于无外。昔迦（阙三字）如来垂赞叹之（阙一字）弥勒当（阙三字）表歌扬之偈。若稽古训，式树（阙一字）碑仍于（阙二十七字）铭曰："乂天兆昧，优花未披，但迷五蕴，孰辨三伊？（阙二字）火宅，耀我金仪，神足继轨。（阙二字）扬蕤。（其一。阙一字）有（阙一字）成观方（阙二字）戴表灵（阙二字）开（阙二十七字）纲。毁我宝地，坏我金场。花残鹭沼，烟辍龙香，霞标歇灭，石径荒凉。（其三）万寓乘皇，千龄纂帝，日月连（阙一字）飞行（阙一字）契（阙一字）念新（阙五字）高（阙二十八字）精标五门，玉墀俶感，银（阙一字）舆存。（其五）欲赴天泉，（阙一字）规国德，寄诚坟庙，传词翰墨。瑞醴通流，嘉祥允塞，重光佛（阙二字）题宸极。（其六）绀轩加（阙二十八字）沙。（其七）先帝圣灵，聿资神境，冥扶默赞，分形散影。既墓彼山，又坟兹岭，宝铎双振，金绳共炳。化（阙三字）真身永永。（其八）功（阙一字）泉（阙五字）天（阙二十七字）宣，闻诸典故，镂金镂玉，道该缃素，式赞王猷，（阙二字）净度，勒像贤劫，刊碑觉路。（其十）开元三年，岁次乙卯二月己酉朔十五日癸亥。（下阙）（《池北偶谈》卷十九）

[1]常白山：即邹平长白山。

[2]齐梁体：南朝齐和梁时的诗体。

[3]断齾（yà）：缺损。

[4]碑阴：碑的背面。

[5] 志公：指南朝僧人宝志，世称宝公或志公。

[6] 蔽亏：半隐半现。

[7] 招提：梵语，四方的意思。后作为寺院的别称。

[8] 回面：改向归顺。

[9] 幽关：指入道之门。

[10] 隳坠：废弃，败坏。

[11] 抗表：向皇帝上奏章。

[12] 俶装：整理行装。

[13] 合境：全境。

[14] 蠲疴：除去疾病。

[15] 示终：死亡。

[16] 钟山：即今南京紫金山。

[17] 开善精舍：今南京灵谷寺的前身。南朝梁武帝为了纪念宝志禅师而建，原
在钟山独龙阜，明时迁于今址。

[18] 庶类：万物。

[19] 检覆：核查。

青州广福寺碑

　　青州响水涧南有广福寺，寺有元魏武定二年《齐郡太守刘明世造石像记》、
隋文帝建舍利塔碑，按赵德甫《金石录》目录有《东魏刘起贵造像记》、《东魏逢元
彦造像记》，皆在武定二年，独此碑近在青州，不知何以不录。隋碑乃孟弼书。安
丘张贞杞园[1]云：此碑虽佞佛[2]祝厘[3]之词，文颇雅驯[4]，字秾劲[5]，饶古意[6]，
非篆非隶，真八分[7]也。《集古》、《金石》二录及近世《金薤琳琅》、《石墨镌华》
诸书俱未收，恐遂湮没[8]，故著之。（《居易录》卷二十）

[1] 张贞杞园：张贞，清山东安丘人，字起元，号杞园。康熙十一年（1672）拔贡生，
官至翰林院孔目。

[2] 佞佛：讨好于佛。

[3] 祝厘：祈求保佑。

[4] 雅驯：典雅。

[5] 秾劲：丰满有力。

[6] 古意：古人的意趣或风范。

[7] 八分：汉字的一种字体，跟隶书相近。关于八分的命名，说法不一。有的认为二分似隶，八分似篆，故称八分；有的认为汉隶的波折，向左右分开，"渐若八字分散"，故名八分。近人以为八分非定名，汉隶为小篆的八分，小篆为大篆的八分，今隶为汉隶的八分。

[8] 湮没：埋没。

《梵雅》

安丘马礼部（应龙）[1] 撰《梵雅》十二卷，释言第一，释义第二，释相第三，释教第四，释佛第五，释菩萨第六，释声闻第七，释外道第八，释人伦第九，释天文第十，释地理第十一，释鸟兽第十二。（《池北偶谈》卷十六）

[1] 马礼部：即马应龙，明山东安丘人，字伯光。万历二十年（1592）进士，官至礼部郎中。著有《杞乘》《道德经注解》等。

《复社姓氏录》

汪文治（洋度）以《复社姓氏录》见寄，见先赠尚书府君[1] 名，不胜悲感。录中所载吾邑七人，吾家诸伯父居其五。内王补之（衮）[2]，则益都人，太仆少卿带如先生（漈）[3] 之弟，而误入新城者也。因忆天启[4] 中宵人[5] 造《东林籍贯》及《点将录》诸书，载先伯祖太师霁宇公[6]、叔祖考功季木公[7] 姓氏。今日观之，何异宣和[8] 之《党人碑》[9] 乎？（《分甘余话》卷四）

[1] 先赠尚书府君：指王士禛的父亲王与敕。
[2] 王补之：即王衮，明山东益都人，字补之，王漈之弟。泰昌年选贡，有才学，著有《四虽轩诗稿》《慧业轩诗集》。
[3] 带如先生：指王漈，明山东益都人，字带如，号愚谷。万历三十八年（1610）进士，先后任大理寺评事、户部员外郎、太原知府、太仆寺少卿。
[4] 天启：明熹宗朱由校年号。
[5] 宵人：小人，坏人。
[6] 霁宇公：指王士禛的伯祖父王象乾。

[7] 季木公：指王士禛的叔祖父王象春。

[8] 宣和：北宋徽宗年号。

[9] 党人碑：宋徽宗时丞相蔡京将政敌之名刻在碑上，并立于端礼门，此碑称为党人碑。

《汉铜尺记》《周尺考》《周尺辨》

国子监博士孔尚任[1]，字东塘，曲阜圣裔[2]，博雅好古。丙寅丁卯间，从故工部侍郎孙岅瞻(在丰)[3]治下河，在江都[4]得汉铜尺一，上有文字曰："虑虒[5]铜尺。建初[6]六年八月十五日造。"后又得一尺，定为司马文正公[7]布帛尺也。孔自作《汉铜尺记》、《周尺考》、《周尺辨》三篇，极精核[8]，今备载于左方。

《汉铜尺记》云："江都闵义行博雅好古，所藏铜尺一，朱碧绣错[9]，为赏鉴家所玩。余既得之，乃不敢以玩物蓄焉。古者黄钟[10]、律历、疆畮[11]、冕服、圭璧[12]、尊彝[13]之属，皆取裁于尺，而周尺为准。自王制不讲，乡遂[14]都鄙[15]之间，各从其俗，于是布帛、营造等尺，代异区分，遗法荡然[16]，况礼乐之大者乎？此尺有文曰：'虑虒(音庐夷)铜尺。建初六年八月十五日造。'虑虒，乃太原邑。建初则东汉章帝年号也。考章帝时，泠道[17]舜祠下得玉律[18]，以为尺，与周尺同，因铸为铜尺，颁郡国，谓之汉官尺[19]。此或其遗与？汉代去周未远，且礼经皆出汉儒，汉尺之存，即周尺之存也。闻之先王制法，近取诸身，远取诸物，然后尺寸之度起。何休曰：'侧手为肤，按指知寸，布手知尺。'此则尺之取诸身者也。《律历志》谓'一黍之广为分，十分为寸，十寸为尺'，此则尺之取诸物者也。指有长短，黍有巨细，每不相符，汉儒因有指、黍二尺之辨。此尺取指、取黍固不能定。今以中指中节量之，适当一寸，无毫发差。及累黍试之，正足一百，何指与黍之偶符若此耶！广一寸，厚五分，重抵广法十八两。归之阙里[20]，凡造礼乐器皆准之，准周尺也。"

《周尺考》云："《虞书》同律，度量衡三代共之。至秦不师古，而后纷纶[21]莫定。迨六朝割裂之余，乃有大升、大两、长尺不等。当时调钟律，测晷景[22]及冠冕礼制用小者，余公私俱用大者。宋人考定制度，集古尺法为十五种：曰周尺，曰晋田父玉尺，曰梁表尺，曰汉官尺，曰魏尺，曰晋后尺，曰后魏前尺，曰中尺，曰后尺，曰东魏后尺，曰蔡邕铜钥尺，曰宋氏尺，曰隋水尺，曰杂尺，曰梁俗间尺，而必以周尺为之本，盖非周尺无以定诸尺之失。蔡邕《独断》曰：'夏十寸为尺，殷九寸为尺，周八寸为尺。'何以知其八寸为尺也？王制曰：周尺八尺为步。司马法曰：一举足曰跬，跬三尺；两举足曰步，步六尺。《仪礼》注：武，迹也。中人之迹尺二寸，五武为步，步六尺。故礼书以周六尺四寸为步。又《说文》曰：伸臂一寻，八尺。徐锴曰：六尺曰寻。《小尔雅》曰：四尺为仞，倍曰寻。包咸、郑康成皆以仞为七尺。应邵以为五尺六寸。颜籀曰：八尺为仞，取人臂一寻，《语》'为山九仞'，《释文》曰：仞七尺。《孟子》'掘井九仞'注：仞八尺。然皆不越乎八与六之间。故礼书以周六尺四寸为寻。六尺四寸者，十寸之尺也。十寸之尺，六尺四寸乃八寸之尺八尺也。两足步之如是，两手寻之亦如是。按《礼记》周尺郑注：周犹以十寸为尺。六国变法度，或言周尺八寸，然亦非也。所云周尺八寸者，盖以当时所用尺较周尺之长短，止当八寸。故云周尺八寸，而非但用八寸也。《考工记》于案言十有二寸，于镇圭[23]言尺有二寸，则是周之长尺有十寸，周之短尺亦有十寸。文公《家礼》言：古尺五寸五分，周尺七寸五分，则又以宋时布帛尺较之矣。郎瑛曰：周八寸为尺，秦比周七寸四分，前汉官尺比周一尺三分七毫。刘歆[24]铜斛尺，后汉建武[25]铜尺与周同。（建初间，得周玉律以为尺，谓之后汉官尺。疑非建武。）三国蜀、吴同周，魏比周一尺四分七毫，后魏前尺比周一尺二寸七厘，中尺比周一尺二寸一分一厘，后尺比周一尺二寸八分一厘，晋田父玉尺（《世说》田父于野中得周时玉尺。）与梁法尺比周一尺七厘，后晋比周一尺六分二厘，宋齐尺比周一尺六分四厘，梁表尺比周一尺二分，陈尺同后晋。东魏比周一尺五寸八厘，市尺与后魏后尺同。隋开皇官尺同上。（市尺、官尺皆铁尺。）万宝常所造木尺，比周一尺一寸八分六厘。（以前多铜为之，至此用木。）唐尺与古玉尺同。（贞观中武延秀为太常，得玉尺，以为奇玩，献而失之，其迹犹存，所定得六之五。）开元尺度以十寸为尺，尺二寸为大尺。五代世短，多相应袭[26]，志无考也。惟周王朴[27]所定尺，比周一尺二分有奇。及宋，二景表尺，比周一尺六分有奇。胡瑗《乐书》黍尺比周一尺七分，司马光布帛尺比周一尺三寸四分。元尺传闻至长，志无考。明部定官尺皆依《家礼》布帛。凡田亩、布帛、营造所用悉同。虽南北稍有参差[28]，然必以部定官尺为准。五尺为寻，十尺为丈，一百八十尺为一里。五尺为步，十尺为弓，二百四十步为一亩。兹建初铜尺当明所用官尺七寸五分。明所用官尺即宋布帛尺也。布帛尺比周一尺三寸四分，固知铜尺与周尺无二。周尺八尺为步，八尺为寻。今以铜尺较，止足六尺六寸五分。或者今人身短小，故步寻较古减一尺。若用明官尺六尺为步，六尺为寻，而铜尺乃足八尺之数。若再分铜尺为八寸，更益二寸，则是古十寸尺，当得六寸四寸之数。我朝丈田稍增尺数，每尺加一寸，以明官尺五尺五寸为一步、寻，而铜尺又当用七尺四寸矣。去古日远，遗法[29]莫考，幸得汉铜尺与周尺相准，历代制度，了然无疑，因详书之，以俟后贤参考焉。"

《周尺辨》云:"世儒考制度皆本周尺,盖三代损益,惟周为详,本之是已。然亦何所[30]得周尺而本之哉?或者皆臆说[31]耳。宋潘时举[32]注《家礼》曰:程先生[33]木主[34]之制,取象[35]甚精,可以为万世法。然用其制者,多失其真,往往不考周尺之长短故也。盖周尺当今省尺七寸五分弱[36],而陈氏文集与温公《书仪》多误注为五寸五分弱。而所谓省尺者,亦莫知其为何尺。时举旧常质[37]之晦翁先生[38],答云:省尺乃是京尺,温公有图所谓三司布帛尺者是也。继从会稽司马侍郎家求得此图,其间有古尺数等。周尺居其右,三司布帛尺居其左。以周尺较之布帛尺,正是七寸五分弱。因图二尺长短而著伊川[39]之说于其旁,庶几[40]用其制者可以晓然无惑。余观《家礼》三尺图,各分十寸,为册幅所限,仅图尺形而非尺准也。其古尺图注云:当今省尺五寸五分弱。周尺图注云:当三司布帛尺七寸五分弱,当浙尺八寸四分。三司布帛尺图注云:即是省尺,又名京尺,比上周尺更加三寸四分,当周尺一尺三寸四分,当浙尺一尺一寸二分。盖司马公家有石刻本,故其说可据。今刻本已不可见。而世但以《家礼》所图为尺式,岂知乃尺形非尺准也。如为尺准,何以短二寸五分之周尺与长三寸五分之布帛尺式相等耶?世儒纷纭傅会[41],止据《家礼》之尺形。余故知其皆臆说也。今既得建初铜尺与周尺同,周尺既定,何尺不定?固定曰:建初铜尺与周尺同,当古尺一尺三寸六分,当汉末尺八寸,与唐开元尺同,当宋省尺七寸五分,当宋浙尺八寸四分,当明部定官尺七寸五分弱,当今工匠尺七寸四分,当今裁尺六寸七分,当今量地官尺六寸六分,当今河北大布尺四寸七分。余之能定者,以有建初铜尺在也。设无之,此说亦臆矣。"(《居易录》卷十)

[1] 孔尚任:清山东曲阜人,字聘之,号东塘。康熙二十五年(1686)由监生授国子监博士,官至户部员外郎。著有《桃花扇》。

[2] 圣裔:孔子的后代。

[3] 孙岂瞻:即孙在丰,清浙江德清人,字岂瞻。康熙九年(1670)进士,授编修,累迁工部侍郎兼翰林院学士。

[4] 江都:扬州的别名。

[5] 虑虒:地名,西汉置,属太原郡。

[6] 建初:东汉章帝刘炟的年号。

[7] 司马文正公:指北宋司马光,文正为其谥号。

[8] 精核:精辟翔实。

[9] 绣错:色彩错杂如绣。

[10] 黄钟：古代的打击乐器，一般为庙堂所用。

[11] 疆晦：疆界和田亩。

[12] 圭璧：古代祭祀或朝会时所用的玉器。

[13] 尊彝：祭祀的礼器。

[14] 乡遂：都城之外的地区。

[15] 都鄙：京城和边邑。

[16] 荡然：毁坏，消失。

[17] 泠道：古县名，秦置，县治在今湖南宁远东偏南。

[18] 玉律：玉制的定音器。

[19] 官尺：经官方认定的作为标准的尺。

[20] 阙里：孔子故里，在今山东曲阜城内阙里街。

[21] 纷纶：杂乱，众多。

[22] 晷景：晷表的投影，日影。

[23] 镇圭：古代举行朝仪时天子所执的玉制礼器，长一尺二寸。

[24] 刘歆：西汉末沛人，字子骏，后改名秀，字颖叔，刘向之子。著有《七略》《三统历谱》等。

[25] 建武：东汉光武帝刘秀的年号。

[26] 应袭：承袭。

[27] 王朴：五代时东平人，字文伯。后周时累官枢密使。著有《大周钦天历》《律准》等。

[28] 参差：长短不齐。

[29] 遗法：前代遗留下来的典章法则。

[30] 何所：何处。

[31] 臆说：无根据地说。

[32] 潘时举：宋台州临海人，字子善，朱熹弟子，官无为军教授。

[33] 程先生：指程颐，北宋洛阳人，字正叔。与其兄程颢合称"二程"，为北宋理学的奠基人。

[34] 木主：又称神主，木制的神位，俗称牌位，上书死者姓名以供祭祀。

[35] 取象：取某事物之征象。程颐设计的木主式样取法于时、月、日、辰，"作主用栗，取法于时月日辰。趺方四寸，象岁之四时。高尺有二寸，象十二月。身博三十分，象月之日，厚十二分，象日之辰"。

[36] 弱：不足，略少于某个数值。

[37] 质：询问。

[38] 晦翁先生：指朱熹，宋徽州婺源人，字元晦，号晦庵、晦翁。南宋著名的理学家、哲学家、教育家，受业于李侗，得程颢、程颐之传，后世将二者合称为"程朱学派""程朱理学"。

[39] 伊川：指程颐。因其为伊川县人，故世称伊川先生。

[40] 庶几：希望。

[41] 傅会：牵强附会。

《华泉集》

　　吾乡风雅盛于明弘、正、嘉、隆之世，前有边尚书华泉，后有李观察沧溟[1]。《沧溟集》盛传于世，《华泉集》一刻于胡中丞可泉，再刻于魏推官允孚；又逸稿[2]六卷，刻于王方伯桃溪；又有李中麓太常[3]选本，山西台察赵俟斋刻于太原。予所及见者前三本，而中麓选本独未之见，诸本亦渐就澌灭[4]矣。康熙己卯，予乃选刻于京师，凡四卷。予儿启涑[5]以予私淑[6]先生之切也，移书[7]宗侄[8]苹，访其后裔。久之，苹乃详其家世，报涑曰："先生二子，长子翼，以荫官光禄寺丞，其后无闻；次子习，历城诸生，字仲学，号南洲，有诗名。习子治礼，治礼子节，节子庶，皆以诸生奉祀事。庶子材，材子绍祖。自先生至绍祖凡七世，其家尚有先生画像云。"先生祀郡邑乡贤，其奉祀[9]至材始失之。材今年老，为人佃田，绍祖始十余岁，亦失学佣工。辛巳予假归，涑乃为予述之，而济南诸生某某以书导材，携绍祖及先生画像谒予里第[10]。比予过郡，因与巡抚王中丞东侯、提学徐金事章仲备言先生名德，而后裔仅有存者，遂以绍祖奉先生祀焉。（先生墓在莱庄，亦苹云。）（《香祖笔记》卷二）

[1] 李观察沧溟：即李攀龙，明山东历城人，字于鳞，号沧溟。嘉靖二十三年（1544）进士，授刑部广东司主事，擢陕西提学副使，累迁河南按察使，为"后七子"的领袖人物。有《李沧溟集》《古今诗删》等。

[2] 逸稿：散失的文稿。

[3] 李中麓太常：即李开先，明山东章丘人，字伯华，号中麓。嘉靖八年（1529）进士，授户部主事，官至太常寺少卿，后罢官归田。

[4] 澌（sī）灭：消亡，消失。澌，尽。

[5] 启涑：即王启涑，王士禛的长子，字清远，一字春谷，号石琴山人。

[6] 私淑：私下敬仰而未得到直接的传授。

[7] 移书：寄信。

[8] 宗侄：同宗族的侄辈。

[9] 奉祀：供奉祭祀。

[10] 里第：私宅。

予既选刻边尚书《华泉集》及其仲子习[1] 逸诗[2]，又访其七世裔孙绍祖，请于当事[3]，为公奉祀。历城诸生张埭，字澄源，边氏子佃主[4] 也。又访其集于临邑故家，得魏允孚[5] 刻本，为重镌[6] 之，书来请序，并谋新[7] 公祠宇，置祭田[8]，可谓好事喻义者，因书之。（乙酉七月廿一日记）（《香祖笔记》卷十一）

[1] 习：指边习，边贡次子，字仲学。后以贫困没。能诗，有《边仲子诗》。

[2] 逸诗：散佚的诗篇。

[3] 当事：当权者。

[4] 佃主：出租土地的地主。

[5] 魏允孚：字懋成，号云门。与兄魏允贞、魏允中并负时名，世称"南乐三魏"。官刑部郎中。

[6] 镌：刻。

[7] 谋新：谋求更新。

[8] 祭田：族田中用于祭祀的土地。

《墨癖说》《杂书》

吾郡李文叔格非，元祐党人，文士也。其著作自《洛阳名园记》外不多见，顷从《墨庄漫录》得其所著《墨癖说》及《杂书》二篇，录之以备文献云。"客出墨一函，其制为璧，为丸，为手握，凡十余种，以锦囊之。诧[1] 曰：'昔李廷珪[2] 为江南李国主父子作墨，绝世后二十年，乃有李承晏[3]，又二十年有张遇[4]，自是无继者。自吾大父[5] 始得两丸于徐常侍铉，其后吾父为天子作文章，书碑铭，法当赐金，或天子宠异[6]，则以此易之。'余于是捧砚惟谨，不敢议。余用薛安潘谷墨[7] 三十余年，皆如吾意，不觉少有不足，不知所谓廷圭墨者，用之当何如也。他日客又出墨，余又请其说，甚辨。余曰：'吁，余可以不爱墨矣。且子之言曰："吾墨坚可以割。"然吾割当以刀,不以墨也。曰:"吾墨可置水中,再宿不腐。"然吾贮水当以盆罋[8],不以墨也。'客复曰:'凡世之墨,不过二十年,胶败辄不可用。今吾墨可百余年不败。'余曰:'此尤不足贵,余墨当用二三年者,何用百年。'客辞穷,曰:'吾墨得多色,凡用墨一圭,他墨两圭不逮[9]。'余曰:'余用墨,每一二岁不能尽一圭,往往失去,辄易墨,未尝苦少墨也。'客曰:'吾墨黑。'余曰:'天下固未有白墨。'虽然,使其诚异他墨,犹足尚,乃使取砚,屏人杂他墨书之,使客自辨,客亦不能辨也。因恚曰:'天下奇物,要当[10]有识者。'余曰:'此正吾之所以难也。'夫碔砆[11]之所以不可为玉,鱼目之所以不可为珠者,以其用之才异也。今墨之用在书,苟有用于书,与凡墨无异,则亦凡墨而已,乌在所可宝者。嗟乎!非徒墨也,世之人不考其实用而眩于虚名者多矣。此天下寒弱祸败之所由兆也,吾安可以不辨。"又《杂书》论左、马、班、韩云:"马迁之视丘明,如丽倡黠妇,清歌缓舞,间以谐笑[12],倾盖立至,亦可喜矣。然不如绝代之女,却铅黛,曳缟紵,施帷幄,裴回[13]微吟于高堂之上,使淫夫穴隙窥之,终不敢意其启齿而一笑也。班固之视马迁,如韩魏之壮马,短鬣大腹,服千钧之重,以策随之,日夜不休,则亦无所不至矣,而曾不如骥褭[14]之马,方且脱骧逸驾,骄嘶顾影[15],俄而纵辔,一骋千里。韩愈之视班固,如十室之邑,百家之聚,有儒生崛起于蓬荜之下,诗书传记,锵锵常欲鸣于齿颊间,忽遇奕世[16]公卿不学无术之子弟,乘高车从虎士而至,虽鄙恶,而体已下之矣。"又云:"余尝与宋遵叔言,孟子之言道,如项羽之用兵,直行曲施,逆见错出,皆当大败,而举世莫能当者,何其横也。左丘明之于辞令亦横。自汉后千年,惟韩退之之于文,李太白之于诗,亦皆横者。近得眉山《篔簹谷记》、《经藏记》,又今世横文章也。夫其横乃其自得,而离俗绝畦径间者,故众人不得不疑。则人之行道作文,政[17]恐人不疑耳。"(《香祖笔记》卷十二)

[1] 诧:夸耀。

[2] 李廷珪:五代十国时南唐的制墨名家。原姓奚,因被南唐后主李煜所赏识,赐姓李,改名李廷珪。

[3] 李承晏:李廷珪的侄子,其所制之墨被称为"承晏墨"。

[4] 张遇:宋时有名墨工,制成的墨名为"龙香剂"。

[5] 大父:祖父。

[6] 宠异:帝王给以特殊的待遇或宠爱。

[7] 薛安潘谷墨:薛安、潘谷二人均为宋时有名的墨师。《墨史》:"潘谷墨香彻肌骨,磨研至尽而香不衰。""薛安、薛容,少室人。容所造墨,用灶君山煤,真奇

品也。"

[8] 罃（yīng）：盛水用的长颈瓶。

[9] 不逮：比不上。

[10] 要当：自当，应当。

[11] 碔（wǔ）砆（fū）：似玉的美石。

[12] 谐笑：嬉笑。

[13] 裴回：徘徊。

[14] 騕（yǎo）褭（niǎo）：古良马名。《广雅•释兽》："金喙騕褭。"王念孙疏证："《汉书•司马相如传》：'騛要褭。'张注云：'要褭马金喙赤色，一日行万里者。'是金喙者騕褭也。《开元占经•马占》引应《汉书》注云：'騕褭，古骏马，赤喙元身，日行一万五千里。'与张注小异。"

[15] 顾影：自顾其影，有自矜、自负之义。

[16] 奕世：世世，代代。

[17] 政：通"正"，只。

《农历》

王氏[1]《农书》，吾乡前辈所撰，今传于世。宋时有邓御夫[2]者，字从义，隐居不仕，作《农历》百二十卷，较《齐民要术》尤详。济守王子韶[3]上之于朝，其书不传，济上人亦无知者，仅《墨庄漫录》载其名字，惜哉！（《分甘余话》卷三）

[1] 王氏：指王祯，元东平（今属山东泰安）人，字伯善。曾任旌德、永丰县令。

[2] 邓御夫：宋济州巨野（今属山东菏泽）人，字从义，农学家。著有《农历》。

[3] 王子韶：宋太原人，字圣美，时为济州知州。

《黔书》

田子纶中丞[1]作《黔书》，凡七十六篇，篇不一格。其记苗蛮种类，记水西乌蒙马，记革器，记朱砂、水银、雄黄、凯里铅、蒟酱、邛竹诸篇，有似《尔雅》者，似《考工记》者，似《公》、《谷》、《檀弓》者，似《越绝书》者，读之如观化人[2]之戏。故相国孙文定公沚亭[3]作《颜山杂记》，记山蚕、琉璃、窑器、煤井、铁冶等，文笔奇峭[4]，亦如此。（《居易录》卷十）

[1] 田子纶中丞:指田雯,清山东德州人,字纶霞,又字子纶、紫纶,号漪亭,又号山姜子,晚号蒙斋。康熙三年(1664)进士,官至户部侍郎。著有《古欢堂集》《黔书》等。中丞,明清时用作对巡抚的称呼,因田雯做过贵州巡抚,故称。

[2] 化人:掌握幻术的方术之人。

[3] 孙文定公沚亭:即孙廷铨,详见前"孙廷铨北曲"条注释[1]。

[4] 奇峭:奇特不俗。

《文录》

吾乡武城[1] 王文定公(道)[2],嘉靖中官吏部侍郎,名臣也。其《文录》议论纯正,节录数条于此。论郑、卫二国风曰:"《郑风》二十一篇,其的为淫泆[3]之词者,《野有蔓草》、《溱洧》二篇;可疑而难决者,《丰》一篇而已。其他《缁衣》、二《叔于田》、《清人》、《羔裘》、《女曰鸡鸣》、《出其东门》七篇,语意明白,难以诬说[4]。至于《将仲子》、《遵大路》、《有女同车》、《山有扶苏》、《箨兮》、《狡童》、《褰裳》、《东门之墠》、《风雨》、《子衿》、《扬之水》,凡十一篇,序说、古注皆有事证可据。而朱子一切翻倒[5],尽以淫奔[6]目之,而蔽以"放郑声"[7]之一语,殊不知孔子论治则放声,述经则删诗正乐[8],删之即所以放[9]也,删而放之即所以正乐也。若曰放其声于乐,而存其词于诗,则诗、乐为两事矣。且使诸篇果如朱子所说,乃淫泆狎荡[10]之尤者,圣人欲垂训万世,何取于此而乃录之以为经也邪?反正诡道,侮乱圣言,近世儒者若马端临[11]、杨镜川[12]、程篁墩[13]诸人皆已辩之矣。又曰:"郑、卫多淫声,如《桑中》、《溱洧》男女戏谑[14]之诗,盖亦多矣,孔子尽删而放之。其所存者,发乎情,止乎礼义,而可以为法戒者也。中间三、四篇,盖皆删放之余,习俗所传,而汉儒于经残之后,见三百之数,有不足者,乃取而补之,而不知其为世教[15]之害也。"(《古夫于亭杂录》卷一)

[1] 武城:即今武城县,隶属山东省德州市,位于德州市西部。

[2] 王文定公:即王道,字纯甫,号顺渠。明正德六年(1511)进士,官至吏部右侍郎。卒于官,谥号文定。著有《易诗书大学忆》《顺渠先生文录》《老子忆》等。

[3] 淫泆:淫荡。

[4] 诬说:胡言,妄言。

[5] 翻倒:推翻。

[6] 淫奔:指男女私奔。

[7] 放郑声：语出《论语·卫灵公》："放郑声，远佞人。郑声淫，佞人殆。"

[8] 正乐：修正乐音。

[9] 放：舍弃。

[10] 狎荡：放荡。

[11] 马端临：宋末史学家，字贵与，号竹洲，丞相马廷鸾之子。著有《文献通考》《大学集注》《多识录》等。

[12] 杨镜川：即杨守陈，字维新，号镜川。明景泰二年（1451）进士，授编修，官吏部右侍郎，著有《文华大训》等。

[13] 程篁墩：即程敏政，字克勤，号篁墩。明成化二年（1466）进士，官至礼部右侍郎兼侍读学士。著有《新安文献志》《明文衡》《篁墩集》等。

[14] 戏谑：开玩笑。

[15] 世教：当世的正统礼教。

《新城旧事》

吾县前辈郑简庵（独复）[1] 先生，明万历间举人，仕为山西佥事。常著《新城旧事》一书，其自序曰："旧事，逸史[2] 也。考古以旧事名者，《秦汉以来旧事》十卷、《汉魏吴蜀旧事》八卷、《晋宋旧事》一百三十五卷、《晋东宫旧事》十卷、《天正旧事》三卷、《梁旧事》三十卷，前辈之留心旧事若此。南燕主[3] 登营丘[4]，问晏谟[5] 以齐之山川丘陵，谟历对详辨[6]，画地成图，则云山烟树都堪记忆也。王武子[7]、孙子荆[8] 各言其地人物之美，王云：'其人廉且贞。' 孙云：'其人磊砢[9] 而英多[10]。' 则文人才士首应撰述也。汉太上[11] 作新丰[12]，并移旧社，士女老幼，相携路首，各知其室。放鸡犬于通途[13]，亦竞识其家，则乡亭宫馆尽入描摹也。沛公过沛，置酒，悉召父老诸母[14] 故人，道旧[15] 故为笑乐[16]。则酒瓢羹碗，可供谈谑[17] 也。郭璞注《尔雅》，陆佃作《埤雅》，释鱼释鸟，读之令人作濠濮间想[18]，觉鸟兽禽鱼自来亲人也。余窃仿此意，编纂两年，为《新城旧事》若干卷，风土人物，大略具此矣。邑幅员[19] 小，故实[20] 尠[21]，而文献甲[22] 于六郡。肇[23] 吾邑者，为张元帅贵，字国宝。当金季[24]，豪杰并起，贵保聚[25] 驿台以至建县，迄今郁为名邑，则元帅固邑之开山主，而记所谓能扞大患，有功于民，元帅其人也。元帅祖茔[26] 在邑巽隅[27]，以施地建学，迁茔于家堤。今墓表倾埋，余洗而读之，乃知元帅兄荣，字国昌，与济南张荣，字世辉，自是两人。保济南者，为元帅荣；保新城者，为元帅贵。贵兄荣，以山东行省参议，弃官归隐，立父忠墓表，刘赞之文甚晰。若误为一人,则国宝之功湮[28]矣。此创邑有功之先贤,余故特书之。或病[29]邑建在元,不妨远引,以示博雅。余曰:不然,邑名自近,地自古。戏马[30]则周台也,安平则汉县也。系水见于《水经》,曾照汉时之明月;乾时[31]书于麟笔[32],儿孙汉代之关河。又何借为?况一时之文献甲六郡,知异日之古迹甲千秋也。则编新城异时[33]之旧事,应有一百三十五卷,时乎!"(《分甘余话》卷四)

[1] 郑简庵:即郑独复,明山东新城人,字乐平,号简庵。万历三十七年(1609)举人,选为嶂县县令,后升至山西按察司佥事。

[2] 逸史:正史以外的史事。

[3] 南燕主:指十六国时期南燕的君主慕容德。

[4] 营丘:古邑名,周武王封吕尚(姜子牙)于齐,建都于此。

[5] 晏谟:十六国时南燕青州人,秀才。后为慕容德所赏识,拜为尚书郎。

[6] 详辨:详尽辨析。

[7] 王武子:即王济,西晋太原晋阳人,字武子,官任中书郎、侍中。

[8] 孙子荆:即孙楚,西晋太原中都人,字子荆,官至冯翊太守。

[9] 磊砢(luǒ):才能卓越。

[10] 英多:才智过人。

[11] 汉太上:指汉高帝刘邦的父亲,刘邦封其父为太上皇,故此称其为汉太上。

[12] 新丰:刘邦因其父思念家乡,按照家乡丰邑的样式在长安重新建造的城邑,称为新丰。

[13] 通途:通畅的大路。

[14] 诸母:老妇。

[15] 道旧:谈论往事。

[16] 笑乐:嬉笑玩乐。

[17] 谈谑:谈笑戏谑。

[18] 濠濮间想:《庄子》中所载庄子与惠子同游濠梁之上和庄子垂钓濮水的事,借指山林之乐。

[19] 幅员:疆域。

[20] 故实:典故,旧事。

[21] 尟(xiǎn):少。

[22] 甲:居第一。

[23] 肇:开始。

[24] 金季:金朝末年。

[25] 保聚:聚众守卫。

[26] 祖茔:祖坟。

[27] 巽(xùn)隅:指东南角。

[28] 湮:埋没。

[29] 病:指责。

[30] 戏马:指齐桓公戏马台。

[31] 乾时:春秋时地名,属齐地。

[32] 麟笔:史官之笔。史书载有齐鲁乾时之战,即前 685 年齐国和鲁国在乾时
　　　发生的一次战争。

[33] 异时:以往,从前。

《绎史》

　　康熙四十四年,圣驾南巡至苏州。一日垂问故灵壁知县马骕[1] 所著《绎史》,
命大学士张玉书物色[2] 原版[3]。明年四月,令人赍[4] 白金二百两至本籍邹平县,
购版进入内府[5],人间无从见之矣。(《分甘余话》卷一)

[1] 马骕:清山东邹平人,字骢御,一字宛斯。顺治十六年(1659)进士,授淮安推
　　　官,改灵壁知县,后病逝。精于史学,著有《左传事纬》《绎史》《十三代瑰书》
　　　等。

[2] 物色:寻找,访求。

[3] 原版:最初的版本。

[4] 赍:持,携带。

[5] 内府:王室的仓库。

《玉楮集》

　　安丘张杞园(贞)[1],以明经需次[2] 翰林孔目,博雅好古,工篆刻,喜交游,
青州名士也。以写本[3] 宋岳珂肃之[4]《玉楮集》相寄。集八卷,有嘉熙庚子自序。
肃之,鄂忠武王[5] 孙,霖[6] 子,官户部侍郎,著书甚多,如《金陀粹编》、《桯史》、

《愧郯录》皆传于世。又有《东陲事略》,未及见。此集乃衡府高唐王[7]家钞本,流传绝少。高唐王讳某,号岱翁,工篆隶,癖嗜古书,写录多秘本[8]。鼎革后散落市肆[9],纸墨精好,装潢[10]工致[11]。康熙乙巳,予归自扬州。一日,至青州与杞园观书市中,得刘贡父《春秋权衡》、《意林》二书,亦高唐府中物。杞园云:曾见岱翁篆书《入药镜》一篇,淳整茂密,亦希有也。(《居易录》卷十九)

[1] 张杞园:即张贞,清山东安丘人,字起元,号杞园。康熙十一年(1672)拔贡生,官翰林院孔目。
[2] 需次:指官吏授职后,按照资历依次补缺。
[3] 写本:手抄本。
[4] 岳珂肃之:岳珂,宋相州汤阴人,字肃之,号亦斋,岳飞之孙。官至户部侍郎、淮东总领制置使。著有《金陀粹编》《桯史》《玉楮集》等。
[5] 鄂忠武王:指岳飞。
[6] 霖:岳霖,字及时,号商卿。岳飞第三子,岳珂之父。官朝散大夫、敷文阁待制。
[7] 高唐王:指朱厚焜,字明甫,号清慎子,晚号岱翁。明宪宗之孙,衡恭王之子。嘉靖时册封为高唐王。
[8] 秘本:秘籍,珍藏而罕见的书。
[9] 市肆:市场,店铺。
[10] 装潢:装订,装帧。
[11] 工致:精巧细致。

《章丘县志·姓氏志》

董复亨《章丘县志》,盖踵[1]杨君谦《弘治志》而作,雅[2]有体裁[3],末增《姓氏志》一卷。其所著异姓,有恩、术(术虎高琪之后)、沙、弭、芊、信、訾、冨、法、袭、隆、鉴、东、类、部、德、绳、郇、勾、絮、楮、善、能、盈、匡、付、典、太、俎、杲、西、祸、书。《新城旧事》云,邑有仉姓、俳姓、其姓、见姓。(《池北偶谈》卷二十六)

[1] 踵:继,继承。
[2] 雅:很,非常。
[3] 体裁:风格。

農桑輯要

段氏籍辨

唐相国段文昌[1]，史云西河人，褒国公志玄[2]之后。志玄本临淄人，文昌徙居荆南[3]。又云荆蜀皆有先祖故第。又云先人坟墓在荆州，其称临淄人，以先世本籍[4]故，而与邹平无涉，不知何以封邹平公。今邹平县西北，地名段家桥，谓是文昌故居，傅会[5]不足信也。子成式柯古[6]，罢江州刺史，居襄阳，与李商隐、温飞卿倡和，故号《汉上题襟集》[7]。然柯古著《酉阳杂俎》，多言齐州事，如长白山、沙弥二桃之类，皆在邹平。（《香祖笔记》卷八）

[1] 段文昌：唐齐州临淄人，客居荆州，字墨卿，段志玄曾孙。历迁中书舍人、翰林学士承旨。穆宗立，拜中书侍郎、同中书门下平章事。文宗即位，拜御史大夫，后出为淮南节度使，徙荆南。复为剑南西川节度使，卒。封邹平郡公。

[2] 志玄：段志玄，唐齐州临淄人。隋末客居太原，为李世民所识。李渊起兵，志玄跟从，每战都作为先锋。累除左光禄大夫。李世民即位，历迁左骁卫大将军，封樊国公，改褒国公。卒谥壮肃。

[3] 荆南：唐为方镇名，辖今湖北、湖南、四川间部分地区。

[4] 本籍：原籍。

[5] 傅会：牵强附会。

[6] 成式柯古：即段成式，唐齐州临淄人，字柯古，段文昌之子，以荫为校书郎。官尚书郎、吉州刺史、太常少卿，后寓居襄阳。撰有笔记小说集《酉阳杂俎》。

[7] 汉上题襟集：唐代大中、咸通年间段成式、温庭筠、温庭皓、韦蟾、元繇、余知古、王传、徐商等在襄阳节度幕府中的唱和及往来简牍编成的一部诗文别集。

龙山辨

济南郡城东七十里龙山镇[1]，即《水经注》巨合城[2]也。汉耿弇[3]讨费敢[4]，进兵先胁巨里[5]，即此。东坡《阳关词》："济南春好雪初晴，行到龙山马足轻。"旧注引孟嘉落帽事[6]，固大谬，施注[7]竟略之。以此知注书之难，而陆务观、任渊皆不敢注苏，有以也。（《香祖笔记》卷九）

[1] 龙山镇：今属山东章丘。

[2] 巨合城：《水经注》卷八载："又东北过台县北，巨合水南出鸡山西北，北径巨

合故城西。耿弇之讨张步也,守巨里。即此城也。"

[3] 耿弇:东汉扶风茂陵(今陕西兴平一带)人,字伯昭。初为刘秀门下吏,光武即位,拜建威大将军。建武十三年(37),封还大将军印绶,以列侯奉朝请卒,谥愍。

[4] 费敢:东汉张步麾下大将军费邑的弟弟。

[5] 进兵先胁巨里:语出《后汉书•耿弇传》:"费邑分遣弟敢守巨里。弇进兵先胁巨里,使多伐树木,扬言以填塞坑堑。"

[6] 孟嘉落帽事:《晋书•孟嘉传》:"九月九日,温燕龙山,僚佐毕集。时佐吏并著戎服,有风至,吹嘉帽堕落,嘉不之觉。温使左右勿言,欲观其举止。嘉良久如厕,温令取还之,命孙盛作文嘲嘉,著嘉坐处。嘉还见,即答之,其文甚美,四坐嗟叹。"孟嘉落帽之事发生地也在龙山,但此龙山并非苏轼《阳关词》中的济南龙山,旧注以济南龙山为孟嘉落帽之龙山,因此作者在下文斥其"大谬"。

[7] 施注:南宋人施元之对苏东坡诗的校注,其集名为《施注苏诗》。

《洛阳名园记》著者辨

《洛阳名园记》,济南李格非文叔[1]撰,易安[2]之父也,家今章丘县北之临济。记有绍兴中张琰德和序,首曰山东李文叔,又曰女适[3]赵相挺之[4]子,亦能诗,上[5]赵相救其父云"何况人间父子情"[6],识者哀之云云。而常熟毛氏[7]刊本乃讹作华州李廌撰,廌,字方叔,乃苏门六君子[8]之一,且阳翟[9]产,非华州[10],又讹之讹也。同时李端叔之仪[11]著《姑溪集》,赵郡人,以草[12]范忠宣公[13]遗表[14],为蔡京[15]所恶,编管[16]太平州,亦文忠[17]客也。(《居易录》卷六)

[1] 李格非文叔:李格非,李清照之父,文叔为其字。

[2] 易安:指李清照,易安为其号。

[3] 适:女子出嫁。

[4] 赵相挺之:赵挺之,宋密州诸城人,字正夫。神宗熙宁间进士,官至尚书右仆射,为宰相之职,故此称其为"相"。其子为赵明诚,李清照的丈夫。

[5] 上:进呈,献。

[6] 何况人间父子情:此句是李清照为救父亲李格非写给公公赵挺之的。李格非和赵挺之分属不同党派,后李格非被罢官,李清照献此诗句给赵挺之以救

其父。

[7] 毛氏:指毛晋,明苏州府常熟人,字子晋,号潜在。著名藏书家,刻《津逮秘书》。

[8] 苏门六君子:指黄庭坚、秦观、晁补之、张耒、陈师道、李廌。他们常与苏轼交游,或为苏轼所举荐,故称。

[9] 阳翟:在今河南禹州。

[10] 华州:今属陕西省。

[11] 李端叔之仪:李之仪,宋沧州无棣人,字端叔,号姑溪居士。著有《姑溪集》。

[12] 草:草拟,起稿。

[13] 范忠宣公:指范纯仁,宋苏州吴县人,字尧夫,范仲淹次子。忠宣为其谥号。

[14] 遗表:古代大臣临终前所写的章表。

[15] 蔡京:宋兴化军仙游人,字元长。神宗熙宁三年(1070)进士,官至太师。

[16] 编管:宋代官吏获罪,贬谪偏远州郡,编入该地户籍,并由地方官吏加以管束。

[17] 文忠:即苏轼,文忠为其谥号。

受《尚书》掌故辨

《续博物志》言:文帝撰《五经尚书大传》,使掌故[1]欧阳生[2]等受《尚书》于伏生[3]。按《汉书》,诏太常使掌故晁错[4]往受之,非欧阳生。欧阳生字和伯,千乘人(今乐安县)。事伏生,授儿宽,宽又授孔安国,其源流如此,非以掌故往受经者也。志又云漯水有伏生墓,亦非漯,乃獭之讹。(《香祖笔记》卷十)

[1] 掌故:汉置,太常属官,掌管礼乐制度等的故实。

[2] 欧阳生:西汉千乘人,字和伯。从伏生学《尚书》,为当时今文《尚书》"欧阳氏学"的开创者。陆德明《经典诗文·叙录》:"伏生口诵二十九篇,授济南张生、千乘欧阳生,生授同郡儿宽,宽又从孔安国受业,以授欧阳生之子,欧阳氏世传其业,至曾孙高,作《尚书章句》,为欧阳氏学。"

[3] 伏生:西汉济南人,名胜,字子贱。曾为秦博士,秦时焚书,伏生冒死藏《尚书》于壁中。汉初,伏生返回故里,寻其所藏《尚书》,然仅存二十九篇,以此教于齐鲁之间。

[4] 晁错:西汉颍川人。汉文帝时,任太常掌故,后历任太子舍人、博士、太子家

令。景帝即位后,任为内史,后迁至御史大夫。

颜城辨

益都孙文定公泍亭(廷铨)[1]尝撰《颜山杂记》四卷,极称简核,然于建置设官缘起,犹未详。按黄瓒[2]《雪洲集》议矿盗一疏,是瓒巡抚山东时所奏,略云:"臣会同镇守太监黎鉴巡按山东,监察御史王相、徐冠议照御盗之法,本非一端,要在术以防之,令以禁之,严逐捕以销之,足衣食以安之而已。前项[3]矿贼势虽颇众,其初实倡於一二不逞[4]之徒,而市井无赖与凡穷困无聊者,遂相率而从之。臣等查得青州府益都县去郡二百余里,地名颜神镇[5],土多煤矿,利兼窑冶,四方商贩群聚于此,其中时有不逞之徒。此巡海道副使潘珍先有开立县治[6]之议,今有特设通判之请,固欲得其要害而治之,诚有见也。但邻近州县复多徒党,亦未得专事乎此,而遽遗于彼也,合无[7]准照[8]副使潘珍及左布政使姚镇、右布政使盛应期、按察使王泰署、都指挥佥事马恺、分守左参政许淳、分巡佥事鲁铎所议,于益都县颜神镇地方听令垒石为堡,建立府馆一所,添设捕盗通判一员,许其兼制。前项邻近州县旧有矿洞,不时巡察,新编总甲[9]严为约束,操练弓兵民快[10]人等。遇有盗贼,小则密谋发卒,以收掩捕之效;大则移文纠众[11],以成合击之功。务在断绝奸萌,毋令复相屯聚。示已往于不究,开方来以自新。则贼党自此可消矣。"云云。《纪略》以为正德十二年[12]巡按御史黄某奏请,兵部覆准[13],盖未详也。但黄疏有听垒石堡之语,而颜城实嘉靖二十六年[14]王弇州世贞[15]兵备青州时建,则正德中止设官而未建城耳。(《香祖笔记》卷二)

[1] 孙文定公泍亭:即孙廷铨,明末清初山东益都人,初名廷铉,字道相,别字泍亭。崇祯十三年(1640)进士,官至内秘书院大学士,以病归。谥文定。有《颜山杂记》《南征纪略》等。

[2] 黄瓒:明扬州府仪真人,字公献。成化二十年(1484)进士,曾任山东巡抚,官至南京兵部右侍郎。著有《雪洲文集》。

[3] 前项:前些时候,之前。

[4] 不逞:为非作歹。

[5] 颜神镇:今山东博山。

[6] 县治:县政府所在地。

[7] 合无:犹何不。

[8] 准照:准许,同意下级请示。

[9] 总甲:宋朝以来负责地方乡保事务的人员。元、明相承,清制乡镇每百家设一总甲,职司略同地保。

[10] 民快:旧时官府专管缉捕的差役。

[11] 纠众:聚众,纠集多人或势力。

[12] 正德十二年:即公元 1517 年。正德是明武宗朱厚照的年号。

[13] 覆准:复核批准。

[14] 嘉靖二十六年:即公元 1547 年。嘉靖为明世宗朱厚熜的年号。

[15] 王弇州世贞:即王世贞,明苏州府太仓人,字元美,自号凤洲,又号弇州山人。嘉靖二十六年(1547)进士,累官刑部尚书。著有《弇山堂别集》《嘉靖以来首辅传》等。

禁风闻言事论

吾乡艾大司寇(元征)[1]为总宪[2]时,疏请禁言官风闻言事[3],违者降罚。人或咎[4]之,近遂有疏请复风闻之例者,然不知乃唐武氏[5]所创,非故事[6]也。《唐史》武后以术制群下[7],谏官御史得以风闻言事,自御史大夫至监察御史皆得互相弹劾,率以险诐[8]相倾,此风闻言事之始,盖罗织[9]告密之别名耳。偶读东阿于文定公[10]《笔麈》载此一则,录之。当知请禁之非过,而请复者之失考也。(《居易录》卷三十二)

[1] 艾大司寇:即艾元征,清山东济南人,字允洽,号长人。顺治三年(1646)进士,官都察院左都御史、刑部尚书。清朝时别称刑部尚书为大司寇,故此称其"艾大司寇"。

[2] 总宪:明清时都察院左都御史的别称。

[3] 风闻言事:古时任监察职务的官员根据传闻进谏或弹劾官员。

[4] 咎:责备,指责。

[5] 武氏:指武则天。

[6] 故事:旧日的典章制度。

[7] 群下:群臣。

[8] 险诐:阴险邪僻。

[9] 罗织:虚构罪名,陷害无辜的人。

[10] 于文定公：即于慎行，明山东东阿人，字可远，又字无垢。隆庆二年(1568)
进士，官礼部尚书，诏加太子少保兼东阁大学士。卒谥文定。著有《谷山笔
麈》《谷城山馆文集》等。

郡县志书论

今人事事不及古人，如郡县志书亦其一也。《华阳国志》、《三辅黄图》等勿
论[1]矣，即予近所得明黄才伯佐《广东志》、李川父濂《河南通志》洎[2]旧藏陆
鼎仪钬《山东通志》皆精审[3]不苟。惜升庵《四川总志》、马伯循《陕西通志》未
及见尔。曩[4]曲沃相卫文清公(周祚)入朝请修《大清一统志》暨修《直省通志》。
而吾乡新通志修于癸丑，当事[5]既视为具文[6]，秉笔者[7]又卤莽灭裂[8]，不谙
掌故[9]。如人物一门，竟将曹县李襄敏公秉、单县秦襄毅公纮、沂州王恭简公景
三巨公[10]姓名事实削去不存一字，其余可概见[11]矣。时方伯施泰瞻天裔[12]
主其事，聘吴郡顾炎武亭林[13]在局，而不一是正，潦草成书，甚可惜也。今方修
《一统志》，似当以旧通志为蓝本[14]。(《居易录》卷二十六)

[1] 勿论：不追究，不谈。
[2] 洎：与。
[3] 精审：精密周详。
[4] 曩：昔，之前。
[5] 当事：当权者。
[6] 具文：徒有形式的空文。
[7] 秉笔者：执笔的人。
[8] 卤莽灭裂：形容做事草率粗疏。
[9] 掌故：史实。
[10] 巨公：大人物。
[11] 概见：窥见概貌。
[12] 施泰瞻天裔：施天裔，清山东泰安人，字泰瞻，号松岩。任东祥知府、陕西右
布政使、山东左布政使、广西巡抚等职。在山东任职期间主持编纂《山东通
志》。
[13] 顾炎武亭林：顾炎武，明末清初江南昆山人，字宁人，号亭林。著有《日知
录》《天下郡国利病书》《音学五书》《亭林诗文集》等。

[14] 蓝本:底本。

莱阳姜氏不归葬论

莱阳姜如农埰[1]、如须垓[2],兄弟齐名,时称二姜。如农崇祯末为给事中,建言[3]谪戍[4]宣城卫。鼎革后,兄弟遂卜居[5]吴郡,不归乡里。给事死,遗命葬宣城,以谓故君[6]未赐环[7],不敢首丘[8]。吾友张杞园(贞)作祠记书其事,南北名士多歌咏之。既而迁其夫人之柩,合葬于宣,而葬给事之衣冠于父母墓左。予谓非礼也。夫给事身值沧桑,居吴不返,或岁一归省墓,或数年一归省墓,犹可也。死不首丘,又不归骨先垄[9],顾远葬戍所,此则矫激[10]好名之过,而害天性之恩,可已而不已者也。至迁其夫人远祔[11]江南,而以衣冠代归葬,此尤非也。已不归葬,已无以慰父母之望于地下,乃并其妇已葬之骸骨大去其乡,明其与父母绝矣,孝子忍乎哉?是何其于君臣之义厚,而于父子之恩薄也。礼曰:鸟兽失丧其群匹,越月踰时,则必反巡,过其故乡,回翔焉,鸣号焉,蹢躅焉,踟蹰焉,然后乃能去之。而况人乎?况父母之坟墓乎?予读《思颍诗》,每致憾于欧阳永叔[12],兹给事之葬,亦未敢傅会[13]以为然。聊书杞园《记》后以质[14]诸知礼者云。(《居易录》卷二十一)

[1] 姜如农埰:姜埰,明末清初山东莱阳人,字如农,自号敬亭山人,又号宣州老兵。崇祯四年(1631)进士,授密云知县,迁礼科给事中,后遣戍宣州卫。明亡后,流寓苏州。著有《敬亭集》。

[2] 如须垓:姜垓,明末清初山东莱阳人,字如须,姜埰之弟。崇祯十三年(1640)进士,授行人。后辞官,居苏州。著有《筕筜集》。

[3] 建言:提出建议。

[4] 谪戍:官员因触犯法律被流放到边远地区承担防守任务。

[5] 卜居:择地居住。

[6] 故君:先君,前代君主。

[7] 赐环:指遭放逐的大臣被赦免召还。《荀子·大略》:"绝人以玦,反绝以环。"杨倞注:"古者臣有罪待放于境,三年不敢去,与之环则还,与之玦则绝,皆所以见意也。"

[8] 首丘:指归葬故乡。

[9] 先垄:祖先的坟墓。

[10] 矫激:偏激,违背常情。

[11] 祔(fù):合葬。

[12] 欧阳永叔:指欧阳修,永叔为其字。欧阳修本为吉州人,后选择居于颍州,
　　　并卒于此。

[13] 傅会:附和。

[14] 质:评断,评判。

名臣阙谥论

　　予乡启、祯名臣阙谥者,如钟司空龙渊(羽正)^[1]、毕司徒白阳(自严)^[2]、曹
司空见素(珖)^[3]、先太师大司马霁宇公(象乾)^[4]。其尤著者,曹通议葆素(珍)^[5],
司空之兄也,躬行实践,号为醇儒,品不在龙渊先生之下,然名位稍卑,例不得谥。
窃谓朝廷易名重典,亦顾其人何如耳。今例,尚书以上乃得谥,国史三品以上乃
得立传。其以名位湮没者多矣。近王给谏北山(日高)疏请,死节诸臣不必拘定^[6]
品级,皆当予谥,以鼓忠义之气。其论最正,格^[7]于部议^[8]不行^[9]。(《池北偶谈》
卷一)

[1] 钟司空龙渊:即钟羽正,明山东益都人,字叔濂,号龙渊。万历八年(1580)进
　　　士,官至工部尚书。著有《崇雅堂集》《青州风土记》等。司空为工部尚书的
　　　别称。

[2] 毕司徒白阳:即毕自严,明山东淄川人,字景曾,号白阳。万历二十年(1592)
　　　进士,官至户部尚书。著有《石隐园藏稿》等。司徒为户部尚书的别称。

[3] 曹司空见素:即曹珖,明山东益都人,字用韦,号葆素。本名曹珍,后避明仁
　　　祖讳而改名。万历二十九年(1601)进士,官至工部尚书。按:原文"见素"有
　　　误,当为"葆素"。

[4] 大司马霁宇公:指王象乾,明山东新城人,字子廓,一字霁宇,王士禛的伯祖
　　　父。隆庆五年(1571)进士,官至兵部尚书。大司马为兵部尚书的别称。

[5] 曹通议葆素(珍):指曹瑾,明山东益都人,号见素,曹珖的哥哥。万历十四年
　　　(1586)进士,官至通政司左参议。著有《大云集》《四书遵注纂要》等。按:
　　　原文"葆素"当为"见素",后面的"珍"当为"瑾"。

[6] 拘定:限定。

[7] 格:阻止,搁置。

[8] 部议：中央各部的决定。

[9] 行：施行。

穆孔晖论王安石

堂邑[1]穆文简公（孔晖）[2]，弘治中，乡举领解，出王文成公[3]之门，为理学大儒。然其学多入禅宗，其古文精劲，自子书出，可匹崔文敏公后渠[4]，如送沈朝绶、送王如行诸序可见。予尤喜其与武城[5]王文定公（道）[6]论王介甫[7]书，今录于此。

孔晖顿首纯甫先生足下：昨在阳明先生[8]坐上，同观象山[9]《荆国祠堂记》，予时未敢谓然者，必象山之意，多为荆公[10]恕；不为人之社稷计，不为天下生灵忧，不为后学[11]虑。恕一夫而不悯天下后世，此何心哉？不然，乃象山之偏见自喜也。将以正名定罪，释天下苍生之愤，为社稷大计，不当姑随也。大舜殛[12]鲧[13]于羽山，鲧之恶不大于安石，安石之罪浮[14]于鲧。予谓以安石拟鲧可也，鲧名重，安石亦名重；鲧悻直自用[15]，安石亦悻直自用；鲧圮族[16]，安石亦圮族；鲧堙汩[17]，安石亦堙汩，鲧不能除天下之害，亦不能成功；安石祸及天下生灵；生灵何辜？宋之元气，遂不复振，其罪尚为不浮于鲧乎？夫以倾人社稷，流毒四海者，尚取其志，尧舜当取鲧之志矣。何者？鲧之志，欲平水土也。孟子曰："食志乎？食功乎？"安石之操介，在古人一节之士甚多，未可以一节而掩元恶[18]也。非圣人无法，圣人作《春秋》以训万世，安石独废之，此不容诛矣。安石秉《周礼》，盖功利之心胜也。何者？《周礼》之政，天无旷时，地无旷利，人无旷力，此圣王所以富天下者，尽三才之道者也。安石慕其近似，专以利言，又无管仲之才，所以万无一利，而害不可胜言矣。天下以为君子者，安石恶之；天下以为小人者，安石好之。好人之所恶，恶人之所好，此之谓拂[19]人之性，辟[20]则为天下僇[21]矣。欲恕安石者，是求为过高之论[22]，恐诬后学不浅。不审聪鉴以为何如？孔晖顿首。（《池北偶谈》卷八）

[1] 堂邑：旧县名。明清时属山东东昌府，后撤销，旧治在今山东省聊城市东昌府区堂邑镇。

[2] 穆文简公：即穆孔晖，明山东堂邑人，字伯潜，号玄庵。弘治十八年（1505）进士，授翰林检讨，嘉靖时官至南京太常寺卿。卒谥文简。著有《读易录》《尚书困学》《前汉通纪》等。

[3] 王文成公：指王守仁，明浙江余姚人，字伯安，别号阳明子。弘治十二年（1499）进士，官至南京兵部尚书、都察院左都御史，因功被封为新建伯。卒谥文成。

[4] 崔文敏公后渠：指崔铣，明河南安阳人，字子钟，一字仲凫，号后渠。弘治十八年（1505）进士，官至南京礼部右侍郎。卒谥文敏。著有《彰德府志》《洹词》等。

[5] 武城：县名，今属山东德州。

[6] 王文定公：即王道，明山东武城人，字纯甫，号顺渠。正德六年（1511）进士，官至吏部右侍郎。卒谥文定。

[7] 王介甫：即王安石，宋抚州临川人，字介甫，号半山，唐宋八大家之一。仁宗庆历二年（1042）进士，官同中书门下平章事，力主改革变法。卒谥文。

[8] 阳明先生：即王守仁，阳明子为其号，学者称为阳明先生。

[9] 象山：指陆九渊，宋抚州金溪人，字子静，号象山翁，世称象山先生。孝宗乾道八年（1172）进士，历国子正，后知荆门军。卒谥文安。主“心即理”说，明王守仁继承发扬其学说，成为陆王学派。有《象山先生全集》。

[10] 荆公：指王安石。因其被封为荆国公，故又称“荆公”。

[11] 后学：后进的学者或读书人。

[12] 殛：杀死。

[13] 鲧：大禹的父亲。

[14] 浮：超过。

[15] 悻直自用：刚愎自用，固执己见。

[16] 圮族：残害族类。

[17] 堙汩：堵塞扰乱。

[18] 元恶：大的恶行。

[19] 拂：违背。

[20] 辟：偏颇，邪僻。

[21] 㦸：通“戮”，杀。

[22] 过高之论：不切实际的空论。

穆孔晖论“格物”

穆文简《大学千虑》[1] 论格物[2] 曰：“仓颉篇云：‘格，量度[3] 之也。’见《文选•运命论》注,此朱程[4]以前书,乃训诂之最古者。以其书久废,故见之者鲜。考之内典[5],隋智𫖮《法华经文句解》分别功德品云:'格量[6]功德。'又云:'格量多少。'其一篇内,格量字甚多,此又在唐以前者。《大庄严经论》云:'况复如来德,何可格量?'格量之义,古皆用之。而程子[7]未之见,意虽暗合[8],而解释弗畅,故使圣经[9]难明。然其为说,合于圣门[10]无疑,岂前人所及哉?问:格之训至,可终废乎?曰不可。当云格量物理,以求其至,其义始备。"此解甚新,然文简学近于禅,亦可见。(《池北偶谈》卷八)

[1] 大学千虑:书名,该书主要围绕朱熹所撰《大学章句》《大学或问》进行阐发。
[2] 格物:语出《大学》"致知在格物"句。
[3] 量度:审度,考虑。
[4] 朱程:指朱熹和二程(程颢、程颐两兄弟),均为宋代著名思想家、理学家,他们对包括《大学》在内的"四书"进行了整理和发扬。
[5] 内典:指佛经。
[6] 格量:衡量,推究。
[7] 程子:这里指程颐。程颐曾诠释"格物"一词,"格,至也。物,事也。事皆有理,至其理,乃格物也"(《二程外书》卷二)。
[8] 暗合:未经商榷意思正好相合。
[9] 圣经:儒家经典,这里具体指《大学》。
[10] 圣门:孔门,借指儒家。

《三都赋》论

《左思别传》云:"皇甫谧[1],西州高士;挚仲洽[2],宿儒[3]知名,非思伦匹[4]。刘渊林[5]、卫伯舆[6]并早终,未尝为思序注,皆思自为,以重其文。"按:太冲[7]《三都赋》自足接迹[8]扬、马[9],乃云假[10]诸人为重,何其陋耶!且西晋诗气体高妙,自刘越石[11]而外,岂复有太冲之比?《别传》不知何人所作,定出怨谤[12]之口,不足信也。太冲,吾乡临淄人。(《古夫于亭杂录》卷三)

[1] 皇甫谧:西晋安定朝那人,字士安,自号玄晏先生,皇甫嵩曾孙。以著述为务,武帝时累征不就。著有《高士传》《帝王世纪》《针灸甲乙经》等。
[2] 挚仲洽:即挚虞,西晋京兆长安人,字仲洽。少事皇甫谧,博学多才,拜中郎,

累官至卫尉卿。惠帝永兴元年,从帝至长安,后还洛,官至太常卿。著有《文章志》《文章流别集》等。

[3] 宿儒:修养较高、有声望的儒士。

[4] 伦匹:同辈。

[5] 刘渊林:即刘逵,字渊林,济南人,西晋时曾任尚书郎、黄门侍郎、侍中等职。据《晋书·左思传》载:"刘逵注《吴》《蜀》而序之曰:'观中古以来为赋者多矣,相如《子虚》擅名于前,班固《两都》理胜其辞,张衡《二京》文过其意。至若此赋,拟议数家,傅辞会义,抑多精致,非夫研核者不能练其旨,非夫博物者不能统其异。世咸贵远而贱近,莫肯用心于明物。'"

[6] 卫伯舆:即卫权,字伯舆,西晋陈留襄邑人,魏司徒卫臻之孙。晋惠帝时擢为尚书郎。《晋书·左思传》载:"陈留卫权又为思赋作《略解》。"《三国志·魏书·卫臻传》裴松之注语亦言此事:"(卫)权作左思《吴都赋》叙及注。叙粗有文辞,至于为注,了无所发明,直为尘秽纸墨,不合传写也。"

[7] 太冲:即左思,字太冲,西晋齐国临淄人,《三都赋》与《咏史》诗为其代表作。《晋书·左思传》载,他以十年时间构思《三都赋》,赋成之后,"豪贵之家竞相传写,洛阳为之纸贵"。

[8] 接迹:足迹前后相接,这里指相继。

[9] 扬、马:指扬雄和司马相如,二人均为汉代著名辞赋家,扬雄著有《甘泉赋》《羽猎赋》等,司马相如代表作有《子虚赋》《上林赋》等。

[10] 假:伪托,假冒。

[11] 刘越石:即刘琨,字越石,西晋中山魏昌人。任并州刺史、司空等职。其工于文学,善诗文,有《扶风歌》《胡姬年十五》《重赠卢谌》等。

[12] 怨谤:怨恨非议。

《五代史阙文》论

王元之[1]《五代史阙文》,仅一卷,而辨证精严,足正史官之谬。如辨司空图"清直大节"一段[2],尤万古公论所系,非眇小也。如叙庄宗"三矢告庙"一段[3],文字淋漓慷慨,足为武皇父子写生。欧阳[4]《五代史·伶官传》全用之,遂成绝调。惟以张全义为乱世贼臣[5],深合《春秋》之义,而欧阳不取,于《全义传》略无贬词,盖即[6]旧史以成文耳,终当以元之为定论也。元之,吾乡钜野人,其《小畜集》三十卷,黄俞邰(虞稷)[7]千顷堂有传本,惜未及借录。(《香祖笔记》卷四)

[1] 王元之：即王禹偁。宋济州钜野人，字元之。

[2] 司空图"清直大节"一段：王元之《五代史阙文》认为："梁室大臣如恭翔、李振、杜晓、杨涉等，皆唐朝旧族，本以忠义立身，重侯累将，三百余年，一旦委质朱梁，其甚者赞成弑逆，惟图以清直避世，终身不仕梁祖。故《梁史》指图小瑕，以泯大节者，良有以也。"

[3] 庄宗"三矢告庙"一段：《五代史阙文》中文为："世传武皇临薨，以三矢付庄宗曰：'一矢讨刘仁恭，汝不先下幽州，河南未可图也。一矢击契丹，且曰阿保机与我把臂而盟，结为兄弟，誓复唐家社稷，今背约附贼，汝必伐之。一矢灭朱温。汝能成吾志，死无恨矣。'庄宗藏三矢于武皇庙庭，及讨刘仁恭，命幕吏以少牢告庙，请一矢，盛以锦囊，使亲将负之，以为前驱。凯还之日，随俘馘纳矢于太庙。伐契丹，灭朱氏，亦如之。又武皇眇一目，世谓之独眼龙。性喜杀，左右小有过失，必寘于死。初讳眇，人无敢犯者。尝令写真，画工即为捻箭之状，微瞑一目。图成而进，武皇大悦，赐与甚厚。"武皇即后唐李克用，庄宗即李克用长子李存勖。

[4] 欧阳：宋代欧阳修，其撰《五代史记》。

[5] 惟以张全义为乱世贼臣：王元之《五代史阙文》认为："斯盖乱世之贼臣耳，得保首领，为幸则多。晋天福中，其子继祚谋反伏诛，识者知余殃在其子孙也。臣读《庄宗实录》，见史官叙《全义传》，虚美尤甚，至今负俗无识之士，尚以全义为名臣，故因阙文，粗论事迹云。"

[6] 即：按照，依据。

[7] 黄俞邰：即黄虞稷，清福建晋江人，字俞邰，号楮园，诸生。康熙间举博学鸿词，未与试。家富藏书，著有《千顷堂书目》《楮园杂志》等集。

乡语避讳论

邹平县乡语[1]讳"毕"。吾邑毕盖臣，字致吾，明季名医也。外祖孙氏家常有危疾[2]，或言非毕不可，诸舅恶其姓，终不肯延致[3]之，咸笑其迂拘[4]。然唐杜牧之[5]梦改名毕而卒，宋邹忠公浩[6]梦道君[7]赐笔[8]而亦卒，则古已有此忌矣。特以姓为疑，则诚迂耳。（《分甘余话》卷四）

[1] 乡语：家乡话。

[2] 危疾：重病。

[3] 延致：邀请。

[4] 迂拘：迂腐拘束。

[5] 杜牧之：即杜牧，唐代著名诗人，字牧之。杜牧曾梦人告曰："尔改名毕。"后不久离世。

[6] 邹忠公浩：即邹浩，宋常州晋陵人，字志完，号道乡居士。神宗元丰五年（1082）进士，徽宗时，任兵、吏部侍郎，知江宁府、越州、杭州。卒谥忠。

[7] 道君：指宋徽宗。因其尊信道教，自称教主道君皇帝。

[8] 赐笔：宋陆游《老学庵笔记》载"赐笔"一事："邹忠公梦徽庙赐以笔，作诗记之。未几，疾不起。"

辕固论

新城[1]有地名牛固，相传辕固[2]故里[3]也，未知所据。《前书·艺文志》：《齐后氏故》二十卷，《齐孙氏故》二十（七）卷，《齐杂记》十八卷。辕固齐人，说诗，独不见于班史[4]。史但云："鲁申公为《诗》训故[5]，而齐辕固、燕韩生皆为之传[6]。或取《春秋》，采杂说，咸非其本义"云。（《池北偶谈》卷九）

[1] 新城：今山东桓台。

[2] 辕固：亦名辕固生，西汉齐人，以研究《诗经》而闻名，汉景帝时为博士，后拜为清河王太傅。

[3] 故里：故乡，老家。

[4] 班史：指《汉书》，因《汉书》是班固所作，故称"班史"。

[5] 训故：即"训诂"，注解。

[6] 传：注释或阐述经义的文字。

长白山宗泐石刻考

邹平长白山有释[1]宗泐季潭[2]石刻手迹，古今诗十五首。后题云："右诸诗，皆予洪武初杂处乱军中作，迄今已三十年。偶持钵过长白山，宿刘老别业[3]，忆旧作书之，怅然自失。时永乐二年九月，天台释宗泐。"沧溟[4]跋尾[5]云："此长白山名迹也。嘉靖乙丑三月，历下李攀龙书。"其诗如《战城南》《江南曲》、《祖龙行》等作，《列朝诗》皆载之。按，季潭以胡惟庸[6]之狱有连，奉旨免死，命往凤阳槎峰，至江浦石佛寺示寂[7]，寿七十四。事在洪武[8]间，而此刻署永乐二年[9]，必有讹误，记之以俟考[10]。（《居易录》卷十三）

[1] 释：指佛教。
[2] 宗泐季潭：宗泐，明代僧人，浙江临海人，俗姓周，字季潭。有《全室集》。
[3] 别业：别墅，为供休养而建造的住宅。
[4] 沧溟：指李攀龙，明山东历城人，字于鳞，号沧溟。
[5] 跋尾：在文末的文字。
[6] 胡惟庸：明凤阳府定远人，元顺帝时投朱元璋，明洪武期间位至左丞相，后以谋逆罪被杀，其后受牵连被诛者三万余人。
[7] 示寂：佛教指佛、菩萨或高僧死去。
[8] 洪武：明太祖朱元璋的年号，由公元 1368 年至 1398 年。
[9] 永乐二年：指公元 1404 年。永乐是明成祖朱棣的年号。
[10] 俟考：待考。

端木子、闵子嫡系考

山东巡抚王国昌，题为援例[1]陈请等事，该臣看得奉文，行查端木谦、闵煌是否先贤端木子[2]、闵子[3]嫡派[4]保送[5]一案。据布政使刘暟详称：衍圣公孔毓圻咨并据兖州府覆称，闵煌、端木谦俱系先贤后裔。据浚县[6]以端木子墓祠，载在县志，其后裔端木谦春秋祭祀，由来已久，确系嫡派，出结[7]保送。据济宁州以闵煌自鲁迁歙[8]，自歙迁济，世为主祀。其兄闵炜修理祠墓，招佃祭田有据。今闵煌又以兄子闵衍籍乃系宗子，请以衍籍承袭，出结保送。臣谨会同衍圣公臣孔毓圻[9]合词[10]具题[11]，伏祈敕部议覆[12]施行。奉旨下九卿集议[13]，端木子七十代孙端木谦、闵子六十七代孙闵衍籍，俱准给世袭五经博士[14]。（《居易录》卷三十二）

[1] 援例：引用惯例或先例。
[2] 端木子：即端木赐，即子贡，孔子的弟子。春秋时卫国人，复姓端木，字子贡。善辞令，经商曹、鲁之间，仕于鲁、卫。

[3] 闵子：即闵损，春秋时鲁国人，字子骞，孔子的弟子。以孝闻名，鲁季氏曾请他出任费邑长官，坚辞不就。

[4] 嫡派：嫡系。

[5] 保送：保举选送。

[6] 浚县：今属河南省鹤壁市。

[7] 出结：出具事情属实的证明。

[8] 歙：歙县，地名，在安徽省南部。

[9] 孔毓圻：清山东曲阜人，字钟在，号兰堂。孔子六十七代孙，康熙六年（1667）袭封衍圣公。

[10] 合词：联名上书。

[11] 具题：上奏题本。

[12] 议覆：论议并答复。

[13] 集议：共同评议。

[14] 五经博士：学官名，指教授五经的学官。

记载失实考

　　鼎革[1]时，小说纪载[2]多失实。尝于史馆见一书曰《弘光大事记》，内言甲申年山东大姓新城王氏、淄川韩氏起义兵。尔时先伯父御史公（与胤）[3]全家殉节[4]；先祖布政公[5]年八十余，家居，祭酒公[6]奉侍[7]避兵[8]山中，无义兵事。其云韩氏，盖韩氏有仆王某、李某，皆乘乱聚众为群盗，亦非义师。其济南以东举义[9]者，有长山[10]刘相国（鸿训）之子孔和[11]、李侍郎化熙[12]，而记不及之。又云流贼[13]伪制将军至济南，推官钟性朴死之。按：钟公字文子，顺天人，崇祯癸未进士，国初为济南府推官，迁本省提学道佥事。予顺治庚寅自童子为诸生，中辛卯乡试，皆钟公所拔，乌有甲申死难事耶？野史之不足信如此。（《池北偶谈》卷十）

[1] 鼎革：改朝换代，此处指明清交际时期。

[2] 纪载：即"记载"，记载事情的文字。

[3] 御史公：指王与胤，王士禛的伯父。

[4] 殉节：国家灭亡后因不愿投降而牺牲生命。

[5] 布政公：指王象晋，王士禛的祖父。

[6] 祭酒公：指王与敕，王士禛的父亲。

[7] 奉侍：奉养侍候。

[8] 避兵：躲避战乱。

[9] 举义：起义。

[10] 长山：古县名，明清时属济南府，后撤销，今大部属山东邹平。

[11] 孔和：刘孔和，明山东长山人，字节之，崇祯内阁大学士刘鸿训的次子。其事迹详见人物篇。

[12] 李侍郎化熙：李化熙，明末清初山东长山人，字五弦。崇祯七年（1634）进士，官至刑部尚书。

[13] 流贼：此指明末李自成等领导的农民起义军。

醴泉寺宝志公疑考

于奕正司直《金石志》止云郦炎碑在长白山东，而不载《醴泉寺宝志》及《相公山景范》二碑。子前卷既详著二碑之文，以存故实[1]，然窃疑宝志公[2]不应有碑像在此。夏日偶观《洛阳伽蓝记》，乃悟后魏别有一宝公，非志公也。《伽蓝记》云：沙门宝公者，不知何处人也。形貌丑陋，心识通达，过去未来，预睹三世。发言似谶[3]，事过之后，始验其实。胡太后问以世事，宝公曰："把粟与鸡呼朱朱。"时人莫之能解。建义元年，后为尔朱荣[4]所害，始验其言。盖以宝公号同，因讹为志尔。然魏之宝公踪迹至长白与否，亦无所考据矣。（《居易录》卷二十四）

[1] 故实：有意义或有价值的旧事。

[2] 宝志公：宝志，南朝僧人，俗姓朱。少时出家于京师道林寺，后为帝王所信奉，世称宝公或志公。

[3] 谶：会应验的预言。

[4] 尔朱荣：北魏北秀容川人，字天宝。契胡部落首领，因功封博陵郡公。后拥立孝庄帝而杀胡太后，最终因专权而被孝庄帝所杀。

"太山石敢当"考

齐鲁之俗，多于村落巷口立石，刻"太山石敢当"五字，云能暮夜[1]至人家医病。北人谓医士为大夫，因又名之曰"石大夫"。按："石敢当"三字，出《急就篇》[2]，师古注但云"所当无敌"。石贤士祠[3]，本汝南田间一石人，有妪遗饵一片于其下，民遂讹言能治病，是两事而讹为一也。"太山"二字，义亦难解，或以劭[4]为太山太守而转讹耳。（《古夫于亭杂录》卷六）

[1] 暮夜：夜晚，后比喻暗中。
[2] 急就篇：汉代史游所作，文为："师猛虎，石敢当，所不侵，龙未央。"
[3] 石贤士祠：《风俗通义》卷九"石贤士神"记载："谨按汝南汝阳彭氏墓路头立一石人，在石兽后。田家老母到市买数片饵，暑热行疲，顿息石人下，小暝，遗一片饵，去，忽不自觉，行道人有见者。时客适会，问因有是饵，客聊调之：'石人能治病，愈者来谢之。'转语头痛者摩石人头，腹痛者摩其腹，亦还自摩，他处于此。凡人病自愈者，因言得其福力，号曰贤士。"
[4] 劭：即应劭，字仲瑗，东汉汝南郡人，曾任泰山郡太守。《风俗通义》即为应劭所撰。

乌常泽考

《晋书·载记》慕容德[1]立铁冶[2]于商山，立盐官[3]于乌常泽。按商山即今新城县[4]东南铁山是也，乌常泽不详何地。《太平寰宇记》引《续述征记》曰："乌常泛，齐人谓湖为泛，中有台，生结蒲。秦始皇结蒲系马于此。今蒲生皆结。"《齐乘》谓：尧水由黑冢泊入海。注：黑冢即乌常泛也。按蒲台县[5]一名秦台，命名以此，则乌常当在蒲台。宋《九域志》亦载："滨州下，正今蒲台地。"（《居易录》卷二十八）

[1] 慕容德：十六国时期南燕的国君。
[2] 铁冶：炼铁之所。
[3] 盐官：主管盐务的官员。
[4] 新城县：今山东桓台。
[5] 蒲台县：古县名，后撤销。其地今属山东滨州。

野原考

司马文正公[1]《诗话》[2]载青州刘概孟节[3]诗："昔年曾作潇湘客"云云。

171

概弃官居野原山。今州南四十里临朐县^[4]有冶源,亦名冶泉,有水竹之胜,或云欧冶^[5]铸剑之地,世为冯氏^[6]别业,即文正所谓去人境^[7]四十里者也。野原,盖冶源之讹。(《池北偶谈》卷十三)

[1] 司马文正公:指北宋司马光,文正为其谥号。

[2] 诗话:指司马光所作《温公续诗话》。

[3] 刘概孟节:刘概,宋青州寿光人,字孟节。举进士及第,后归隐山林。

[4] 临朐县:今属山东潍坊。

[5] 欧冶:欧冶子,春秋时越国人,善于铸剑。

[6] 冯氏:指冯惟敏,明山东临朐人,字汝行,号海浮。嘉靖十六年(1537)举人,官保定通判,后弃官归家。著有《海浮山堂词稿》《石门集》杂剧《梁状元不伏老》等。

[7] 人境:有人居住的地方。

奇闻篇

异人

丁贞女,聊城之沙镇人,靖难功臣某裔也。贞女幼孤,无兄弟,依母以居。及笄,母欲议婚[1],贞女曰:"母老矣,又鲜[2]兄弟,不愿适[3]人,愿终身养母。"母不能强。及母卒,从兄[4]某为议婚,贞女又不许。独处三十余年,年五十矣。闺范[5]严肃,里中[6]人咸称曰贞女。堂邑黄中丞(图安)[7],七十丧偶。闻贞女之名,遣聘焉。贞女先一日召其从兄语曰:"明日当有议婚者至,吾将许之。"兄及娣侄辈谩应[8],弗之信也。诘旦,黄氏蹇修[9]已及门。先是,贞女缟衣[10]数十年,是日乃易[11]色服[12]。既许字[13],卜吉[14]葬母,始于归[15]黄氏,犹处子也。中外子孙多人,待之皆有恩礼,东昌人传为美谈。(《池北偶谈》卷二十)

[1] 议婚:说亲。

[2] 鲜:少。

[3] 适:女子出嫁。

[4] 从兄:堂兄。

[5] 闺范:女子的风范。

[6] 里中:同里的人。

[7] 黄中丞:即黄图安,明末清初山东堂邑人。崇祯十年(1637)进士,官至易州道。顺治元年(1644)降清,初留任原职,后提拔为甘肃巡抚、宁夏巡抚,最终因罪被降级。明清时,中丞为巡抚的别称,故此称其为黄中丞。

[8] 谩应:随便地应答。

[9] 蹇修:媒人。

[10] 缟衣:白色衣服。

[11] 易:更换。

[12] 色服:彩色的衣服。

[13] 许字:女子许配于人。

[14] 卜吉:占卜选择风水好的葬地。

[15] 于归:出嫁。

吾邑东六七里,有何老庵。何,元时人,修道于此,独居数十年,每夜有蛇虎伴之。庵后有积水,曰豢龙池,相传何老扰[1]龙处。(《池北偶谈》卷二十一)

[1] 扰:驯服,驯养。

闽陈宝钥,字绿崖,观察青州。一日,燕坐[1]斋中,忽有小鬟,年可十四五,姿首[2]甚美,搴[3]帘入曰:"林四娘见。"陈惊愕,莫知所以。逡巡间,四娘已至前万福[4],蛮髻朱衣,绣半臂,凤觜靴,腰佩双剑。陈疑其仙侠,不得已,揖就坐。四娘曰:"妾故衡王宫嫔也,生长金陵。衡王昔以千金聘妾,入后宫,宠绝伦辈[5],不幸早死,殡于宫中。不数年,国破,遂北去。妾魂魄犹恋故墟,今宫殿荒芜,聊欲假[6]君亭馆延客,固无益于君,亦无所损于君,愿无疑焉。"陈唯唯[7]。自是日必一至。每张筵,初不见有宾客,但闻笑语酬酢[8]。久之,设具宴陈,及陈乡人公车者十数辈咸在坐。嘉肴旨酒,不异人世,然亦不知何从至也。酒酣,四娘叙述宫中旧事,悲不自胜,引节而歌,声甚哀怨,举坐[9]沾衣罢酒。如是年余。一日,黯然有离别之色,告陈曰:"妾尘缘已尽,当往终南,以君情谊厚,一来[10]取别[11]耳。"自后遂绝。有诗一卷,长山李五弦司寇(化熙)有写本[12]云。又程周量会元记其一诗云:"静锁深宫忆往年,楼台箫鼓遍烽烟;红颜力弱难为厉,黑海心悲只学禅。细读莲花千百偈,闲看贝叶两三篇;梨园高唱〔升平曲〕,君试听之亦惘然。"(《池北偶谈》卷二十一)

[1] 燕坐:闲坐。
[2] 姿首:容貌。
[3] 搴:掀起。
[4] 万福:指妇女行敬礼。
[5] 伦辈:同辈。
[6] 假:借。
[7] 唯唯:恭敬的应答声,表示同意。
[8] 酬酢:主人和客人互相敬酒。
[9] 举坐:所有在座的人。
[10] 一来:来一趟。
[11] 取别:告别。
[12] 写本:手抄本。

田少司寇漪亭（雯）[1] 言：德州兵器库，自明季[2]扃鐍[3]久。顺治初，有司[4]开视之，于室奥壁[5]下见一短人[6]，身才尺许，形如老翁，遍体有毛，左膝长跪，左手垂而拳，右足履地，右肘拊膝，而手承颐[7]，须发皓白，攒眉[8]闭目，若悲苦之状。顷之雷电绕屋，失所在。（《池北偶谈》卷二十二）

[1] 田少司寇漪亭：即田雯，清山东德州人，字纶霞，又字子纶、紫纶，号漪亭，又号山姜子，晚号蒙斋。康熙三年（1664）进士，官至户部侍郎。著有《古欢堂集》《黔书》等。

[2] 明季：明末。

[3] 扃（jiōng）鐍（jué）：锁闭，封闭。

[4] 有司：官吏。

[5] 奥壁：指收藏珍本秘籍的地方。

[6] 短人：身材矮小的人。

[7] 承颐：托腮。颐，面颊，腮。

[8] 攒眉：皱眉。

崂山又名劳山，在即墨界，山中多一二百岁人。有高密张生者，读书道观。观有老道士，形貌怪丑，执樵苏[1]之役，张意忽之。一日买二牛，其家去山百里余，苦无人遣送，方踌躇顷，道士忽谓张曰："君似有所思，得勿[2]以牛故耶？吾为君送之。"张异其言，逡巡[3]已失牛。比归，问家人，曰："某日某时，有道人送二牛至。"忆其时正立谈顷也。自是知非常人，颇礼之。又一日，张为其徒说《周易》，道人从窗外听之，呼曰："君所述皆俗说。"试叩[4]之，名理[5]出人意表[6]。生授其学，遂以说《易》擅东方。一日薄暮[7]，大雷雨震电[8]，张闭门，从窗隙中见天神数百辈，围绕道士房，如作礼状，惊愕不敢喘息。比达曙[9]，雨止，开门视之，道士门已反鐍[10]，寂无人矣。是夜，山中道观数十百处皆见道士焉。（《池北偶谈》卷二十二）

[1] 樵苏：砍柴割草。

[2] 得勿：犹"得无"，莫非，是不是。

[3] 逡巡：顷刻间。

[4] 叩：询问。

[5] 名理:名称和道理。

[6] 出人意表:出乎人们的意料之外。

[7] 薄暮:傍晚。

[8] 震电:电闪雷鸣。

[9] 达曙:到天亮

[10] 反鐍:反锁。

利津李神仙者,占卜射覆[1]多奇中[2]。沾化李吉津宫詹(呈样)[3]在京师,一日问李前程事,李书一联云:"洗耳目同高士洁,披襟不让大王雄。"后半载,宫詹以建言[4]流徙[5]出关,途次[6]永平,有一秀才迎道侧,具刺自言贫苦,求资助。视其名,则高士洁也,大骇叹。及出关,一守备[7]王姓,素受宫詹恩,闻公至,远来相送,因为诵前诗,及第六句,王骇曰:"雄,即某小字[8]也。"李公太息[9],以为定数[10]不爽[11]如此。至康熙元年,诏许生还。李公一日偶举此事语长洲尤太史展成(侗),尤又骇曰:"此诗乃某昔年戏作《论语诗》中之一也。"李今已老,尚往来燕、赵、齐、鲁间。(《池北偶谈》卷二十二)

[1] 射覆:古代的一种猜物游戏,在器具下覆盖某一物品,由人来猜。一般用以占卜。《汉书·东方朔传》"上尝使诸数家射覆"句下颜师古注:"于覆器之下而置诸物,令暗射之,故云射覆。"射,猜度。覆,覆盖。

[2] 奇中:意想不到地猜中。

[3] 李吉津宫詹:即李呈祥,明末清初山东沾化人,字吉津。明崇祯十六年(1643)进士,官至少詹事。因进谏部院衙门应专用汉人,裁去满官而被罢官流放,后赦免。

[4] 建言:提出建议。

[5] 流徙:流放。

[6] 次:停歇。

[7] 守备:武官名。

[8] 小字:乳名,小名。

[9] 太息:深深地叹息。

[10] 定数:气数,命运。

[11] 不爽:没有差错。

顺治十年四月,泰安州知州某于泰山下行,忽见片云自山巅下,云中一人,端然而立,初以为仙,及坠地,则一童子也。惊问之,曰:"曲阜人,孔姓,方十岁。母病,私祷太山府君[1],愿殒身[2]续母命。母病寻愈,私来舍身岩,欲践夙约[3],不知何以至此。"知州大嗟异[4],以乘舆载之送归。(《池北偶谈》卷二十二)

[1] 太山府君:指泰山神。府君,对神的敬称。

[2] 殒身:死亡。

[3] 夙约:先前的誓约。

[4] 嗟异:赞叹称奇。

吾郡历城明翰林王公敕[1],字云芝,成化甲辰进士及第第三人。诸生时,读书卧牛山寺,夜见地有火光,发之,得石匣。匣有书二册,读之,遂能御风出神,知未来休咎[2]。生平异事甚多,尝与僧采枸杞山上,僧先下扣门[3],公已先在启扃[4]。官河南、四川督学,试日,诸生见锁院[5]窗庑各有一公危坐。一日见白云一片,命骑追之,云落地化为石,色如雪,煮食之,其甘如饴,曰:"此云母也。"行辉县山中,忽下舆拜曰:"丈乃在此。"令掘地,得奇石,置之百泉书院。又于道左古垣中,开视得紫石砚二枚,各有鸳鸯一只,雌雄相向。尝云:"地如竹筛眼,凡有异宝皆可见。"又采杞僧临终,公问所欲,曰:"欲富贵兼之。"公曰:"但堪作一藩王耳!"朱书其背曰:"蜀王。"比王生第二子,背上隐隐有书字。尹恭简旻[6]寝疾[7],问之,曰:"有大鹤入室飞旋,已而飏去,公之神也。"果然。官终南国子祭酒,预知死期,怛化[8]时,四城门皆见公羽衣鹤氅而去,如云水道人。乡人于良乡道中遇鼓吹从南来,视之,乃公也。王阳明素推服[9]之,张尚书鹤鸣为作传。先赠司徒公[10]生时,大父[11]方伯赠司徒公[12]取公名名之。(《池北偶谈》卷二十二)

[1] 王公敕:王敕,明山东历城人,字云芝,一字嘉谕。成化二十年(1484)进士,官至南京国子监祭酒。

[2] 休咎:吉凶。

[3] 扣门:敲门。

[4] 启扃:开门。

[5] 锁院:指科举考试的考场。

[6] 尹恭简旻:尹旻,明山东历城人,字同仁。正统十四年(1449)进士,官至吏部
 尚书。谥号恭简。

[7] 寝疾:卧病。

[8] 恒化:死。

[9] 推服:推崇佩服。

[10] 先赠司徒公:指王士禛的父亲王与敕。

[11] 大父:祖父。

[12] 方伯赠司徒公:指王士禛的祖父王象晋。

　　颜神镇[1]善庆庵,孙文定公[2]香火院[3]也。有住持老僧,年八十余,辛未夏,一日早起,索浴罢,呼侍者曰:"好语主人,吾去矣!"遂升座[4]而寂。壁间留偈[5]云:"者个臭皮袋,撒下无罣碍。洪炉烈焰中,明月清风在。"惜忘其名矣。(《池北偶谈》卷二十三)

[1] 颜神镇:今山东淄博博山区。

[2] 孙文定公:即孙廷铨,文定为其谥号。

[3] 香火院:私人建造的供诵经祈福的寺院。

[4] 升座:登上座位。

[5] 偈:佛家唱词。

　　丙寅春,长山之苑城周村间,有短人,长可[1]尺许,须眉手足皆具,能按拍[2]而歌。问之云:年三十余矣。岂巨灵[3]僬侥[4]之类耶? (《池北偶谈》卷二十四)

[1] 可:大约。

[2] 按拍:打拍子。

[3] 巨灵:传说中的矮人。

[4] 僬(jiāo)侥(yáo):古代传说中的矮人。

康熙丙寅岁，济宁南池侧居人王姓者，与众约会武当山进香，既再往矣，归为其妻述参岳奇丽之状，妻亦欲往，夫以道远艰费难之，妻恚而自经[1]。夫归惊懊[2]，言于众，众为置椟[3]殓之，遂行。比至河南某邑，忽见其妻在路旁大树下坐憩，以为鬼也。曰："若死矣，胡为在此？"妻曰："吾未尝死。昨以需众，行期稍迟，故先行至此相候。不谓君辈濡滞[4]，吾候且数日矣，今当同行，胡谓鬼耶？"其夫疑惧不知所出。众曰："吾等百余人，渠[5]即魅，何怯之有？"遂偕行。途中起居饮食皆无他异[6]，事竣，归家登堂，夫指椟示之曰："尔既不死，前日殓者何人？"妻曰："吾实不死，曷开视之。"及开视，乃空棺耳。今妻尚在。（《池北偶谈》卷二十六）

[1] 自经：上吊自杀。
[2] 惊懊：震惊懊悔。
[3] 椟（chèn）：棺材。
[4] 濡滞：推迟，迟滞。
[5] 渠：表第三人称，相当于"她"。
[6] 他异：异常。

文登诸生毕梦求，九岁时，嬉于庭，时方午，天宇[1]澄霁[2]无云，见空中一妇人，乘白马，华褂[3]素裙，一小奴牵马络[4]，自北而南，行甚于徐，渐远乃不见。予从姊[5]居永清县，亦尝于晴昼[6]仰见空中一少女子，美而艳妆，朱衣素裙，手摇团扇，自南而北，久之始没。（《池北偶谈》卷二十六）

[1] 天宇：天空。
[2] 澄霁：晴朗。
[3] 褂：古代女子所穿的上等衣服。
[4] 马络：拴马的绳子。
[5] 从姊：堂姐。
[6] 晴昼：晴朗的白天。

新城令崔懋以康熙戊辰往济南，至章丘西之新店，遇一妇人，可三十余，高髻如宫妆，髻上加毡笠，锦衣弓鞋[1]，结束为急装[2]，腰剑，骑黑卫[3]，极神骏[4]，妇人神采四射，其行甚驶[5]。试问何人？停骑漫应[6]曰："不知何许人。"将往何处？又漫应曰："去处去。"顷刻东逝，疾若飞隼。崔云，惜赴郡匆匆，未暇蹑[7]其踪迹，或剑侠也。从侄鹓因述莱阳王生言，顺治初，其县役[8]某解[9]官银数千两赴济南，以木夹函之。晚将宿逆旅[10]，主人辞焉，且言镇西北不里许，有尼庵，凡有行橐[11]者皆往投宿，因导之往。方入旅店时，门外有男子著红帩头，状貌甚狞。至尼庵入门，有厅廨三间，东向，床榻备设。北为观音大士殿，殿侧有小门扃[12]焉。叩门久之，有老妪[13]出应，告以故，妪云："但宿西廨不妨[14]。"久之，持朱封镪[15]山门而入，役相戒夜勿寝，明灯烛，手弓刀伺之。三更，大风骤作；山门舂然[16]而辟，方愕然相顾，倏闻呼门声甚厉，众急持械以待，而廨门已启。视之，即红帩头人也，徒手握束香掷于地，众皆仆，比天晓始苏，银已亡矣。急往市询逆旅主人，主人曰："此人时游市上，无敢谁何[17]者，唯投尼庵客辄无恙，今当往诉耳。然尼异人，吾代往求之。"至则妪出问故曰："非为夜失官银事耶？"曰："然。"入白，顷之，尼出，妪挟蒲团敷坐，逆旅主人跪白[18]前事。尼笑曰："此奴敢来此弄狡狯[19]，罪合[20]死，吾当为一决。"顾妪入，牵一黑卫出，取剑臂之，跨卫向南山径去，其行如飞，倏忽不见。市人集观者数百人。移时，尼徒步手人头驱卫而返，驴背负木夹函数千金，殊无所苦。入门呼役曰："来，视汝木夹官封[21]如故乎？"验之良是。掷人头地上曰："视此贼不错杀却否？"众聚观，果红帩头人也。众罗拜[22]谢去。比东归，再往访之，庵已镪闭[23]，空无人矣。尼高髻盛妆，衣锦绮，行缠[24]罗袜[25]，年十八九，好女子也。市人云，尼三四年前挟妪俱来，不知何许人。常有恶少夜入其室，腰斩掷垣[26]外，自是无敢犯者。（《池北偶谈》卷二十六）

[1] 弓鞋：古代女子缠脚所穿的鞋子。

[2] 急装：扎得很紧的衣服。

[3] 卫：驴的别称。

[4] 神骏：形容动物的姿态雄健。

[5] 驶：速度快。

[6] 漫应：随便地回答。

[7] 蹑：跟踪，跟随。

[8] 县役：县衙的差役。

[9] 解：押送。

[10] 逆旅：旅馆。

[11] 行橐（tuó）：行囊。橐，袋子。

[12] 扃（jiōng）：插上门闩，关闭。

[13] 老妪：老妇，年老的女性。

[14] 不妨：可以，没有妨碍。

[15] 封镭：密封，封闭。

[16] 砉然：形容门开启的声音。

[17] 谁何：盘问。

[18] 白：禀告。

[19] 狡狯：诡诈。

[20] 合：应该。

[21] 官封：官府的封条。

[22] 罗拜：围绕下拜。

[23] 镭闭：锁闭，关闭。

[24] 行缠：绑腿布。

[25] 罗袜：丝织的袜子。

[26] 垣：墙。

　　益都西鄙人某，娶妾甚美。嫡[1]遇之虐，日加鞭棰，妾甘受之无怨言。一夜，盗入其居，夫妇惶惧[2]不知所为。妾于暗中手[3]一杖，开门径出，以杖击贼，踣[4]数人，余皆奔窜[5]。妾厉声曰："鼠子[6]不足辱吾刀杖，且乞汝命，后勿复来送死。"贼去，夫询其何以能尔？则其父故受拳勇[7]之技于少林，以传之女，百夫敌也。问何以受嫡虐而不言？曰："固[8]吾分也，何敢言？"自是夫妇皆重之，邻里加敬焉。今尚在。（《池北偶谈》卷二十六）

[1] 嫡：正妻。

[2] 惶惧：害怕恐惧。

[3] 手：拿着。

[4] 踣：仆倒。

[5] 奔窜：逃跑。

[6] 鼠子：骂词，指卑贱之人。

[7] 拳勇：拳术，拳击。

[8] 固：本来。

德州赵进士仲启（其星）^[1]，尝月夜露坐，仰见一女子，妆饰甚丽，如乘鸾鹤，一人持宫扇卫之，逡巡^[2]入月而没^[3]。此与予前所记二事相类。羿妻^[4]之事，信^[5]有之矣。（《池北偶谈》卷二十六）

[1] 赵进士仲启：即赵其星，清山东德州人，字仲启。顺治十八年（1661）进士，曾任黄州府推官、汾阳县知县，后罢官归乡。

[2] 逡巡：顷刻，一会儿。

[3] 没：消失。

[4] 羿妻：指嫦娥。

[5] 信：果真，的确。

长山县南白云山，长白支麓也。有赵道士者，尝静坐一室，数年后，恒见一小人，寸许，自顶中出，跳至地上，久之，复入于顶。今道士尚存。予邑北关真武庙赵道士，大名人，字云山。道行^[1]精严^[2]，衣食之外，辄以赈贫人。偶病僵卧^[3]，无给使^[4]，市人竞奔走为之樵爨^[5]。舍侧有蔬圃，预造生圹^[6]，时偃仰^[7]其中。有大蛇时来听经，赵辄食之，日以为常。今道士八十尚无恙。（《居易录》卷三）

[1] 道行：道德品行。

[2] 精严：精细谨严。

[3] 僵卧：躺卧不起。

[4] 给使：供役使之人。

[5] 樵爨（cuàn）：砍柴做饭。爨，烧火煮饭。

[6] 生圹：生前预造的坟墓。

[7] 偃仰：安居，安闲舒畅地生活。

寿光刘（毓桂）字秋士，与其弟（胤桂）云子^[1]同中顺治壬辰进士，仕为扬州府推官,有善政,罢归三十载。临淄某生者素不相识。一夕,梦道遇官府驺从[2]甚盛,或指示曰:"莱州府新城隍[3]往赴任耳。"问谁何?曰寿光刘公秋士也。醒而怪之,遣人至寿侦[4]消息,则刘以是夕卒矣。亦李中丞[5]说。(《居易录》卷四)

[1] 云子:刘毓桂弟弟刘胤桂的字。

[2] 驺从:古时贵族出门时所带的骑马的侍从。

[3] 城隍:守护城池的神。

[4] 侦:暗中查探。

[5] 李中丞:指李迥,清山东寿光人,字奉倩,号霞峰。康熙三年(1664)进士,官至刑部右侍郎。

莱芜张四教[1],字芹沚,顺治丙戌进士,以部郎[2]居京师。买一婢,年十四,姿首甚丽。询其家世,曰东乡艾氏女也。适迁山西提学,因纳之,携行。至一驿,晚步驿圃中,有雉[3]起草间,感之而孕。到官十月,张以公事将往他郡,妾泣告曰:"弱质[4]托体[5]君子,今将娩矣,君事毕,当速归,冀可相见。"张慰之而去。去数日,妾生一子而殁。预留书与张诀,词极哀艳[6],多非人世语。又自画小像一帧,留奁箱[7]中。张归见之,恸叹而已。自是夜必见梦,休咎[8]皆预告,又时时来自乳其子。张悬像别室[9],食必亲荐[10]。一日羹污其上,夜梦妾怒诘曰:"奈何污我?"旦视之,画已失。张怅怏[11]弥日,致画师数辈,为言姿态,曲折仿佛追写[12],卒不肖[13]。偶谒巡抚中丞,见屏风画美人绝肖,屡目之。中丞曰:"颇爱此乎?"张因自言其故,中丞即辍赠[14]焉。携归,食奠如常,见梦亦如昔矣。常语张君不利宦途,稍迁即宜为退休计。及秩满[15],迁榆林道参议,遂罢归。李中丞奉倩[16]说。(《居易录》卷五)

[1] 张四教:清山东莱芜人,顺治三年(1646)进士,官至陕西榆林兵备道按察司副使。

[2] 部郎:中央六部中的郎官。

[3] 雉:野鸡。

[4] 弱质:指女子或女子的身体。

[5] 托体:委身,指嫁给男子。

[6] 哀艳:哀婉缠绵。

[7] 奁箱：嫁妆。

[8] 休咎：吉凶。

[9] 别室：正室以外的房间。

[10] 荐：献，祭。

[11] 怅怏：惆怅不乐。

[12] 追写：追忆摹画。

[13] 不肖：不相像。

[14] 掇赠：取物相赠。

[15] 秩满：官吏任期届满。

[16] 李中丞奉倩：即李迥，清山东寿光人，字奉倩，号霞峰。康熙三年（1664）进士，官至刑部右侍郎。

门人新安江闿辰六[1]说，前知均州日，在武当亲见一黄冠[2]，无名字，其发锈结，人以锈头道人呼之，长须斑白，短须及脑后顶发尽黑，发多且长，齿皙白完固，面似七十岁人，饮食步履如少壮。自言程姓，历城人也，生嘉靖三十年，万历初元，即入云梦山为道士。万历间曾归济南，至泰安州为萧尚书（大亨）[3]疗病，后此游于四方。国初至普陀，后住中州，往来怀庆、南阳间。顺治中来武当，已复去，迩年[4]重来，结茅[5]七星树侧。辰六见之，在戊辰康熙二十七年也。上距嘉靖三十年，盖百五十岁矣。（《居易录》卷十四）

[1] 江闿辰六：江闿，清安徽歙县人，字辰六。康熙二年（1663）举人，任益阳知县、均州知州，官至解州直隶州知州。

[2] 黄冠：道士之冠，这里用以借指道士。

[3] 萧尚书：即萧大亨，明山东泰安人，字夏卿，号岳峰。嘉靖四十一年（1562）进士，官兵部、刑部尚书。

[4] 迩年：近年。

[5] 结茅：编茅为屋，指建造简陋的房屋。

　　僧天花者,山东人,不持戒律,酗酒亡赖,人皆恶之。游方至河西务居焉,而饮酒食肉如故。久之,人颇厌苦[1]。天花一日大市牛酒,召邻里毕集,酒酣,谂[2]众曰:“吾行脚[3]至此,久溷[4]诸檀越[5],今将行矣,聊此言别。”轰饮至夜半,起曰:“吾明早乃行,居士[6]辈留此勿归,须送我乃返耳。”众疑其所为,去留各半,比天晓,索汤沐浴,拜佛竟,呼众曰:“居士珍重,吾行矣。”入室敷坐而化[7]。(《居易录》卷二十一)

[1] 厌苦:厌烦苦恼。
[2] 谂(shěn):告诉。
[3] 行脚:僧人为寻师求法而游食四方。
[4] 溷:混杂。
[5] 檀越:梵语音译,施主,佛教对于布施者的敬称。
[6] 居士:指不出家的佛教信徒。
[7] 化:死。

　　王节妇名桂,德州人,父会礼,及笄[1],适诸生韩承业。承业卒,七日绝水浆,欲以身殉。其母力劝之,长斋淡食,不御盐酰[2],如此者十余年。承业将葬,节妇夜起办严[3],手作书[4],置几案,题曰“守志”,以镜压其上,从容出至室外东隅,以芦席藉[5]地,瞑目趺坐[6],挥手谢家人,戒勿哗。须臾口鼻自出三昧火,焚焉。异香氤氲[7],经旬不散,体如金铁不坏。有莲花承趺,其席不蓺[8]。取席下土以疗疾,无弗愈者。其舅韩绅为合葬于城东。时万历戊子岁也。(《居易录》卷二十七)

[1] 及笄:女子年满十五为“及笄”,也指女子到了结婚的年龄。
[2] 盐酰:盐和醋,泛指调味品。
[3] 办严:置办行装。
[4] 作书:写信。
[5] 藉:铺,垫。
[6] 趺坐:盘腿端坐。
[7] 氤氲:形容烟气浓郁。
[8] 蓺:焚烧。

叶氏女,亦德州人,其父卖菜佣也。女生而知书,明丽若神。及笄,富贵家竞通媒妁,女皆峻拒[1]之,但乞以女红[2]之直,侍养父母。时注目天际,如有所思。一日晨起,严妆饰[3],趋父母前礼拜,若将远离者。诘[4]之,无语,但频视日景[5]。及午,忽入室阖户[6],跏趺[7]西向坐,手结三昧印[8],举体香如芳兰。母心动,入视之,已化去久矣。事在万历戊午年午月午日午时。程工部先贞[9]作《火莲行》、《午日行》二篇记其事。(《居易录》卷二十七)

[1] 峻拒:严厉拒绝。

[2] 女红:女子所做的纺织、刺绣、缝纫等工作和这些工作的成品。

[3] 严妆饰:整理打扮。

[4] 诘:追问,询问。

[5] 日景:日光,日影。

[6] 阖户:关门。

[7] 跏趺:"结跏趺坐"的略称。佛教中修禅者的坐法为两足交叉置于左右股上。

[8] 三昧印:也叫"入定印"或"定印",佛教入禅定之印为双手仰放下腹前,右手置于左手上,两拇指的指端相接。

[9] 程工部先贞:程先贞,明末清初山东德州人,字正夫,官工部员外郎。

邑耆民[1]刘才旺者,少曾为先伯祖大司马公[2]圉人[3],康熙乙酉,年一百八岁尚无恙[4]。一夕,其子某[5]与数客饮榻前,才旺已卧,亦引满[6],自歌一曲,复引满,又歌如前,凡三釂[7],歌亦三阕[8],遂鼾睡,明晨视之,已化去[9]矣。虽本厮役[10],亦达人也。(《古夫于亭杂录》卷一)

[1] 耆民:年高有德的人。

[2] 大司马公:指王士禛的伯祖父王象乾。

[3] 圉人:养马的人。

[4] 无恙:无病,健康平安。

[5] 某:代指不明确说明的人。

[6] 引满:斟酒满杯而饮。

[7] 釂(jiào):把酒饮尽,干杯的意思。

[8] 阕:乐一遍为一阕。

[9] 化去：死亡。
[10] 厮役：仆人。

异事

　　历城穆吏部深[1]，字桂阳，为阉寺[2]所中[3]，罢归，郁郁成疾，额中有一小人骑驴，时时往来。医不知其何疾，竟以是卒。（《香祖笔记》卷九）

[1] 穆吏部深：穆深，明山东历城人，字纯甫，号桂阳。自幼聪慧，七岁能文，万历二十年（1592）进士，历任工部、礼部主事，后又升为吏部稽勋司员外郎，掌文职官员之勋级、名籍、守制、终养等事。
[2] 阉寺：宦官，太监。
[3] 中：陷害，中伤。

　　明太宗[1]攻济南，铁铉[2]出战，倏见有群僧助战甚力[3]。迹[4]之，入大佛山[5]琵琶洞中，洞石壁上刻阿罗汉皆汗流浃体，命以铁挝[6]碎其首。像乃唐贞观时制。（《香祖笔记》卷九）

[1] 明太宗：即明成祖朱棣，初庙号为太宗，后于嘉靖时改为成祖。明朝初建时获封燕王，后发动靖难之役，起兵攻打建文帝，并最终夺位。公元1402年在南京称帝。
[2] 铁铉：明河南邓州人，为明太祖朱元璋所欣赏，赐字鼎石。历官山东布政使、兵部尚书，靖难之变中坚守济南，并击退燕王朱棣。朱棣夺位后被害。后世敬其忠义，多地建有纪念铁铉的祠庙，今位于济南大明湖西北的铁公祠即是。
[3] 力：强，竭力。
[4] 迹：追踪。
[5] 大佛山：即今济南佛慧山，俗称大佛头。乾隆《历城县志》卷七载："佛慧山，一名大佛头山，以岩半有石佛头故也。……大佛山在城东南十里，一名佛慧山，上有文壁峰下有甘露泉，中有宝刹曰开元寺。"
[6] 挝（zhuā）：击，敲打。

　　济南明湖蛙不鸣,潍县[1]无蝉,或阅[2]数年间闻其声,则置酒[3]竞往赏之,以为异事。(《香祖笔记》卷十)

[1] 潍县:今山东潍坊。
[2] 阅:经过
[3] 置酒:摆酒宴。

　　左公(懋第)居亲丧,至孝,不出户者三年,拈慎终追远[1]题文,读者无不泣下。一日,县令梦天帝榜其门云:"大孝格天。"又其从弟[2]某家,有狐为祟[3],先生时在京师,家书偶及之。先生复书云:"邪不干正,可善谕遣之。"书未至,一日狐忽语家人云:"公在都谕[4]我使去,我何敢留?"遂无他[5]。公浩然之气,通乎鬼神如此。(《池北偶谈》卷七)

[1] 慎终追远:慎重办理父母丧事,虔诚追念远代祖先。语出《论语·学而》:"曾子曰:'慎终追远,民德归厚矣。'"
[2] 从弟:堂弟。
[3] 祟:鬼神、妖物等作怪害人。
[4] 谕:告诉,吩咐。
[5] 无他:无恙,无害。

　　徐庄裕(问)《读书续记》所载名臣六十四人中清古一条云:"王璟,字廷采,山东沂州人。左都御史,为巡抚,坐忤权要免官。后起为吏部侍郎、左都御史。正德末,士大夫当权竖[1]乱政之后,多营私殖[2],政以贿成。公门下不受私谒[3],澹然[4]如布衣[5]时,家无僮仆[6]之奉、田园之适,惟读书课[7]子孙而已。去之日,言官惜而留之。公嘉靖中谥恭靖。近见新修《山东通志》削去公及李襄敏公秉、秦襄毅公纮名不载,因详著于此。(李公谥诸书皆作襄敏。叶秉敬《谥法考》作襄毅。)

　　按:恭靖公一字东皋,成化进士,以清节著闻。擢南台御史,改北,巡视保定诸郡。进光禄寺卿、金都御史,总理两淮盐法。浙东大饥,被命赈济,所全活四十万人。巡抚保定,乞罢皇庄[8]以甦[9]民困,孝宗嘉纳[10]之。正德丙寅,入协理院,事忤逆[11]瑾[12],矫旨[13]罢。瑾诛,起抚山西。时流贼入河东,设险防御,多所斩获。召为吏部侍郎、左都御史,掌院事,风裁[14]清峻[15],朝廷倚重之。嘉靖初,进太子太保,乞归,卒。

公未遇[16]时,肄业[17]琅琊山寺,夜半有巨手自窗入,类人掌而有毛。公取朱笔书一山字于上,怪哀号乞免,且言:"公贵人,异日[18]当至都宪。"公复援笔书一山字于下,怪乃得出。公为诸生,与友人胡某同读书别业。夏夜,胡每苦热,公辄言凉,因易地[19]而寝,胡觉清风徐来,都[20]忘炎暑。忽闻有人语曰:"此非王都宪,乃胡教官耳。"叱之不见,遗二莲叶于榻前。

公赴省试,在途为雨阻三日。逆旅[21]主人子妇[22]为狐所祟,忽三日不至,问之曰:"王公在此,故不敢耳。"比公归,主人以告,求为除之。公书"王璟在此"四字,令置壁上。狐遂绝迹[23]。

公诸生时,夜读书,有嫌家[24]持枪隔窗刺之,公走避[25]得免,月下窥知为某,阅[26]三十余年,未尝告人。公后显贵,其人以俵马[27]差累,求救于公,公略无难色[28]。但笑曰:"某日夜若刺我死,谁当救汝,此后慎勿害人。"其人感泣谢罪。其厚德如此。(《池北偶谈》卷八)

[1] 权竖:有权势的宦官。

[2] 私殖:个人财产。

[3] 私谒:因私事而求见,托关系。

[4] 澹然:即"淡然",淡泊。

[5] 布衣:平民百姓。

[6] 僮仆:奴仆,仆人。

[7] 课:督促。

[8] 皇庄:明清时由皇室直辖的庄田。

[9] 甦:免除,解脱。

[10] 嘉纳:赞许并采纳。

[11] 忤逆:冒犯,违抗。

[12] 瑾:指刘瑾,明朝宦官,为明武宗所宠幸,与马永成、谷大用等八人号称"八虎",擅政专权,最终被凌迟处死。

[13] 矫旨:假托帝王诏命。

[14] 风裁:风纪。

[15] 清峻:公正严明。

[16] 未遇：没有得到赏识和重用。

[17] 肄(yì)业：修习课业。肄，学习。

[18] 异日：以后，将来。

[19] 易地：互换地方。

[20] 都：完全。

[21] 逆旅：客舍，旅馆。

[22] 子妇：儿媳妇。

[23] 绝迹：消失，不见踪迹。

[24] 嫌家：心怀怨恨的人。

[25] 走避：躲避。

[26] 阅：经过。

[27] 俵马：明代的一种杂役，指官府将官马分派给民户饲养，过一段时期后由官府进行验收。

[28] 略无难色：毫无为难之色。

　　先始祖妣初夫人，诸城人，年始笄[1]，一日，忽为大风吹至新城之曹村。时始祖琅琊公[2]，方为某大姓[3]佣作[4]，未婚，遂作合[5]焉。三世至颍川公[6]，而读书仕官。四世至太仆公[7]，始大其门。二百年来，科甲蝉连不绝，皆祖妣所出也。万历中，吴门伍袁萃著《林居漫录》记其事。后嘉兴贺灿然作《漫录驳正》于此条下云："王氏之兴，必有阴德，此类语怪。"云云。不知此事乃实录[8]也。

　　又，先司徒公[9]万历间以终养告归[10]，旧有抚楚时铜瓜二，命工熔之，忽成峰峦洞壑之状，及南极老人、西王母、八仙之形，无不酷肖[11]。是日，先高祖[12]妣一品刘太夫人九十寿辰也，观者皆悚异[13]。此事载朱平涵相国（国桢）《涌幢小品》中。（伍以王氏发祥于司徒公，而不云太仆公，则误也。太仆公登嘉靖辛丑进士，司徒公登嘉靖壬戌进士，谓司徒公登丁未进士，亦误。朱公《小品》又记先太师公宣大出粟事，谓推之九边皆可行。然谓为王见庵中丞，误也。先司徒公别字见峰，太师公别字霁宇，朱笔误耳。）（《池北偶谈》卷十）

[1] 笄：指女子十五岁，此时女子要盘发插笄，代表已成年。
[2] 琅琊公：指王氏始祖王贵。
[3] 大姓：世家大族。

[4] 佣作:被雇佣为别人工作。

[5] 作合:男女结为夫妻。

[6] 颍川公:指王氏三世祖王麟,曾任颍川王府教授,故称颍川公。

[7] 太仆公:指王氏四世祖王重光,嘉靖二十年(1541)进士,官至贵州布政使参议,卒赠太仆寺少卿。

[8] 实录:根据实际情况记录下来。

[9] 先司徒公:指王士禛的曾祖王之垣。

[10] 告归:官员告老还乡。

[11] 酷肖:非常相像。

[12] 高祖:指王重光,王士禛的高祖。

[13] 悚异:惊异。

宋宪使荔裳(琬)[1]幼失恃[2],每忆母夫人形容[3],辄泣下。吴门某生者,自言有术能追写真[4],人殁数十年,皆可得其神似。乃令设坛净室中,自书符咒,三日,陈丹青纸笔,令宋礼拜,出,扃鐍[5]其户,戒毋哗。比夜,忽闻屋瓦有声,已夜分,闻掷笔于地铿然,屋瓦复有声。生乃开户,引视之,灯烛荧然,丹青纵横,笔落地上,而纸仍缄封[6]未启。启视,则像已就[7],宛然如生,宋捧持悲泣,重酬之。生云,过六十年则不复可追也。苏谷原《逌斿琐言》云,澶渊宋金宪敬夫,幼失怙[8],不识父形容,请方海山人貌之,持归家,母夫人视之如生,悲不自胜。世或有此理耳。(《池北偶谈》卷二十)

[1] 宋宪使荔裳:即宋琬,清山东莱阳人,字玉叔,号荔裳。顺治四年(1647)进士。授户部主事,累迁浙江按察使。与施润章齐名,称"南施北宋"。著有《安雅堂集》。

[2] 失恃:丧母。

[3] 形容:容貌,模样。

[4] 写真:画人的真容。

[5] 扃鐍:锁闭。

[6] 缄封:封口,封闭。

[7] 就:完成。

[8] 失怙:丧父。

济宁陈益修,字玉筥,恂恂[1]君子也。明崇祯末,济宁有回回[2]杨生花等,素豪猾[3],武断[4]乡里。一旦欲毁关壮缪[5]祠庙,拓其居廛[6]。陈号召诸生,鸣于官,惩首事[7]者,庙得以存。及鼎革之际,生花挟旧憾[8],帅其党,邀陈于天井闸,箠之濒死,仍以刀刓[9]其睛啖之,以矿灰实目眶,弃诸野外。家人舁[10]归,谓必无生理[11]矣。至夜,陈昏愦[12]中见绿衣神人强之以酒,外青内白,痛稍差[13]。次夜,复见一神人,以手击其脑后,目中血出如注,痛良已[14]。又次夜,见一老妪,食以杏李,又以羊眼盈把[15],令口吸之。比觉[16],双瞳炯然[17]矣。生花及其侄朴,乘乱为盗,族诛,去陈事才八月也。陈乙酉与弟尚谦同举省试,丙戌登第[18],官贵池知县,仕至户部主事,予在京师见之。(《池北偶谈》卷二十)

[1] 恂恂:温和恭谨的样子。

[2] 回回:回族。

[3] 豪猾:强横狡猾而不守法纪。

[4] 武断:凭借势力独断专行。

[5] 关壮缪:指关羽,壮缪为其封号。

[6] 居廛:所居住的屋宅。

[7] 首事:起事,首先闹事。

[8] 旧憾:旧恨。

[9] 刓(wán):削,挖。

[10] 舁(yú):抬。

[11] 生理:生存的希望。

[12] 昏愦:昏迷,神志不清。

[13] 稍差(chài):稍微恢复一些。差,后作"瘥",病愈。

[14] 良已:痊愈。

[15] 盈把:满把,满满一手。

[16] 觉:睡醒。

[17] 炯然:明亮的样子。

[18] 登第:此指考中进士。

同年济宁邵士梅,字峄晖,顺治辛卯举人,登己亥进士。自记前生[1]为栖霞人,姓高,名东海。又其妻某氏,死时自言,当三世[2]为夫妇,再世[3]当生馆陶董家,所居滨河河曲第三家,君异时[4]官罢后,独寓萧寺[5]翻佛经时,访我于此。后谒选[6]得登州府教授,一日檄署栖霞教谕,暇日访东海故居,已不存。求得其孙某,为置田宅。已而迁吴江知县,谢病[7]归,殊无聊赖[8]。有同年知[9]馆陶县,因访之,馆[10]于萧寺。寺有藏经一部,寂寥中取阅之,忽忆妻语,随沿河觅之,果得董姓者于河曲第三家。家有女未字[11],邵告以故,且求县宰纵臾[12],遂娶焉。后十余年,董病且死,与邵诀曰:此去当生襄阳王氏,所居滨江门前有二柳树,君几年后访我于此,与君当再合[13],生二子。邵记其言,康熙己未在京师时,屡为予及同年傅侍御彤臣(宸)、潘吏部陈伏(飏言)言之。(《池北偶谈》卷二十四)

[1] 前生:前世。

[2] 三世:佛教认为过去、现在、未来为三世。

[3] 再世:再出世,重生。

[4] 异时:以后。

[5] 萧寺:指佛寺。

[6] 谒选:官员赴吏部应选。

[7] 谢病:推托有病。

[8] 聊赖:依赖,寄托。

[9] 知:掌管。

[10] 馆:居住,住宿。

[11] 未字:未嫁,女子尚未许配。

[12] 纵臾:怂恿,鼓动别人做某事。

[13] 合:结为夫妻。

　　先考功西樵[1],于癸丑七月廿二日以哭先淑人不起[2]。属纩[3]时,口鼻中作栴檀[4]、莲花、兰蕙种种异香,凡三日夜。益都高木王(梓),予从姊[5]之夫,孝友忠信人也,以康熙甲寅春捐馆[6],病革[7]时,体中亦有异香。此皆予闻见最确者。(《池北偶谈》卷二十一)

[1] 西樵:指王士禄,清山东新城人,字子底,号西樵山人,王士禛的长兄。顺治九年(1652)进士,授莱州府教授,迁国子监助教,擢吏部考功员外郎。诗集有《表微堂诗刻》《十笏草堂诗选》《辛甲集》等。

[2] 不起：生病不能痊愈。

[3] 属纩（kuàng）：临终。

[4] 栴檀：檀香，木材极香，可制器具、香料，亦可入药。

[5] 从姊：堂姐。

[6] 捐馆：死的委婉说法。

[7] 病革：病危。

　　莱阳沈石兄名迅[1]，明崇祯辛未进士，官给事中，鼎革后家居[2]。一日，其佣奴[3]锄田，见禾叶上皆有篆书，如虫蚀者，其文曰："沈迅死。"是年沈祸作，举家自焚。（《池北偶谈》卷二十一）

[1] 迅：沈迅，明山东莱阳人。崇祯四年（1631）进士，曾任新城知县、蠡县知县、刑部主事、兵科给事中、南京国子监博士等职，后辞官还乡。清兵入关，沈迅筑寨抗清，全家自尽殉难。

[2] 家居：辞官在家。

[3] 佣奴：佣人。

　　仓颉祠墓[1]，在寿光县城西门濒河。刘文和公（珝）[2]，县人也，幼时读书外塾，每往返涉水，辄有白须老人负之，久之，问何人？答曰："我仓颉所遣送迎公者，他日富贵毋相忘。"公既贵，后谒仓颉祠，有侍者形容[3]宛如所见，遂新其祠墓云。（《池北偶谈》卷二十二）

[1] 祠墓：祠堂和坟墓。

[2] 刘文和公：即刘珝，明山东寿光人，字叔温，号古直。正统十三年（1448）进士，官至太子太保、谨身殿大学士。文和为其谥号。

[3] 形容：外貌，样子。

　　赵浮山（作舟），登州大嵩卫人[1]，顺治甲午领解[2]，乙未公车[3]入京师，居汾阳馆。馆中厅事[4]有武安王[5]神像，赵居其侧，偶狎[6]一妓。其父赵翁曾官通判,里居,放榜之夕,忽梦入一大城,有伟丈夫自委巷[7]出,揖翁问曰:"君非赵某耶?"曰:"是也。"曰:"吾潘姓,关帝下直日功曹[8]也。尔子本应今科高第[9]入翰林,以近日得罪神明,奏闻上帝,且降罚矣。"顷之,鼓乐驺从[10]骈阗[11]而至,有神人峨冠盛服,手黄纸,功曹亟指示曰:"旨下矣,可俯伏听之。"翁如言,窃视纸上,则大书"赵作舟"三字,以朱笔勒之。功曹曰:"君可去矣。郎君罪止罚科[12]耳。"作舟既下第[13]归,入门,翁诘[14]其故,且具述梦中所见,作舟悚然[15]。后蹭蹬[16]公车者二十四年,署东平州学正,康熙己未始登第[17],改翰林院庶吉士。亲述其事如此。(《池北偶谈》卷二十二)

[1] 大嵩卫:今山东海阳。
[2] 领解:乡试中举。
[3] 公车:指举人进京应试。
[4] 厅事:厅堂。
[5] 武安王:指关羽,武安王为其封号。
[6] 狎:亲近嬉戏,不庄重。
[7] 委巷:偏僻的小巷。
[8] 直日功曹:道教神仙名,负责考察记录人的功过是非。
[9] 高第:科举中式,考中。
[10] 驺从:骑马的侍从。
[11] 骈(pián)阗(tián):聚集,罗列。
[12] 罚科:科举时代对犯规者废止其考试资格的一种处分。
[13] 下第:科举考试没有考中。
[14] 诘:责问。
[15] 悚然:恐惧的样子。
[16] 蹭蹬:困顿,失意。
[17] 登第:此指考中进士。

　　王玙似,字鲁珍,益都[1]诸生也。康熙元年,省[2]父保宁太守玉生(字稚昆),归次[3]凤翔横水[4]西,迷失道。时方五月,喝[5]甚,遥见山麓屋宇,隐隐出林表,策马赴之,可五六里。至则古木参天,藤蔓纠结,渐入阴翳,不见曦景[6]。狖伏鼠窜,栖鹘磔磔[7],惊起丛薄[8]间,心悸欲返。更误入败垣北,得一亭,蒿藜[9]没径,阒无人迹[10]，系马阶楹，转入东北隅，有堂巍然。堂后素壁[11]上题诗，灭没[12]不完，有云："残魂摇远梦，弱骨冷空山。"又云："金刀断织韩香事，千载衔冤泣月明。"方吟讽然疑之顷，忽墙下窸窣[13]有声，一巨蛇出草间，拔刃逐之，乃引至别院[14]。一室类祠庙，室中有塑像绿衣少年，衣冠甚古。室东西正黑如夜，西北隅微茫[15]，有物如床几，不敢近，稍以刃穴坏牖土石视之，天光穿漏[16]，则一败枢耳。睇其中，丰鬓纤足，女子也。虽衣花成土，而依稀可辨，胸压匕首，剪刀出其左胁。忆壁间诗，殆以此，因以土覆其身而出。比[17]纡回[18]出林木，日已将夕，僮仆方彷徨道左，乃觅路东行。恍忽见一女子，拊心[19]倒行马前，既而形随目瞬，化身百千。投逆旅[20]假寐[21]，梦女子来云："荷君厚意，后十三年再得相见。"比觉，问店主人，云："郑刺史祠也。闯寇已来，久为豺虎之窟，欲焚其处而未果也。"然十三年后，竟无所遇云（王生，予门人）。（《池北偶谈》卷二十三）

[1] 益都：旧县名，明清时为山东青州府治。

[2] 省：探望。

[3] 次：停歇。

[4] 凤翔横水：今陕西省宝鸡市凤翔县横水镇。

[5] 暍（yē）：热。

[6] 曦景：阳光。

[7] 磔磔（zhé）：鸟叫声。

[8] 丛薄：茂密的草丛。

[9] 蒿藜：杂草。

[10] 阒（qù）无人迹：没有一个人。阒，寂静。

[11] 素壁：白色的墙壁。

[12] 灭没：隐没，看不清。

[13] 窸（xī）窣（sū）：指细小的声音。

[14] 别院：偏院，正宅之外的宅院。

[15] 微茫：隐隐约约。

[16] 穿漏：穿透。

[17] 比：等到。

[18] 纡回：曲折回绕。

[19] 拊心：拍打胸部，以表示哀愤。

[20] 逆旅：旅馆。

[21] 假寐:不脱衣服小睡。

益都孙文定公(廷铨),世居颜神镇。为童子时,常五鼓入塾,道遇一长人[1]如方相[2]状,目睢盱[3]可畏,直前欲搏之。公方悚惧,自觉身骤长与之等,且搏且却[4],至孝水西岸玉皇宫,其物忽不见。公又常读书斋中,有狐贻[5]金豆数枚而去,其家有金豆山房,至今存焉。(《池北偶谈》卷二十四)

[1] 长人:身材高的人。
[2] 方相:传说中驱除疫鬼精怪的神灵。
[3] 睢(huī)盱(xū):睁眼仰视的样子。
[4] 却:退。
[5] 贻:赠送。

文登人赛从俭[1],卜地葬亲于黄山。南有邻某者,阴[2]图其地,夜遗地主金,老妪赴茔[3],忽迷失道,有二童子执炬前曰:"妪欲往赛氏茔乎?吾为妪导。"中途谓曰:"此地诚善,但汝家不能有。赛氏当世科第,天启之也。"言已忽不见。妪乃在海港中,及觅路至茔所,则既葬矣。妪悔,述其故。从俭曰:汝言果[4]不妄[5],吾子孙有仕宦者,即以十金为赠,书其言于券末。后从俭知三河县,子孙多仕郡县,皆不负约[6]。康熙丙午元旦五更时,近村人遥见茔前有二炬绕行,曾孙玉纮[7]以是秋举[8]乡试,明年登第。己酉元旦复然,玉纮子璋[9]以是秋举乡试,明年登第。(《池北偶谈》卷二十四)

[1] 赛从俭:明山东文登人,号时庵。世袭靖海镇抚,赛文俭以文学起家,官三河知县。
[2] 阴:暗地里。
[3] 茔:坟地。
[4] 果:如果,假如。
[5] 不妄:不虚妄,真实。
[6] 负约:违背诺言。
[7] 玉纮:赛玉纮,字冠夫,号勺海,为赛从俭次子赛维垣之孙。康熙六年(1667)

进士,著有《慵斋文集》。

[8] 举:考中。

[9] 璋:赛璋,赛玉纮的儿子。康熙九年(1670)进士,授广昌知县、户部正郎。

天启^[1]中,文登生员^[2]刘大成以儒医^[3]耆德^[4]为乡党所推,董^[5]修学宫^[6]。凿泮池^[7],得一石函,启之,有女骼钗钏,为徙瘗^[8]北城隍上。次日,复得一瓶,中贮竹浆,外勒^[9]八语云:"浜人花母,刘支竹浆,一匕济人,广嗣功长,南文焕发,北屋城隍,妥予之灵。"云云。自后刘以竹浆施病者,辄愈。享年八十余,生六子,诸孙科第^[10]甚众。(《池北偶谈》卷二十四)

[1] 天启:明熹宗朱由校的年号(1621—1627)。

[2] 生员:指通过本省各级考试而进入府、州、县学读书的人,通称秀才。

[3] 儒医:读书人出身的医生。

[4] 耆德:年长而德高之人。

[5] 董:督查,监督。

[6] 学宫:学校。

[7] 泮池:学宫前的水池。

[8] 徙瘗(yì):即迁墓,迁移坟墓。瘗,坟墓。

[9] 勒:刻。

[10] 科第:科举考试及第。

万历壬子,山东乡试,济南童谣云:"三人两小,太阳离岛。"是科解元^[1]乃长山徐海曙日升也。又某科有童谣云:"山佳木,一旦挑。上天差我送羊角。"是科解元,平度崔桓也。康熙庚子,又有童谣云:"一裹针,三条丝。"是科解元,新城李嗣真,解副^[2]益都高三思也。天启辛酉,朱纯领解^[3],亦有"一牛两尾"之谣。(《池北偶谈》卷二十四)

[1] 解元:乡试第一名。

[2] 解副:乡试第二名。

[3] 领解:指乡试中举。

顺治甲午，有某生者应试济南，濒[1]入闱[2]，其仆忽死，但胸前微暖。及出闱[3]，仆忽蹶然[4]而起，生问之云："适随主人入棘闱[5]，见号舍[6]有红黄二色旗，主人所居之舍则红旗也。"生喜曰："果尔[7]，当娶某氏女妻汝。"仆难之，生曰："吾既为孝廉[8]，何虑彼不嫁其女乎？"既入二场，其仆又死如前，比[9]出复苏，连呼"可惜可惜"。生急问之曰："主人已中解额[10]，因昨日一言，今易莱阳赵廷鑪矣。"生然疑且半[11]，私心[12]悔之。及榜发，榜尾[13]一人，即莱阳赵廷鑪也。（《池北偶谈》卷二十四）

[1] 濒：临近。

[2] 入闱：进入考场。

[3] 出闱：离开考场。

[4] 蹶然：迅速起来的样子。

[5] 棘闱：指考场。

[6] 号舍：科举考场中考生答卷和食宿的地方，每人一小间，每间有编号。

[7] 果尔：果真这样。

[8] 孝廉：明清时对举人的称呼。

[9] 比：等到。

[10] 解额：朝廷分配给各乡试地区的录取名额。

[11] 然疑且半：半信半疑。

[12] 私心：内心。

[13] 榜尾：榜上公布名单中的末位。

万历壬子，山东乡试，济南西郭有单叟者，梦人告曰，今科解元[1]徐日升也。明日，见一士人徒行西来，衣敝履穿[2]，彷徨市中。叟试叩[3]之，云东昌人，徐姓；叩其名，即日升也。叟大惊异曰：君必解元，但留茆舍[4]，一切饮食洎[5]场屋之费，吾皆任[6]之；他日富贵，毋相忘耳。徐惊喜不胜，及榜发，竟落第[7]。领解则长山徐日升海曙[8]也，后累官金事。（《池北偶谈》卷二十五）

[1] 解元：乡试第一名。

[2] 穿：破败。

[3] 叩：询问。

[4] 茆舍:即"茅舍",用茅草搭建的房屋。 茆,通"茅"。

[5] 洎(jì):连词,表连接,相当于"与"。

[6] 任:承担。

[7] 落第:科举考试没有考中。

[8] 徐日升海曙:徐日升,明山东长山人,字孟明,号海曙。万历四十年(1612)举人,官至云南司郎中、通州兵备道佥事。

山东济宁有妇人,年四十余,寡数年矣,忽生阳道[1],日与其子妇[2]狎[3]。久之,其子鸣[4]于官,以事属怪异,律无明文[5],乃令闭置[6]空室中,给其饮食。戊午年事也。(《池北偶谈》卷二十五)

[1] 阳道:指男性生殖器。

[2] 子妇:儿媳妇。

[3] 狎:亲近而不庄重。

[4] 鸣:申告,申诉。

[5] 明文:公开发布的法令。

[6] 闭置:关押,紧闭。

新城[1]诸生李学颜,闱[2]后于历下候榜[3],夜梦有人告云:"君名在第十八。"觉而喜甚。榜将发,行过藩司街,旧例,自领解以下皆有官马[4]候赴鹿鸣宴[5],会按名雁行[6]排列。李径[7]至第十八匹前,抚之曰:"明日即乘汝矣。"顾视圉人[8],腰间有小牌,书名乃李学颜也。大恶之,果落第。(《池北偶谈》卷二十六)

[1] 新城:今山东桓台。

[2] 闱:科举时代对考场的称谓,这里指乡试,一般在各省省城举行。

[3] 候榜:等候放榜,即等待公布录取名单。

[4] 官马:官府供给或饲养的马。

[5] 鹿鸣宴:乡试放榜后,宴请主考、执事人员及新举人,宴会上歌《诗经》中《鹿鸣》篇,作魁星舞,故称"鹿鸣宴"。

[6] 雁行：排列整齐而有次序。

[7] 径：直接。

[8] 圉人：养马的人。

　　康熙己巳春正月，予同衍圣孔公翌辰（毓圻）、大学士李公邺园（之芳）、兵部侍郎孙公祚庭（光祀）送圣驾于济南府西之干石桥。见历城耆民[1]刘子全者，年八十五矣，尚矍铄。自云：生母魏氏，年百有三岁，尚在；一姑嫁郭氏，年百有七岁；一姑嫁夏氏，年九十有八。子全有五子十三孙，家药山下，子孙有为诸生者，群叹异之。又闻章丘堪舆[2]聂翁言，曾游巨野县[3]，至李家集，见一老妪[4]年百四十七岁，尚能纺绩[5]，忘其姓氏。（《池北偶谈》卷二十六）

[1] 耆民：年高有德之民。

[2] 堪舆：专门看风水的人，俗称"风水先生"。

[3] 巨野县：今属山东菏泽。

[4] 老妪：老妇。

[5] 纺绩：纺纱。

　　淄川王某，大理卿筠苍公[1]曾孙也。康熙己巳上元日，游颜神镇[2]城隍庙，时方卓午[3]，遇一老叟，持古砚自庙中出。王曰："粥[4]乎？"叟曰："适已粥之矣。家尚有一砚，与此类。明日幸过访[5]，当以相赠，不须价也。"且告以家在某村，正王归路必经处。翌日，如言访之，至村外一林墓侧，有茅舍，叟已候门。见王曰："渴乎？有浆可饮。但所居湫隘[6]，不敢延入[7]，君候于此。饮毕，当出砚相赠耳。"少选[8]，出浆饮之，饮甫毕，王遂发狂奔走，直上山巅，虽涧壑荆棘不避。遇樵人数辈识之，舁[9]归其家，迷不知人。卧病数月始愈。（《池北偶谈》卷二十六）

[1] 筠苍公：指王孟震，明山东淄川人，字筠苍。万历二十三年（1595）进士，官至通政使司左通政。后因得罪魏忠贤而被革职。

[2] 颜神镇：今山东淄博博山区。

[3] 卓午：正午。

[4] 粥：同"鬻"，卖。

[5] 过访：登门访问。

[6] 湫(jiǎo)隘：低洼狭窄。湫，地势低下。

[7] 延入：引入，请进。

[8] 少选：不久，一会儿。

[9] 舁：抬。

康熙二十一年，新城大水，城不没者三版[1]。先高祖太仆公[2]忠勤祠在南郭外，水已及阶，势将入堂室[3]，司[4]香火者张应祥晨往视水，见一神人朝冠朱衣南面立，水竟不入。（《池北偶谈》卷二十六）

[1] 版：古代城墙的计量单位，一版高二尺。

[2] 太仆公：指王重光，王士禛的高祖。

[3] 堂室：厅堂和内室。

[4] 司：负责，掌管。

安丘明经[1]张某常昼寝，忽一小人自心头出，身才半尺许，儒衣儒冠，如伶人[2]结束[3]。唱昆曲，音节殊可听，说白[4]自道，名贯[5]一与己合，所唱节末[6]，皆其平生所经历。四折[7]既毕，诵诗而没。张能忆其梗概，为人述之。（《池北偶谈》卷二十六）

[1] 明经：明清对贡生的尊称。

[2] 伶人：乐工。

[3] 结束：装束。

[4] 说白：戏曲中唱词以外的台词。

[5] 名贯：姓名和籍贯。

[6] 节末：情节本末。

[7] 折：戏曲名词，元、明杂剧剧本中的一个段落，相当于现代话剧中的一幕或一
    场。杂剧每剧一般为四折。

施愚山（闰章）[1] 在济南时，为沧溟先生[2] 作墓碑文，且为立后[3] 奉祀。一夕梦三丈夫峨冠朱衣来谒，一白髯者南面坐，苍髯次之，末坐者尤奇伟[4]。旦日[5] 拜墓下，则三墓累累相次[6]，问其裔孙[7] 云，先生祖父三世葬此。始悟苍白髯者，先生之祖父也。愚山适将往南山购石，见墓道间有石仆[8] 地，磨砻[9] 如新，遂刻己文。此事与《研北杂志》所载稽侍中谢赵子昂书庙额事正相类。（《池北偶谈》卷二十六）

[1] 施愚山：明末清初江南宣城人，字尚白，号愚山。顺治六年（1649）进士，曾任刑部主事、山东提学佥事、江西布政司参议、翰林院侍讲、侍读等职。著有《学余堂文集》《双溪诗文集》《矩斋杂记》《蠖斋诗话》等。

[2] 沧溟先生：即李攀龙，明山东历城人，字于鳞，号沧溟。嘉靖二十三年（1544）进士，授刑部广东司主事，擢陕西提学副使，累迁河南按察使。为"后七子"的领袖人物，著有《李沧溟集》《古今诗删》等。

[3] 立后：立嗣。

[4] 奇伟：奇异不凡。

[5] 旦日：第二天。

[6] 累累相次：相继排列。

[7] 裔孙：远代子孙。

[8] 仆：倾倒。

[9] 磨砻（lóng）：磨治，打磨。

魏侍郎昭华（琯）[1]，寿光人，尝以御史巡按甘肃。至一驿，甚荒阒[2]。驿丞言有怪异，不可居。魏强之，稍令扫除，命从行吏役数十人宿门屏间，而自据一榻于堂上[3]，枕剑而寝。时月色皎甚，三更后树叶骤响如雨，久之，闻东庑[4] 噂沓[5]，似数十人偶语者。俄见一人绿衣，幞头[6]，长尺许，趋树下。又有朱衣、紫衣、青衣数十辈继之，长皆尺许。又久之，众细语推让，移时，倏见绿衣出，趋至阶下，鞠躬而揖者三，复趋树下。朱衣、紫衣辈以次趋上，揖如前。既毕，魏大呼从者，众闻人声，复急趋东庑，寂然矣。魏手剑[7] 命炬，兵士皆握刀从庑后迹[8] 之，瓦砾纵横，蓬蒿蒙翳[9]，阒无人迹。至堂偏一小室，有人语声切切然，辟[10] 户，则积尘盈寸，更无所睹。尘中有一印，篆文曰"巡按辽东"，不喻所谓，候晓乃行。后历官兵部督捕右侍郎，以言事谪戍辽东云。魏少司马赴辽东戍所，未至奉天二三百里，夜迷失道,束炬而行。忽见道侧有一人影,模糊不甚可辨。方遣问而炬忽灭,但闻暗中有人语曰:"本境土地迎候。"魏停车问曰:"何以知吾至也?"答曰:"公贵人也,又以直言谴,故知之。"魏曰:"若亦神祇,宁知吾有生还之日乎?"曰:"有之,第[11]当从后门入耳。"再询之,遂不答。后竟卒戌所[12],顺治十八年春诏许归葬其乡。(《居易录》卷五)

[1] 魏侍郎昭华:即魏琯,明末清初山东寿光人,字昭华。明崇祯十年(1637)进士,官御史。清顺治时迁大理寺卿,后被贬谪。

[2] 荒闃:荒凉无人。

[3] 堂上:正厅。

[4] 东庑:正房东边的廊屋。

[5] 嘈沓:言语嘈杂。

[6] 幞头:古代的一种头巾。

[7] 手剑:持剑。

[8] 迹:追寻,追踪。

[9] 蒙翳:遮蔽覆盖。

[10] 辟:打开

[11] 第:只。

[12] 戌所:官员谪戍所住的地方。

康熙三十八年,青州议修葺府学[1],青属十四州县分任之,而总司于府学训某。某多侵渔[2]木石,久不讫工[3]。一日忽得狂疾,搏颡[4]大呼子路[5]击之,跪拜祈哀,号呼宛转[6],数日竟死。(《居易录》卷三十二)

[1] 府学:古代官学的一种,由府一级设立。

[2] 侵渔:从中侵吞牟利。

[3] 讫工:完工,竣工。

[4] 搏颡:犹"搏颡",叩头。

[5] 子路:仲由,春秋时鲁国人,字子路。孔子的弟子。

[6] 宛转:指身体不断翻转。

益都孙文定公(廷铨)为诸生时数有异征,一日,天未明,自家赴塾,过大街西关(街名)见一人负簷[1]而立,长过于檐,无他径趋避[2],其怪忽直前捽[3]之。文定急奔溪西凤山玉皇宫,怪物亦涉水随至。文定方皇遽[4]无计,忽自觉身骤长。与之相等,乃手搏之,怪物错愕[5]逃去。又常读书家塾,有狐夜遗金豆十余枚,后既贵,人称金豆孙家。公顺治中历官[6]吏、户、兵三部尚书,康熙元年拜相。(《分甘余话》卷二)

[1] 负簷:背靠屋檐。簷,同"檐"。

[2] 趋避:躲避。

[3] 捽(zuó):揪,抓。

[4] 皇遽:惊恐。"皇",通"惶"。

[5] 错愕:仓促间感到惊愕。

[6] 历官:先后连任官职。

傅国[1],字鼎卿,别字丹水,临朐人,其父老儒[2]也。少贫,而读书慧甚,里人[3]感异梦,以女妻之。无居以娶,某广文者,捐庙堧[4]隙地,筑一室为娶焉。尝适市为妻市布作衣襦,恐其绐[5]己,令尺剪而酬其直。弱冠乡举[6],怒一妓不时至,械其手令歌,不中节[7]辄笞之。成进士,由通许令入户部为郎,督饷辽东。罢归,卜筑[8]云黄山[9]中,以石为门,望之如墟墓间物。自作传刻两扉上,中作一楼,名凝远,聚书万卷。每春时出游,乘肩舆[10],去襜帷[11],进贤冠[12],朱衣束带,遍历村墅[13]。以其女嫁时贫无奁具[14],召之归,盛治奁具,择吉日,令婿亲迎。其任诞[15]如此。甲申鼎革后,足不下楼。一日寇至,积薪焚其楼;遂与图书俱烬。居常[16]为其戚殷生言:"吾右臂时时汗出如滴泉,法当[17]死于火。"至是果然。寿光安致远静子[18]状其逸事。(《古夫于亭杂录》卷五)

[1] 傅国:明山东临朐人,字鼎卿,自号云黄山人。万历四十一年(1613)进士,授河南通许知县,迁户部主事,升员外郎,后削官归里。著有《云黄集》《昌国艅艎》等。

[2] 老儒:年老的学人。

[3] 里人:乡人。

[4] 堧(ruán):指宫庙外或水边等处的空地或田地。

[5] 绐(dài)：欺骗。

[6] 乡举：乡贡、乡试中式。

[7] 中节：合于节奏。

[8] 卜筑：择地建宅，定居。

[9] 云黄山：傅国所居村东有山，天欲雨，必有黄云升腾其上，故名"云黄山"。

[10] 肩舆：即轿子。

[11] 襜帷：车上的帷幕。襜，通"幨"。

[12] 进贤冠：古代朝见皇帝的一种礼帽。

[13] 村墅：村庄。

[14] 奁(lián)具：嫁妆。

[15] 任诞：放任不拘。

[16] 居常：平常，平时。

[17] 法当：应当。

[18] 安致远静子：安致远，清山东寿光人，字静子，号如磐，又号拙石。工诗，著有《安静子集》《吴江旅啸》等。

异象

济南有帝舜祠，在南门之内。癸未春方作醮事[1]，火忽自殿上出，顷刻焚爇[2]殆尽。逾数日，诸当事有事于祠，方就殿址礼拜，阶下舜井水忽溢高数尺，须臾泛滥，急觅舆马[3]而出，竟不终礼而罢，亦异灾也。井水出祠北，流入明湖，至今尚然，不知是何祥[4]也。泰山东岳庙同时亦灾。（《香祖笔记》卷九）

[1] 醮(jiào)事：道士设坛祈祷做法事。

[2] 焚爇(ruò)：焚烧，烧毁。

[3] 舆马：车马。

[4] 祥：吉凶的预兆。

明德藩[1]端王于白云湖（在章丘，亦名刘郎中泊）得一马，鹿形，每宴会，则列于筵前，负八宝盘。崇祯戊寅，马无故自毙，未几[2]，济南陷。（《香祖笔记》卷九）

[1] 德藩：明代自明太祖朱元璋实行宗藩制度，对诸亲王及其后代加以分封。德
　　藩一支出自明英宗朱祁镇，其次子朱见潾被封为德庄王，初建藩德州，后改于
　　济南。

[2] 未几：很快，不久。

　　德州谢生，方山郎中[1]之兄也。尝于城北水次[2]掘得一瓮，色黝而光可以
鉴。舁[3]置于家，忽于黝光中见人影，细审之，具[4]仙佛美人衣冠[5]甲士[6]种
种诸相[7]，须臾变灭，旬日后乃无所睹。（《香祖笔记》卷九）

[1] 方山郎中：即谢重辉，清山东德州人，字千仞，号方山，官至刑部郎中。著有
　　《杏村诗集》。

[2] 次：旁边。

[3] 舁：抬。

[4] 具：全，都。

[5] 衣冠：指官员。

[6] 甲士：士兵。

[7] 诸相：佛教用语，指事物的外在形态。

　　唐熙乙酉五月十八日，大风从西北来，先以黄气，继以赤气，气过而风，昼
晦[1]，大树皆拔。蒲台县[2]之陈化镇，有三人同行，风至，伏田间，及风息，则三
人伏处皆成坟如新筑者，三人者皆死其下。又人家造屋三间初就[3]，忽移置五里
外，梁柱瓦甓[4]如故。此与丁巳五月朔京师之风同。（《香祖笔记》卷十）

[1] 昼晦：白天天色昏暗。

[2] 蒲台县：古县名，清时属山东省武定府，后撤销。

[3] 初就：刚完成。

[4] 甓（pì）：砖。

　　济南趵突泉，地中涌出三尺许，余则方塘漫流[1]，清鉴毛发。康熙庚戌，藩

臬[2]置酒[3]，邀提督杨宫保（捷）[4]，忽大雷雨，龙首入户，泉涌起丈余，水大上。诸公急呼骑，水顷刻及马腹，踣坠[5]而死者数人。从来未有之异也。(《池北偶谈》卷二十)

[1] 漫流：随意流淌。
[2] 藩臬：藩司和臬司，明清时布政使和按察使的并称。
[3] 置酒：摆酒宴。
[4] 杨宫保：即杨捷，明末清初义州人，字元凯。本为明裨将，顺治元年(1644)降清。曾任山东提督。
[5] 踣坠：跌落。踣，跌倒。

宋荔裳（琬）观察[1]说：其乡赵鹏程者，官彰德太守。府库中有一麟，相传明武宗时土人[2]所获，误毙之，以献于官，贮库中。赵任满，欲取之，吏不可。乃断其一胫[3]携归。毛作黄色，纹理如刻画，蹄通明[4]，类黄玉，宋常见之。(《池北偶谈》卷二十)

[1] 宋荔裳观察：即宋琬，清山东莱阳人，字玉叔，号荔裳。顺治四年(1647)进士。授户部主事，累迁浙江按察使。与施润章齐名，称"南施北宋"。著有《安雅堂集》。
[2] 土人：本地人。
[3] 胫：腿。
[4] 通明：非常明亮。

莱人张允恭，明天启壬戌进士，为南阳守。浚[1]河役夫[2]夜宿岸侧，闻桥下每夜有哭声，共伺[3]之，乃一巨鳖，因置铁镬烹之。忽镬中人语曰："勿杀我，我当利汝。"众惧，益烈其火，少顷[4]无所闻，启视之，鳖已死，剖腹得一小人，长数寸许，眉目宛然[5]，以献于守，携之归，识者谓即管子涸泽之精[6]，名曰"庆忌"是也。康熙壬子岁，济南人炰[7]鳖，亦于腹中得小人如回回状，人多见之。(《池北偶谈》卷二十)

[1] 浚(jùn)：疏通。
[2] 役夫：服役的人。
[3] 伺：暗中察看。
[4] 少顷：一会儿。
[5] 宛然：清晰的样子。
[6] 涸泽之精：传说中的水妖。出自《管子•水地》："庆忌者，其状若人，其长四寸，衣黄衣，冠黄冠，戴黄盖，乘小马，好疾驰，以其名呼之，可使千里外一日反报。此涸泽之精也。"
[7] 炰(fǒu)：蒸煮。

　　康熙癸丑，吾邑旱，东山曹村，有鸠千百成群食麦，近羽孽[1]也。(《池北偶谈》卷二十)

[1] 羽孽：禽鸟虫类的异常现象，古人以为是上天对人的警示。

　　益都县[1]颜神镇，康熙辛亥冬，凫雁[2]驾鹅[3]之属以千万计，飞过城中，皆堕地死，远近四山皆满。甲寅春复然。已而相国沚亭孙公(廷铨)[4]薨于私第，公世为镇人。(《池北偶谈》卷二十一)

[1] 益都县：旧县名，明清时为山东青州府治。
[2] 凫雁：野鸭和大雁。
[3] 驾鹅：野鹅。
[4] 沚亭孙公：即孙廷铨，明末清初山东益都人，初名廷铉，字道相，别字沚亭。明崇祯十三年(1640)进士，官至内秘书院大学士。著有《颜山杂记》《南征纪略》等。

　　康熙戊申，予邑北锦秋湖[1]中，冰立如山，高可数丈许，岩洞林峦皆具，千峰万壑，宛转关通[2]，远近走观之。入其中者，如在深山，而表里洞彻[3]类晶玉。旬日[4]始消。(《池北偶谈》卷二十一)

[1] 锦秋湖：今马踏湖一带，位于山东淄博桓台东北部。

[2] 关通：连通。

[3] 洞彻：通透明亮。

[4] 旬日：十天。

邑东北耿氏墓林中，有鸦一只，碧色，饮啄自异，不与群鸦为伍，亦不见其蕃育 [1]，人往往见之。按《唐书》：滕县有群鸟，嗛 [2] 柴为城，中有白乌、碧乌各一。又城东旬召店有白燕二，居民家 [3] 井中。皆康熙十二三年间事。(《池北偶谈》卷二十一)

[1] 蕃育：繁衍，生育后代。

[2] 嗛：同"衔"，用嘴含。

[3] 民家：普通百姓家。

康熙戊申六月十七日戌刻 [1]，山东、江南、浙江、河南诸省，同时地大震，而山东之沂、莒、郯三州县尤甚。郯之马头镇 [2]，死伤数千人，地裂山溃，沙水涌出，水中多有鱼蟹之属。又天鼓 [3] 鸣，钟鼓自鸣。淮北沭阳人白日见一龙腾起，金鳞烂然，时方晴明无云气云。(《池北偶谈》卷二十二)

[1] 戌刻：晚上七点至九点。

[2] 马头镇：今属山东郯城，位于郯城西部。

[3] 天鼓：天神击的鼓，指雷声。

谢郎中方山(重辉) [1] 言：明末德州修河堤，于银瓦寺前地中得古镜一，规制 [2] 甚小，照见隔城楼阁塔寺、人物往来，纤毫 [3] 毕具。寺僧深匿之，今亡。(《池北偶谈》卷二十二)

[1] 谢郎中方山：即谢重辉，清山东德州人，字千仞，号方山，官至刑部郎中。著有《杏村诗集》。

[2] 规制：规模形制。

[3] 纤毫：形容非常细微。

康熙二十四年，长山[1] 一废寺，有池水，忽大溢。众往视之，有物如牛，伏池中，人不敢逼[2]。次年，邹平郭庄居民院中井鸣如牛吼，水忽上溢，祭之乃止。（《池北偶谈》卷二十四）

[1] 长山：古县名，明清时属济南府，后撤销。

[2] 逼：靠近。

长白山醴泉寺，即范文正公读书处，祠在佛殿东偏。康熙间，秋霖[1] 浃旬[2]，祠上漏下湿，公像独不沾濡[3]。寺僧疑而窃窥之，有大鸟张两翼，翼上有火光，正覆其上。天霁[4]，遂失所在。（《池北偶谈》卷二十四）

[1] 秋霖：秋雨。

[2] 浃旬：十天。

[3] 沾濡：沾湿，浸湿。

[4] 霁：天气放晴。

济南府学[1] 文昌阁，有二鹳巢其上。一日翔西郊，为一军士射中其胫[2]。此鹳每带箭出入，人皆见之。偶中丞阅军，将士皆集辕门，此军方负[3] 墙立，鹳忽飞翔其上，矢坠焉。军士异而取之，俄[4] 觉耳中痒不可忍，试以箭镞[5] 搔之，墙忽压焉。镞深入不可出。军士叹曰：此鹳报怨也，吾其死矣。数日果死。（《池北偶谈》卷二十四）

[1] 府学：古代官学的一种，一般由府一级设立。

[2] 胫：指鸟兽的腿。

[3] 负：背靠。

[4] 俄：突然间。

[5] 箭镞:箭头上的金属尖物。

康熙壬子岁,吾邑李醝副仲嘿(鸿雷)[1]家,日正午,忽有一物蜿蜒数尺,鳞鬣[2]可畏,遍体如金色,烂然夺目。自院中入所居之室,已,复出,形渐长大,知其龙也。忽云雾滃然[3]如烟云,庭中晦冥[4],遂不见。伊中丞翁庵(辟)[5]云。(《池北偶谈》卷二十四)

[1] 李醝副仲嘿:即李鸿雷,明末清初山东新城人,字仲默("嘿"同"默"),号锦秋。明崇祯十五年(1642)举人,清顺治时曾任随州知州、顺天府治中、两浙盐运司运副等职。
[2] 鳞鬣:龙的鳞片和鬣毛。
[3] 滃然:云气涌起弥漫的样子。
[4] 晦冥:昏暗。
[5] 伊中丞翁庵:即伊辟,清山东新城人,字卢源,别字翁庵。顺治十二年(1655)进士,官御史,巡按山西,后累擢云南巡抚。

郯城东南有台,垒石为之,甚峻而坚,乡人传为钓台。或云大禹凿羽山,通沭水,作此台以镇水,俗又呼为镇水台。明世宗时,一县令毁台取石,及其半,有大石板,下有一巨荷叶,尚鲜好[1],有古剑尺余,压其上。下则一水泓然[2],池中二鱼,鼓鬣[3]游泳。令竟放鱼于河,置剑于库而毁之。自是郯罹[4]水患,遂迁今治[5]。黄给事(六鸿)说,黄尝为郯令。(《池北偶谈》卷二十五)

[1] 鲜好:鲜亮美好。
[2] 泓然:清澈的样子。
[3] 鬣(liè):指鱼颔旁的小鳍。
[4] 罹:遭受。
[5] 治:地方官署所在地。

文登昆嵛山有山市[1],恒在清晨。遥望之,山化为海,惟露一岛。岛外悉波

213

涛弥漫，舟船往来，山下人但觉在雾气中。淄川西焕山亦有山市，每现城郭楼橹林木人马之状，一如蓬莱海市[2]。嘉靖二十一年，县令张其协经山南麓，始见之，烟岚郁丽，移时[3]乃灭。自后往往见之。东郡恩县白马营，茌平马令庄，皆平原，时于雨后见此异，土人谓之地市。《老学庵笔记》云：太原以北，晨行，则烟霭中睹城阙，状如女墙[4]雉堞[5]者，《天官书》所谓气也。（《池北偶谈》卷二十六）

[1] 山市：山中的蜃景，与海市蜃楼相似，因出现在山中，故称"山市"。
[2] 海市：即海市蜃楼。
[3] 移时：过了一会儿。
[4] 女墙：城墙顶上的短墙，建于墙顶内侧。
[5] 雉（zhì）堞（dié）：城墙顶上的短墙，呈凹凸形，建于墙顶外侧。

　　淄川令李（振藻），巩昌人。为诸生时，与友人读书山寺。一日，春雨骤晴，众方讲肄[1]佛殿上，忽闻空中似有物坠于地。旋见有鸟喙鸟爪而翼者，如世所画雷公状，入殿仰视，攫[2]幡幢[3]者再，遂飞而出，霹雳一声，已失所在。孙光禄（宝仍）[4]说。（《居易录》卷五）

[1] 讲肄：讲学。
[2] 攫：抓取。
[3] 幡幢：这里指佛教所用的旌旗。
[4] 孙光禄：即孙宝仍，清山东益都人，字孝勘，号恕斋，孙廷铨之子，官光禄寺署正。

　　癸酉夏，邹平民家妇薛氏者，娠十二月矣，腹中胀痛不可忍，啾啾有声，日渐骨立[1]，临蓐[2]有物蜿蜒而下，则蛇也，凡下二十四，其妇竟无恙。前数年长山黄庄有少年入眢井[3]探雀㲉[4]，得一卵，含置于口，其卵不觉咽下，久之腹中啾啾有声，见肉则吞啖不休，食兼数人。一日之舅家，食肉毕，倦寝。几上有余肉，舅见少年口中一蛇出半身，直向盘中啖肉，急掣[5]之，蛇堕地，须㲰㲰[6]可畏，乃杀之。少年绝而复苏，服药半载始愈。（《居易录》卷二十二）

[1] 骨立：极为消瘦。

[2] 临蓐：临产，分娩。

[3] 眢（yuān）井：废井，干枯的井。眢，井枯无水。

[4] 雀鷇：幼雀。鷇，幼鸟。

[5] 掣：牵拉。

[6] 毿毿（sān）：垂下散乱的样子。

淄川县鸢桥王氏家厩中骡忽与驴语者二日，语终太息[1]曰："子苦将满，吾在此尚须十年，奈何？"此甲戌七月初八日事，长山诸生徐秸说。（《居易录》卷二十七）

[1] 太息：深深地叹息。

顺治癸巳正月十八日夜大风，东昌府[1]恩县祁村陂[2]中冰忽卓立成山，广四丈，高二丈许，峰峦秀拔，溪壑回环，一磴委蛇相属[3]，远近观者日千人。康熙壬子，新城锦秋湖[4]中亦有此异。（《居易录》卷二十七）

[1] 东昌府：明洪武初始置，治所在山东聊城。

[2] 陂：池塘，湖泊。

[3] 委蛇相属：绵延不断。

[4] 锦秋湖：今马踏湖一带，位于山东桓台东北部。

田司寇纶霞（雯）云：德州陈副使宅筑室[1]，掘得一古冢，中有女子髑髅二具，皆无首，首乃范磁为之，鬓发眉目宛然[2]，不知何代物也。又德州赵侍郎宅亦掘得古冢，中有女子髑髅一，枕一磁枕，枕上有杜诗"百宝装腰带"四句。又云：谢青墩相国（升）墓侧地中得一磁瓮，墨色，光可以鉴[3]，因移之第中。一日瓮中现美人影，纤毫毕见[4]，宛然图画。萧侍读韩坡（惟豫）往视之，现一老僧像，杖笠皆具。自是，日往视者甚众，所见鬼神帝释羽流[5]之类，各各不同。月余无所复睹矣。（《居易录》卷二十九）

215

[1] 筑室:建造房屋。

[2] 宛然:真切的样子。

[3] 鉴:照。

[4] 纤毫毕见:极细微的地方都显现出来。

[5] 羽流:道士。

　　康熙四十六年,邑东唐山店^[1]民家有猪生子,人面,眉、目、口、鼻悉具,惟两耳及身则豕也,击杀之。又辕固庄^[2]猪生四子,其二:一人面人身,手足亦如人,惟爪似豕,而两耳则居然豕也。其一人身,手足亦如之,而无首,两耳生肩上。怪而击杀之。同时徐家店^[3]有猪生象,堕地即死。是年六月霆雨^[4],大水害稼。(《古夫于亭杂录》卷四)

[1] 唐山店:今属山东桓台唐山镇。民国二十二年(1933)《重修新城县志》载:"唐山在城东十八里,土埠也,村以山名,上有古冢。"

[2] 辕固庄:今属山东桓台田庄镇。据《山东通志》载:"汉辕固,景帝时人,治东北二十里辕固庄。庄南有辕固冢,冢上有祠,或以为当年之授经台。"

[3] 徐家店:今属山东桓台唐山镇。

[4] 霆雨:连绵的雨。

王重光

先高祖泺川公[1]，登嘉靖辛丑进士，为贵州参议，以王事[2]殁于黔，赠太仆寺少卿。子六人：长赠布政使之翰；次户部左侍郎赠尚书讳之垣，即先曾祖也；次户部员外郎之辅；次淮安府同知之城；次浙江按察使之猷；次高阳知县之栋。公教诸子最严，家训云：所存者必皆道义之心，非道义之心，勿汝存也，制之而已矣。所行者必皆道义之事，非道义之事，勿汝行也，慎之而已矣。所友者必皆读书之人，非读书之人，勿汝友也，远之而已矣。所言者必皆读书之言，非读书之言，勿汝言也，诺之而已矣。今刻石忠勤祠中，先祖方伯公[3]督不肖兄弟，恒举此训，厅事屏壁间，亦皆书之。（《池北偶谈》卷五）

[1] 泺川公：指王重光，王士禛的高祖。
[2] 王事：受皇帝诏谕差遣的公事，此指王重光奉命采办贵州大木修殿一事。
[3] 方伯公：指王象晋，王士禛的祖父。

高祖忠勤公[1]，一日拥诸孙膝上。时伯祖太师公象乾、方伯公象坤、光禄公象蒙，皆方七八岁。公戏问太师曰：汝将来中第几？应曰：第二。问方伯，曰：第一。问光禄，亦曰：第二。公喜。其后方伯中嘉靖甲子解元[2]，光禄隆庆丁卯、太师隆庆庚午，皆第二人，如其言。四伯祖孝廉公象泰，癸酉亦第二人。其后叔祖户部公象斗、翰林公象节、中丞公象恒皆以戊子。先祖方伯公象晋以甲午、叔祖考功公象春（初名象巽）以癸卯，相继乡荐[3]，皆成进士。向见《谈荟》[4]诸书，所载多讹舛[5]，详述之。（《池北偶谈》卷五）

[1] 忠勤公：指王重光，因有"忠勤报国"之誉，故世称忠勤公。
[2] 解元：乡试第一名。
[3] 乡荐：由州县荐举应试进士。
[4] 谈荟：指明徐应秋所撰《玉芝堂谈荟》，该书卷二"一门执象笏者百人"条曾提及王氏一族。
[5] 讹舛：错误。

先高祖太仆府君[1]，死事[2]于黔，明世庙谕祭文，有忠勤报国之褒，故称忠勤公。黔记《名宦传》云：王重光，济南新城人，以进士为司空曹郎，嘉靖中，贵州左参政。会赤水黑白羿蛮叛，公与参将於某，冲岚冒瘴疠，勤事[3]以死。事闻，赐祭，赠太仆少卿。公祠在永宁卫，有指挥王之屏、张朝者，奉委采木，不避险艰。水涨，有巨木阁滩头，朝、之屏先卒徒[4]入水，掀拨巨木，溺死。事闻，赐葬。今从祀公祠。衼衣生曰：予闻王之先有王叟者，与其妪力田作苦，家赢[5]担食之储。有穷措大[6]夜穿其墉[7]，叟觉，以戒妪：是偷儿也。扼其吭[8]而烛之，曰：嘻！君故儒士，而顾穿窬耶！夫妇甚怜惜之，耳语曰：勉旃勉旃[9]，吾终不暴君之短。因出粟与之。庚人无知者。太仆盖其孙云，由太仆而后益昌大[10]，今所称新城王是已。此传同年某中丞抚黔时特录相寄。时曲沃卫少师方有纂修一统志之请，不一载，滇黔告变[11]，志未进呈，故具录于此。（《池北偶谈》卷六）

[1] 太仆府君：指王士禛的高祖王重光。

[2] 死事：为国事而死。

[3] 勤事：尽心尽力做事。

[4] 卒徒：差役。

[5] 赢：满，有余。

[6] 穷措大：指贫穷的读书人。

[7] 墉：墙。

[8] 吭：咽喉。

[9] 勉旃(zhān)：劝勉别人的话，努力的意思。旃，"之""焉"的合音字。

[10] 昌大：昌盛光大。

[11] 告变：发生变故。

王之垣

曾祖大司徒公[1]常自纂《历仕录》一卷，谨录数则于左，以为家训云。

予初选荆州府推官，出京时，即闻彼地士大夫有好请托[2]者，予概不敢从。时如江陵相公乃翁、曹都宪年伯纪山公，亦不徇从[3]，后遂绝无以竿牍[4]来者。乡官薛太守云泽自京师回，传江陵公语曰：王公大有执持[5]，我甚服之。

楚抚某公升任，取荆州杉板二十副，计费数百金。太守赵公难之，以问予。予曰：公政绩甚著，且屡登荐牍[6]，今送杉板，是贿而求荐也，不可。赵公趑[7]之。已而荐竟居首。赵公名贤，汝阳人，历官南吏部尚书。

荆州府库有王府故禄银,辽王差校尉取讨,未发。时孙太守入觐[8],通判王某署[9]府事,王提库吏雷大夏,立毙杖下。其兄具告抚按,俱行推官。王三月不发犯人,予欲报参。长史不得已,始发下犯人十四名,皆羁监。王怒出府往道署,署门闭,遂至府前,登鼓楼。予与太守赵公同至鼓楼谒王。王怒甚云:王推官辱我,我何面目管束诸宗仪。赵公力辞罢去。予随以事至省,过荆门州,谒巡抚同乡谷近沧公。公曰:王府事不可激。予应曰:亦不可徇。公曰:昔有神童见一老僧,僧曰:汝进一步则死,退一步则亡。神童应曰:旁行一步亦有何妨。子正宜旁行时也。予曰:云何[10]?公曰:子令家累[11]且归,而身出查盘[12],俟王稍气平,仍具文来,我再添一官会鞫[13],庶好担当。予曰:诺。归,即送家累杞县令侄象坤处。次日,遂赴永州,月余回,同岳州推官辛君会讯。凡问军一徒五,王怒愈甚,然竟无所施。王素不道,后发高墙禁锢云。

予为举人时,以太仆府君忠勤死事,入京乞恤。时严世蕃用事,贿赂公行[14],予谓纵赂得之,适足为先人辱,遂竟归。归督诸弟子侄昼夜闭户读书,相继成立,竟得恤典。

予以给事中充正使,与礼部员外郎同年蹇理庵公,册封郑府崇德王。事完,即日行,馈谢[15]甚腆[16],一无所受。理庵与予意同。后理庵官至蓟辽总督兵部侍郎。

穆宗时,陈皇后出中宫,中外人心不安。予具疏请皇后正位中宫,以端治本。奉旨:后侍朕久,无子多病,移居别宫,以畅意耳,汝不知内庭事,妄言耶!再上疏言:皇后乃先帝选择以遗陛下,有关雎樛木之德,抑郁成疾,已为不可,乃云别宫畅意,岂有夫妇暌离[17]而畅者哉!奉旨:后疾调理稍愈,即还本宫。

湖广有大奸曰何心隐,即何夫山,即何两川,即梁无忌,即梁光益,的名[18]梁汝元,本江西永丰人,以侵欺皇木银两,犯罪拒捕,杀伤吴善五等六人。初拟死罪,后得末减[19],充贵州卫军,逃去各省及孝感县,倏往倏来,假讲学为名,聚众扰害地方,种种不法,各省历年访缉不获,皆有卷案。万历七年,新店把总朱心学于祁门县获之,予发候按察使查卷问理[20]。已而心隐病死。后数年,台省诸公尚有为何称冤者。盖以假讲学之名,遂为所惑,实不知其有各省访拿卷案耳。迄今公论始明。

予为户部侍郎,管太仓,见仓斛斗,其一独大异常。问之,云:凡粮到仓,该仓斗级[21],每人先支一斗,此旧规也。予曰:是何言!即照常私与,亦是违法,况另置大斗乎。即禁革之。是年修总督仓场公署,或云:此银例出各仓斗级。予曰:是乌可行,宜乎大斗私索也。乃与大司农张心斋公言,部发帑金[22]修之,著为例。

予平日不嘱托官府,故入仕亦不徇人请托。万历十八年,太夫人寿日,乡人具轴礼来贺者三百余人。予曰:某素不敢管人家闲事,有何德于乡党,敢劳诸君?答曰:正以公不说事,不害人,大家阴受其赐,故来耳!

予初考选刑科,即请益于掌科朱后庵公(绘)。公曰:切记不可听人主使,为他人报私仇,坏自己名节。予佩服之。后果有具稿暗送,欲书予名者,急谢去之。月余,同乡一道长却持此本问予,予以实告不可染,但唯唯[23];越数日,竟上之,识者骇异,果以此败官。

前辈涉历事久,多有高见,有疑难事,不能自决,不可不以咨问。予曾有二事,一请教兵部侍郎吴公望湖,一请教兵部尚书张公心斋。二公论甚透切,予深服之。

予生平得朋友之益居多,同学于公华峰等,同僚吏部尚书赵公汝泉等,同年兵部尚书刘公节斋等,刘公在省尤相得。予家居,刘总督两广,闻予病,书来,若疾痛之在其身,寄桑寄生药者再。兵部尚书邯郸张公弘轩总督蓟辽,书来林下[24]者二。每自念未能酬报[25],吾子孙记之报之。

业师魏云汀先生,讳智,任知县。同僚:荆州府知府赵公汝泉,名贤,河南汝阳人,吏部尚书。徐公思重,名学谟,直隶嘉定人,礼部尚书。孙公斗山,名用,福建人,知府。江公心源,名一麟,都御史。省中,何公来山,名起鸣,四川人。韩公元川,名楫,蒲州人,通政。梁公静斋,名问孟,河南人,都御史。张公湖东,名卤,仪封人,都御史。丁公观峰,名懋儒,东昌人,知府。朱公后庵,名绘,平定人,少卿。温公一斋,名纯,泾阳人,尚书。鸿胪寺贾公虚庵,名儒,鸡泽人,左少卿。南太仆刘公仁轩,名稳,衡阳人,少卿。许公敬庵,名孚远,海盐人,侍郎。顺天府丞朱公越峥,名南雍,山阴人,太仆卿。户部,张公心斋,名学颜,肥乡人,兵部尚书。刘公紫山,名思问,孟县人,南户部尚书。杨公梦山,名巍,海丰人,吏部尚书。王公云泽,名廷瞻,黄州人,尚书。王公后斋,名友贤,宁乡人,尚书。

公生平笃于师友,魏岁贡智,公之师也。公既贵,常遇诸途,让其乘骑于魏,扶持上下,而身跨蹇驴以从,乡人至今称之。(《池北偶谈》卷五)

[1] 大司徒公:指王士禛的曾祖王之垣。
[2] 请托:托人办事。
[3] 徇从:曲从。
[4] 竿牍:指书札。
[5] 执持:操守。
[6] 荐牍:推荐人才的文书。

[7] 韪(wěi)：对。这里为意动用法，认为……对。

[8] 入觐：地方官员入朝进见皇帝。

[9] 署：代理。

[10] 云何：怎么办。

[11] 家累：家属，家眷。

[12] 查盘：检查盘点。

[13] 会鞫：会同审问。

[14] 公行：公然进行。

[15] 馈谢：赠礼致谢。

[16] 腆：丰厚。

[17] 睽离：分离。

[18] 的名：本名。

[19] 末减：减刑。

[20] 问理：审理。

[21] 斗级：主管官仓的役吏。

[22] 帑金：国家库藏的钱币。

[23] 唯唯：恭敬的应答声。

[24] 林下：退隐之地。

[25] 酬报：报答。

王象晋

　　先祖方伯公[1]年九十余，读书排纂[2]不辍，虽盛夏，衣冠危坐，未尝见其科跣[3]。常揭一联于厅事云："绍[4]祖宗一脉真传，克勤克俭；教子孙两行正路，惟读惟耕。"斋中一联云："容人所不能容，忍人所不可忍。"癸巳岁，作自祭文，有云："不敢丧心，不求满意，能甘澹泊，能忍闲气，九十年来，于心无愧，可偕众而同游，可含笑而长逝。"盖实录云。公年虽大耋[5]，时时夜梦侍先曾祖司徒府君[6]，或跪受扑责[7]，如过庭[8]时云。（《池北偶谈》卷五）

[1] 方伯公：指王士禛的祖父王象晋。明清时布政使均称"方伯"，王象晋做过浙江布政使，故有此称。

[2] 排纂：编撰。

[3] 科跣：科头跣足，指不戴帽子光着脚。

[4] 绍：继承，延续。

[5] 大耋：高龄。

[6] 司徒府君：指王士禛的曾祖王之垣。

[7] 扑责：责打。

[8] 过庭：典出《论语·季氏》，孔鲤"趋而过庭"，其父孔子教训他要学诗、学礼。后以"过庭"指承受父训。

　　方伯公素不喜修炼之说，恒揭宁静澹泊四字于壁，读书眠食外，惟瞑坐调息而已。尝有答侯晋阳大参一绝句云："问予何事容颜好，曾受高人秘法传。打叠身心无一事，饥来吃饭倦时眠。"公殁[1]时，不肖[2]年二十矣，回忆公一言一行，真羲皇以上人[3]也。按"饥来吃饭倦时眠"，乃《传灯录》义海禅师语，王阳明与人论学，亦曾引之。（《池北偶谈》卷五）

[1] 殁：死亡。

[2] 不肖：自谦之称，指王士禛自己。

[3] 羲皇以上人：指无忧无虑、生活闲适的人。羲皇，指伏羲氏。以上，以前。因羲皇时代远古之人淳朴闲淡，因此用"羲皇以上人"指无忧闲适之人。

　　亓诗教，莱芜人。韩浚，淄川人。赵忠毅[1]著论所目[2]为四凶也，皆同郡。会山东缺铨司[3]，先方伯[4]时官仪制主事，同乡前辈皆属意[5]。亓、韩欲攘以为德，冀为之用，属张华东公（延登）通殷勤[6]。时伯祖太师[7]以蓟督召入中枢[8]，公曰："朝廷威柄，惟铨与枢，讵有兄在本兵[9]，弟复为铨曹者。"力谢辞之。亓、韩怒不附己，遂以察典中伤。夏考功[10]云："丁巳之察，不平弥甚，竟无一人起而争之者，盖在朝清流[11]驱逐尽矣。"谅[12]哉。先是癸丑考选，诸公皆以名德首推公。时太师方以大司马[13]召，寓家书曰："弟以资望[14]，应得台省[15]，且欲假归，俟考选后乃入。弟即回避，例亦当改翰林。"公复书言："王事[16]孔棘[17]，且君命不宿于家，不可以弟故迟君命。"即具呈回避。公生平恬退如此。（《池北偶谈》卷六）

[1] 赵忠毅：即赵南星，明真定府高邑人，字梦白，号侪鹤。万历二年（1574）进士，官至吏部尚书。忠毅为其谥号。赵南星曾著《四凶论》将亓诗教等人比作虞舜时期的混沌、穷奇、梼杌、饕餮四凶。

[2] 目：称作。

[3] 铨司：主管选授官职的官署。

[4] 先方伯：指王士禛的祖父王象晋。

[5] 属意：有意向于某人。

[6] 通殷勤：表达心意，示好。

[7] 太师：指王士禛伯祖王象乾，官至兵部尚书，赠太师。

[8] 中枢：指兵部。

[9] 本兵：明时兵部尚书的别称。

[10] 夏考功：指夏允彝，因曾任吏部考功司主事，故称。

[11] 清流：德行高洁、有名望的士大夫。

[12] 谅：确实，的确。

[13] 大司马：明清时兵部尚书的别称。

[14] 资望：资历和名望。

[15] 台省：指政府的中央机构。

[16] 王事：王命差遣的公事。

[17] 孔棘：紧急。

　　先方伯公有知人之鉴，年九十余聪明不衰。尝语祭酒公[1]曰："汝诸子皆佳，将来成进士者三人，某某是也。幼者尤早达。"既而先西樵兄（士禄）[2]以顺治壬辰[3]、不肖（士禛）[4]以顺治乙未[5]、先东亭兄（士祜）[6]以康熙庚戌[7]相继成进士，而士禛得隽[8]尤早，异哉！长兄壬辰会试，士禛辛卯乡试，公皆及见之。（《居易录》卷十三）

[1] 祭酒公：指王与敕，王士禛的父亲。祭酒为官名，王与敕曾封国子监祭酒。

[2] 西樵兄：指王士禄，王士禛的长兄。西樵为其号。

[3] 顺治壬辰：指顺治九年，即公元 1652 年。

[4] 不肖：自谦，指自己。

[5] 顺治乙未：指顺治十二年，即公元 1655 年。

[6] 东亭兄:指王士祜,王士禛的三兄。东亭为其号。

[7] 康熙庚戌:指康熙九年,即公元 1670 年。

[8] 得隽:及第,特指考中进士。

　　先祖方伯赠尚书府君[1]与伯祖兵部尚书太师府君[2]为胞兄弟,太师笃信堪舆家[3],常有数辈在客舍,方伯常非[4]之。自卜兆域[5]于高祖忠勤公茔[6]之西,恒语先赠尚书[7]:"初至此地,觉足下步步如登高然,然实平地耳,心以为吉壤[8]。"即决意[9]用之,葬两祖母夫人。而太师所择在淄川县,北距新城六十里,竟无后。方伯子孙众多,愚兄弟同胞四人,三人[10]成进士。府君初赠户部左右侍郎,累赠刑部尚书,皆带经筵讲官,始知术士之言不足听,而府君高见为不可及也。(《分甘余话》卷一)

[1] 方伯赠尚书府君:指王士禛的祖父王象晋。

[2] 兵部尚书太师府君:指王士禛的伯祖父王象乾。

[3] 堪舆家:相地看风水的人。

[4] 非:反对。

[5] 兆域:墓地。

[6] 茔:坟墓。

[7] 先赠尚书:指王士禛的父亲王与敕。

[8] 吉壤:风水好的坟地。

[9] 决意:拿定主意。

[10] 三人:指王士禄、王士祜、王士禛三兄弟。王士禄为王士禛长兄,王士祜为王士禛三兄。

王象坤

　　二伯祖方伯中宇公(象坤)[1]年十八领解[2],为嘉靖甲子。明年乙丑成进士。历仕山西左布政使,卒官,贫至无以殓,抚按以下为醵金[3]治后事,乃得归。清正名臣也。公藻鉴[4]尤精,为河南提学时,万历壬午乡试,榜将发,直指[5]问公曰:解头[6]当属何人?公曰:杞之周九皋,否则汝阳李宗延耳。已而周果领解,李次之。李公仕至户部尚书。(《池北偶谈》卷五)

[1]方伯中宇公：指王士禛的伯祖王象坤。中宇为其字，方伯为官名，王象坤官至山西左布政使，明清时称布政使为"方伯"。

[2]领解：乡试中举。

[3]醵（jù）金：凑钱。

[4]藻鉴：品评和鉴别。

[5]直指：官职名，朝廷设置的负责巡视的官员。

[6]解头：即解元，乡试第一名。

王象春

徐东痴（夜）[1]高士[2]冬夜过宿，因及从叔祖季木考功（象春）[3]昔所藏书画，云曾见有欧阳公《五代史草稿》一卷，又《杨廉夫诗草》一卷，涂乙[4]宛然[5]。欧卷其后人漫送一许姓武弁[6]，不知流落何处矣。又叔祖立宇中丞（象恒）[7]家，有王右军[8]画《纺绩图》。（《池北偶谈》卷十一）

[1]徐东痴：即徐夜，明末清初山东新城人，字东痴。王士禛叔祖王象春的外孙，为王士禛的表兄。康熙间荐鸿博，不赴。著有《东痴诗钞》。

[2]高士：隐士。

[3]季木考功：即王象春，明山东新城人，字季木，王士禛的叔祖父。万历三十八年（1610）进士，官至南京吏部考功郎中。

[4]涂乙：删改。

[5]宛然：清晰的样子。

[6]武弁：武官。

[7]立宇中丞：即王象恒，明山东新城人，字微贞，号立宇，王士禛的叔祖父。万历二十三年（1595）进士，官至右佥都御史、应天巡抚。

[8]王右军：指王羲之，东晋著名书法家，因其曾任右军将军，故又被称为"王右军"。

从叔祖季木考功（象春），跌宕使气，常引镜自照曰："此人不为名士，必当作贼。"尝奉使长安，饮于曲江，赋诗云："韦曲杜陵文物尽，眼中多少可儿坟。"其傲兀[1]如此。有题项王庙乐府一篇云："三章既沛秦川雨，入关更纵阿房炬，汉王真龙项王虎。玉玦三提王不语,鼎上杯羹弃翁姥,项王真龙汉王鼠。垓下美人泣楚歌,定陶美人泣楚舞,真龙亦鼠虎亦鼠。"此诗刘公勇[2]绝爱之。公与文光禄太青[3]友善,诗亦齐名。钱牧斋尚书云:"文天瑞如魔波旬,具诸天相,能与帝释战斗,遇佛出世,不免愁宫殿震坏。王季木如西域婆罗门,邪师外道,自有门庭,终难皈依正法,然其警策处,要自不可磨灭。"《列朝诗》中仅录三首,又非佳作。(《池北偶谈》卷十六)

[1] 傲兀:高傲。
[2] 刘公勇:明末清初颍川卫人,顺治十二年(1655)进士,官吏、刑部郎中。工于诗文,善画山水,精于赏鉴,有《七颂堂集》《识小录》等。
[3] 文光禄太青:即文翔凤,明三水人,字天瑞,号太青。万历三十八年(1610)进士,曾任莱阳知县,官至光禄寺少卿。精于诗赋,著有《文太青文集》《太微经》等。

王象节(毕孺人)

叔祖翰检公[1],讳象节,字子度。中万历壬辰进士,选庶吉士第一。元配[2]毕孺人[3],年甚少,于邸[4]中从容立嗣,告于枢前,自缢死。奉旨旌表[5],冯文敏公(琦)为传。比葬,有双鹤翔于墓所,良久而去。《弹园杂志》云:"万历乙未夏,翰林检讨王象节病危,妻毕氏皇迫[6]自缢,家人觉之,救免。夫卒,竟闭户缢死。辛亥夏,户部主事陈原道卒。妻计氏,哀恸不食,泪尽血出,死于枢旁。道臣皆请旌表,从之。卓哉两烈妇,事正相类,纪之以劝天下之为人妇者。"偶阅此,录附家乘。(《池北偶谈》卷七)

[1] 翰检公:指王象节,明山东新城人,字子度,号冀吾,王士祯的叔祖父。万历二十年(1592)进士,改翰林院庶吉士,授翰林院检讨。
[2] 元配:正妻。
[3] 孺人:明清时七品官的母亲或妻子的封号。
[4] 邸:高级官员的住所。
[5] 旌表:古代对遵守礼教者的表彰,一般多采用立牌坊、赐匾额等方式。
[6] 皇迫:惊恐急遽。

王士禄

　　先兄西樵先生撰[1]古今闺阁诗文为《然脂集》[2],多至二百卷。诗部不必言,文部至五十余卷,自廿一史已下浏观[3]采摭,可称宏博精核[4],而说部尤创获[5],为古人所未有,今略其书目,载于此:班昭《汉书·异姓诸侯王》已下至《古今人表》凡十卷,班昭《汉书·天文志》一卷,班昭《补列女传》一卷,班昭《女诫》一卷,班昭《幽通赋注》一卷,卫铄《笔阵图》一卷,苏蕙《璇玑图》一卷,宋若莘《女论语》一卷,侯莫陈邈妻《女孝经》一卷,预浩(或作喻浩)《女木经》一卷,李清照《打马图》一卷,沈傚《谐史》一卷,龙辅《女红余志》一卷,管道升《墨竹谱》一卷,郑氏《女教篇》一卷,明仁孝徐后《内训》一卷,仁孝徐后《劝善嘉言》一、二、三卷,仁孝徐后《劝善感应》一卷,章圣蒋太后《女训》一卷,杨慎妻黄氏《锦字书》一卷,王凤娴《东归纪事》一卷,庐江王夫人《灯花占》一卷,张淑英《刺绣图》一卷,邢慈静(邢太仆侗之妹)《黔途略》一卷,徐淑英《女诫杂论》一卷,徐德英《革除纪》一卷,笔洞细君《花殿最》一卷,薛素素《花琐事》一卷,方维仪《尼说七惑》一卷,方维仪《宫闺诗评》一卷,顾若璞《往生纪实》一卷,倪仁吉《宫意图题语》一卷,陈结璘《牡丹亭牌谱》一卷,胡贞波《古牌谱》上下卷,季娴《学古余论》一卷,季娴《前因纪》一卷,王端淑《诗纬序论》一卷,陶姁仪《放生约》一卷,董白《奁艳》上中下卷,尼超衍《密印语录》一卷,尼济印《仁风语录》一卷,尼自如《语录》一卷,计五十六卷。其全书今藏箧笥[6],无力刻行也。(《香祖笔记》卷八)

[1] 西樵先生:指王士禄,清山东新城人,字子底,号西樵山人。王士禛长兄,与弟王士祐、王士禛同赋诗名,并称"三王"。顺治九年(1652)进士,授莱州府教授,迁国子监助教,擢吏部考功员外郎。诗集有《表微堂诗刻》《十笏草堂诗选》《辛甲集》等。

[2] 然脂集:王士禄所编古代女性文学的总集,搜集了先秦至清初女性写的诗词文赋及杂著等。全书二百三十卷,分为赋、诗、文、说四部。其名取自徐陵《玉台新咏序》中"然脂暝写"之语。

[3] 浏观:浏览。

[4] 精核:精辟翔实。

[5] 创获:以往没有的成果,创新。

[6] 箧笥:藏物的竹器,主要是用于收藏文书或衣物。

王士禛

百脉泉在章丘县南明水镇,澄泓[1]一亩,清鉴毛发。北流为淯水,即绣江也。予同年[2]刘石洲(渡)[3]家回村[4],有绣江园,康熙己巳四月过宿[5]其居,题《点绛唇》词一阕于壁云:"小雨班班,垂杨影里青青麦。越阡度陌,好个南村宅。雁塔同题,相对俱头白。今何夕?修篁怪石,留我狂吟客。"(《居易录》卷二)

[1] 澄泓:水清而深。
[2] 同年:古代科举考试同科中式者的互称。
[3] 刘石洲:即刘渡,清山东章丘人,字石洲。顺治十二年(1655)进士,曾任广东龙门县知县。
[4] 回村:村名,今属山东章丘绣惠街道。
[5] 过宿:留宿过夜。

三月初十日,上在畅春苑命下,士禛升都察院左副都御史。先是礼部侍郎缺,升内阁学士王泽宏为礼部侍郎兼翰林院学士,时予名列第四。至是应开列[1]升阁学[2]诸员,予名在第二,吏部疏未上也。前此,左副都御史许三礼迁兵部督捕侍郎,吏部列通政使黄斐、大理寺卿陈汝器等名,上留中[3]久之不下,及命下,乃以予升补许缺。上用人之不测如此。(《居易录》卷三)

[1] 开列:逐个写出来。
[2] 阁学:明清时对内阁大学士的称呼。
[3] 留中:皇帝将臣子上的奏章留置宫禁之中,不交办。

予幼入家塾,肄业[1]之暇,即私取《文选》、唐诗洛诵[2]之。久之,学为五七字韵语。先祖方伯府君[3]、先严[4]祭酒府君[5]知之弗禁也。时先长兄考功[6]始为诸生,嗜为诗。见予诗甚喜,取刘颍阳(一相,明相国鸿训父)先生所编《唐诗宿》中王、孟、常建、王昌龄、刘眘虚、韦应物、柳宗元数家诗,使手钞之。十五岁有诗一卷,曰《落笺堂初稿》,兄序而刻之。未几中辛卯乡试,始与邑隐君徐东痴(夜)[7]定交[8],以诗往还。予赠徐句云:"湘东品第留金管,江左风流续《玉台》",

徐答云"野雁想潜窥,摹绘得其真"者是也。乙未中会试,与海内闻人[9]缟纻论交[10],交道始广。五月买舟归里,始弃帖括[11],专攻诗,故予诗断自丙申始。丁酉秋,倡秋柳社于明湖(即大明湖,亦名濯缨湖,又名莲子湖),二东名士,如东武丘海石(石常)、清源柳公窿(泰)、任城杨圣宜(通久)兄弟、益都孙仲孺(宝侗)辈咸集。予首倡四诗,社中诸子暨四方名流和者不减数百家。戊戌廷对[12],不与馆选[13],以观政[14]留京师,始与长洲汪苕文(琬)、南海程周量(可则)、武进邹吁士(祗谟)辈倡和为诗。己亥再入都谒选[15]吏部,汪、程皆官都下[16],又益以颍川刘公𫗧(体仁)、鄢陵梁曰缉(熙)。是冬昆山叶子吉(方蔼)、海盐彭骏孙(孙遹)皆来定交,相倡和。庚子之官扬州,扬州衣冠辐辏[17],论交遍四方。又数之金陵、姑苏、毗陵,所至多文章之友,从游者亦众。甲辰迁礼部,与翰林李检讨湘北(天馥,今兵部尚书)、陈检讨子端(廷敬,今都察院左都御史)、台中董御史玉虬(文骥),泊梁、刘、汪、程辈切劘[18]为诗歌古文,而合肥龚端毅公芝麓方为尚书,为之职志。己酉奉使淮浦,庚戌冬入都,会考功兄再官吏部,莱阳宋按察玉叔(琬)、嘉善曹讲学子顾(尔堪)、宣城施参议尚白(闰章,后入翰林,官侍读)、华亭沈副使贞蕤(荃,后复入翰林,官至詹事兼侍读学士,加礼部侍郎,谥文恪)皆集京师,与予兄弟暨李、陈诸子为诗文之会。居无何[19],叶编修子吉(方蔼,后官至掌院翰林学士,加礼部尚书,谥文敏)亦至。壬子七月,予奉使入蜀,寻以内艰[20]归里,考功兄以癸丑七月殁。乙卯七月再入都,故人在者惟李、陈、叶三君,皆官翰林,彭(今内阁学士兼礼部侍郎)亦时一至焉。丙辰、丁巳间,商丘宋牧仲(荦,今巡抚江西、右副都御史)、合阳王幼华(又旦,后官户科给事中)、安丘曹升六(贞吉,今徽州府同知)、曲阜颜修来(光敏,后官吏部考功郎中)、黄冈叶井叔(封,后官工部主事)、德州田子纶(雯,今巡抚贵州、右佥都御史)、谢千仞(重辉,今刑部员外郎)、晋江丁雁水(炜,官湖广按察使)及门人江阴曹颂嘉(禾,后官国子祭酒)、江都汪季甪(懋麟,刑部主事)皆来谈艺[21]。予为定《十子诗》刻之。戊午正月,予奉旨改翰林侍读,庚申擢国子祭酒,时李公为内阁学士,陈、叶二公相继为翰林掌院学士,沈公为掌詹,而施、彭及汪(琬)、陈(维崧)诸君皆在翰林,亦一时之盛也。(《居易录》卷五)

[1] 肄业:修习课业。

[2] 洛诵:反复诵读。

[3] 方伯府君:指王士禛的祖父王象晋。明清时布政使均称"方伯",王象晋做过浙江布政使,故有此称。

[4] 先严：亡父，对已离世的父亲的尊称。

[5] 祭酒府君：指王与敕，王士禛的父亲。祭酒为官名，王与敕曾封国子监祭酒。

[6] 考功：指王士禄，王士禛的长兄。考功为官名，王士禄曾官吏部考功员外郎。

[7] 徐东痴：徐夜，字东痴。王士禛叔祖王象春的外孙，为王士禛的表兄。

[8] 定交：结为朋友。

[9] 闻人：有名望的人。

[10] 缟纻论交：指建立深厚友谊。

[11] 帖括：指科举应试的文章。

[12] 廷对：廷试，也称殿试，科举制度会试中式后，由皇帝亲自策问，在殿廷上举行的考试。

[13] 馆选：清时进士殿试后，再经朝考，取成绩前列者为庶吉士，入翰林院庶常馆学习，称为"馆选"。

[14] 观政：进士及第后未立即授官，先到京内衙门观察学习政事，称为"观政"。

[15] 谒选：官吏赴吏部应选。

[16] 都下：指京都。

[17] 衣冠辐辏：指达官显贵汇聚一处。

[18] 切劘：切磋。

[19] 无何：不久。

[20] 内艰：遭母丧。

[21] 谈艺：谈论诗文艺术。

予家自太仆、司徒二公发祥[1]，然藏书尚少。至司马、方伯二公，藏书颇具矣，乱后尽毁兵火。予兄弟宦游南北，稍复收缉[2]。康熙乙巳自扬州归，惟图书数十簏[3]而已。官都下[4]二十余载，俸钱之入，尽以买书。尝冬日过慈仁寺市，见孔安国《尚书大传》，朱子《仪礼经传通解》，荀悦、袁宏《汉纪》，欲购之。异日侵晨[5]往索，已为他人所有，归来怅怅[6]不可释，病卧旬日始起。古称书淫、书癖，未知视予何如？自知玩物丧志，故是一病，不能改也，亦欲使吾子孙知之。朱翰林竹垞尝为予作《池北书库记》。（《居易录》卷十四）

[1] 发祥：开始建立基业。

[2] 收缉：收集。

[3] 箧（qiè）：小箱子。

[4] 都下：京都。

[5] 侵晨：天快亮的时候。

[6] 怊怅：悲伤不如意的样子。

康熙四十六年，济南属邑大旱，巡抚檄济东道佥事宋君澄溪（广业）[1] 临县赈饥，使各邑绅士 [2] 造佃户 [3] 册，按其名领仓米 [4]。众皆具册，余独不具册，不领米。宋使邑令 [5] 赍 [6] 手札 [7] 敦劝，且云："朝廷之恩，不可虚也。"余答曰："某不敏 [8]，旧尝备位 [9] 大臣，顷四十三年，二东饥，奉旨，官员各自养佃户。今虽居田里 [10]，敢忘前旨。"再三力辞，不领一粒。宋归，述于中丞 [11]，皆以为得大臣之体，称其廉正。然余以义利之辨 [12]，不得不然。其实瓶无储粟，乡人皆知之。（《分甘余话》卷四）

[1] 宋君澄溪：即宋广业，清江苏长洲人，字澄溪。康熙时官至山东济东道，著有《罗浮山志会编》。

[2] 绅士：指地方上有财势或有一定地位的人，一般为地主或退职官员。

[3] 佃户：指租种地主土地的农户。

[4] 仓米：官仓中的米。

[5] 邑令：县令。

[6] 赍：送。

[7] 手札：亲笔信。

[8] 不敏：自谦，不聪明。

[9] 备位：自谦之词，意思是居官位聊以充数。

[10] 田里：故乡。

[11] 中丞：指巡抚，明清时以"中丞"称呼巡抚。

[12] 义利之辨：关于道德和利益关系的争论。孔子较早提出"义"和"利"的对立，"君子喻于义，小人喻于利"（《论语·里仁》）。

吾家虔公 [1] 诫子书云："或身经三公 [2]，寂尔无闻 [3]；布衣 [4] 寒素 [5]，卿相屈体 [6]。父子贵贱殊，兄弟声名异，何也？体尽读数百卷书耳。汝年入立境 [7]，方当从宦,兼有室累,何处复得下帷^[8]如王郎时^[9]耶?"余每感其言。人生聪明智慧,殊不再来,尤难得者,上有祖、父之教,中无世事之扰,下无室家之累。于斯时也,正当努力下帷,毕志书史,聪明智慧乃不误用。所谓"王郎时",讵可多得?一旦老大^[10],悔无及矣。尼父有言:"后生可畏,焉知来者之不如今也?四十、五十而无闻焉,斯亦不足畏也已。"凡吾子姓^[11],当深维此训,庶几青箱家学^[12],不坠于地,勉旃!勉旃!(《分甘余话》卷四)

[1] 虔公:指王僧虔,南朝齐琅琊临沂人,晋王羲之的族孙,亦善书法。官至侍中、左光禄大夫、开府仪同三司。

[2] 三公:古代朝廷中最为尊贵的三种官职的合称。

[3] 寂尔无闻:默默无闻。

[4] 布衣:指平民百姓。

[5] 寒素:清贫,贫寒。

[6] 屈体:降低身份,拜服。

[7] 立境:而立之年,指三十岁。《论语•为政》:"吾十有五而志于学,三十而立,四十而不惑。"

[8] 下帷:放下帷幕,这里指闭门苦读。

[9] 王郎时:指少年时。王,指王僧虔的儿子;郎,少年的通称。

[10] 老大:年老。

[11] 子姓:子孙后代。

[12] 青箱家学:家中世代相传的学问。《宋书•王淮之列传》:"王淮之,字元曾,琅邪临沂人。高祖彬,尚书仆射。曾祖彪之,尚书令。……彪之博闻多识,练悉朝仪,自是家世相传,并谙江左旧事,缄之青箱,世人谓之'王氏青箱学'。"

予八九岁时,先大父^[1]尚书府君^[2]召叔祖洞庭(象咸)饮,叔祖豪于酒,而工草圣,有张颠^[3]之风。大父顾予兄弟曰:"醉爱羲之迹。"予应声对曰:"狂吟白也诗。"公大喜,赏以名人书画扇,谓先君^[4]曰:"此子必早成^[5]。"后顺治辛卯,幸叨魁荐^[6],府君时年九十一,犹及见之。乙未成进士,历官左都御史、刑部尚书,府君暨先君皆累赠如其官。(《古夫于亭杂录》卷三)

[1] 大父：祖父。

[2] 尚书府君：指王象晋。

[3] 张颠：原名张旭，字伯高，唐代著名书法家，以草书闻名。因其酒醉后常似颠狂状，故被称为张颠。

[4] 先君：已故的父亲，这里指王士禛之父王与敕。

[5] 早成：年少有功名。

[6] 魁荐：指科举制乡试或会试中以第一名被录取。这里是说王士禛顺治辛卯（1651）参加乡试中举。

王氏著述

十七从叔祖季木（象春）[1] 仕南吏部考功郎中，以诗名万历间，与文光禄天瑞翔凤 [2] 齐名。牧斋 [3] 论之曰："天瑞如魔波旬 [4]，具诸天相，能与帝释 [5] 战斗，遇佛出世，不免愁宫殿震坏；季木如西域婆罗门教，邪师外道自有门庭，终难皈依正法。"此虽戏论，其言自确。然今所传《问山亭前后集》，汰其芜杂，撷 [6] 其菁英 [7]，可传者尚可得什之二三也。少时诗，如"故人江汉绝，疏雨户庭过"之句，不减大复、苏门。八叔祖伯石（象艮）[8] 仕为姚安府同知，著《迂园诗集》，诗名远出考功下，然谨守唐人矩薙 [9]，不失尺寸，如《咏鲁仲连》云："孤城一飞矢，六国有心人。"又"萧条两岸柳，怊怅五更鸡"，"鱼藏芦底穴，雪压竹间庐"，"青荧茅舍火，缥缈竹林烟"，"南雁迎花早，东风带雪多"，"月明才十日，人病已经旬"，皆五言之选也。后人不振，予购其刻板藏之。十八叔祖晦甫（象明）[10] 著《鹤隐》、《雨萝》诸集，才不逮 [11] 考功，而欲驰骤 [12] 从之，故时有衔蹶 [13] 之患，未能成家 [14]，今刻版仅有存者。予有三公诗选，颇有可传。（《居易录》卷十四）

[1] 季木：王象春，王士禛的叔祖父，字季木。万历三十八年（1610）进士，官至南京吏部考功郎中。

[2] 文光禄天瑞翔凤：文翔凤，明三水人，字天瑞，号太青。万历三十八年（1610）进士，官至南京光禄寺少卿。工于诗赋，有《太微经》《文太青文集》等。

[3] 牧斋：指钱谦益，明末清初江南常熟人，字受之，号牧斋。万历三十八年（1610）进士，明时官至礼部尚书，后降清，官礼部侍郎。

[4] 魔波旬：波旬，也称"魔波旬"，魔王名，为欲界第六天之主，常以憎恨佛法、杀害僧人为事。

[5] 帝释:佛教护法神之一,佛家称其为三十三天之主。

[6] 撷:摘取。

[7] 菁英:精华。

[8] 伯石:指王象艮,字伯石,号定宇,官姚安府同知。

[9] 矩矱:规矩,标准的格式。

[10] 晦甫:指王象明,字用晦,官大宁知县。

[11] 不逮:不及,比不上。

[12] 驰骤:比喻在文艺创作上不受约束,尽情发挥。

[13] 衔蹶:比喻不受羁系。

[14] 成家:形成流派。

　　三伯祖光禄少卿养吾公(象蒙)[1],万历庚辰进士,起家[2]阳城知县,擢监察御史,官止卿寺。近始见手书[3]诗草一卷,谨录四篇,以存其梗概。《凤音曲》:"凤兮凤兮集高冈,七德九苞称至祥,五音六律鸣朝阳。鸣朝阳,应明主;非帝庭,宁高举。"《鹤鸣曲》:"苍松挺挺鹤相招,振翮翩翩来九霄,警霜戛戛鸣九皋,鸣九皋,声万里;明月来,清风起。"《瑶琴曲》:"我携绿绮奏薰风,一曲相思弹未终,泪垂弦绝送归鸿。送归鸿,坐明月;人不见,心如结。"《暮雨曲》:"忽忽白云罗神霄,霏霏暮雨平河桥,有美人路迢遥。路迢遥,望无极;梦相见,醒相忆。"十叔祖翼吾公(象节)[4],万历壬辰进士,改翰林授简讨,少有诗名,稿今无传,惟郑简庵(独复)[5]先生《新城旧事》载其二句云:"古寺人来花作供,孤城春尽草如烟。"八叔祖伯石公(象艮)、十七叔祖季木公(象春)、十八叔祖用晦公(象明)诗,别详《三王公集》(季木公,元名象巽;用晦公,元名象履)。(《分甘余话》卷一)

[1] 养吾公:指王象蒙,明山东新城人,字子正,号养吾。王士禛的伯祖父。

[2] 起家:兴家立业,发迹。

[3] 手书:亲笔书写。

[4] 翼吾公:指王象节,明山东新城人,字子度,号冀吾。王士禛的叔祖父。

[5] 郑简庵:即郑独复,明山东新城人,字乐平,号简庵。万历三十七年(1609)举人,选为峄县县令,后升至山西按察司佥事。

先太师大司马公[1]常刻小本《玉壶冰》，细入毫发，都穆元敬所著也，又《文选删注》及《赵松雪文集》。先方伯赠大司寇公[2]常刻贾侍郎三近《滑耀编》即《文府滑稽》之流；又张南湖（綖）《诗余图谱》，《少游南湖诗余合刻》，二公皆高邮人也。今版皆毁于兵燹[3]。余所见者仅此。略记其目，以示后人。

先高祖太仆忠勤公[4]遗墨[5]，止有采三殿大木于黔中时所为祝嘏[6]词，及史论数篇。先曾祖大司徒公[7]著述，有《炳烛编》、《摄生编》、《百警编》，皆门生郭文毅、明龙（正域）为序，及谏议疏稿。先伯祖大司马公[8]著述，有《皇祖开天玉律》，并进疏经理垟垌奏议、总督宣大奏议，大半载陈大樽（子龙）《经世八编》，而混入太仓王少司马思质（忬，弇州先生父也）疏数篇，舛讹[9]当改正。本兵及署太宰奏议，无专刻，今邑志略载数篇。先祖方伯赠大司寇公著述，《群芳谱》最著，康熙四十六年特旨命翰林官汪灏、张逸少等四人续广之，又御制序文冠诸编首；余如《剪桐载笔》、《操觚勖说》、《心赏编》、《日省录》、《救荒成法》、《举业津梁》等凡十余种。先伯父侍御公[10]著述，有《陇首集》。先兄吏部西樵[11]有《然脂集》二百卷、《十笏草堂集》、《西湖竹枝》、《三舟倡和词》（与宋荔裳琬、曹顾庵尔堪）、《广陵倡和词》（与陈其年维崧等）。先仲兄礼吉[12]有《抱山堂集》。先叔兄叔子[13]有《古钵集》。皆已刻梓[14]。又从叔祖[15]郡丞定宇公[16]《迂园集》，少司马立宇公[17]《西台奏议》、《巡抚奏议》，吏部季木公[18]《问山亭集》、《齐音》、《李杜诗评》，大宁令用晦[19]有《鹤隐集》，从伯[20]文玉[21]《笼鹅馆集》，余尝欲录其简要，合为一编，藏之家塾，奔走四方，卒卒[22]未暇，今老矣，未必能终践此志，聊志其目，存之家乘云。（《分甘余话》卷三）

[1] 太师大司马公：指王象乾，王士禛伯祖，官至兵部尚书，赠太师。因明清时兵部尚书别称"大司马"，故此称其为太师大司马公。

[2] 方伯赠大司寇公：指王象晋，王士禛祖父，官至浙江右布政使，赠刑部尚书。明清时布政使称"方伯"，刑部尚书别称"大司寇"。

[3] 兵燹（xiǎn）：因战乱而焚烧破坏。燹，焚烧。

[4] 太仆忠勤公：指王重光，王士禛高祖。因殉于职，赠太仆寺少卿，嘉靖皇帝誉其"忠勤可悯"，并建忠勤祠，后世称王重光为"忠勤公"。

[5] 遗墨：指死者留下的文稿。

[6] 祝嘏：祭祀祝祷。

[7] 大司徒公：指王之垣，王士禛曾祖，官至户部左侍郎，后赠户部尚书。大司徒为户部尚书的别称。

[8] 大司马公：指王象乾。

[9] 舛讹：错误。

[10] 侍御公：指王与胤，王士禛伯父，官湖广道监察御史。

[11] 吏部西樵：指王士禄，王士禛长兄，号西樵山人，官吏部考功员外郎。

[12] 礼吉：指王士禧，王士禛二兄，礼吉为其字。

[13] 叔子：指王士祜，王士禛三兄，叔子为其字。

[14] 刻梓：刻板印刷，出版。

[15] 从叔祖：祖父的堂弟。

[16] 郡丞定宇公：指王象晋，号定宇，官姚安府同知。郡丞指郡守的副职，王象晋曾任姚安府同知（同知即副职），故称。

[17] 少司马立宇公：指王象恒，号立宇，官右佥都御史，巡抚应天，赠兵部右侍郎。少司马为明时兵部侍郎的别称。

[18] 吏部季木公：指王象春，字季木，官至南京吏部考功郎中。

[19] 大宁令用晦：指王象明，字用晦，官大宁知县。

[20] 从伯：父亲的堂兄。

[21] 文玉：指王与玟，文玉为其字。

[22] 卒卒：匆忙的样子。

　　余家与临邑邢太仆子愿（侗）[1] 为婚姻[2]，故先祖方伯赠侍郎公得其手迹[3] 为多，乱后，尽化劫灰矣。惟《兰亭序》、《白鹦鹉赋》（王摩诘）二卷仅存。余兄弟幼时，从先祭酒府君侍坐隅[4]，公顾谓曰："邢书吾所珍爱，今仅存二卷。汝辈先取科第者当得之，勿负期望。"顺治戊子，先吏部西樵兄[5] 举乡试，公喜，以《兰亭》卷赐之。辛卯，余未弱冠[6]，继举，公尤喜，又以《白鹦鹉》卷赐之。此卷曹侍郎秋岳（溶）、周侍郎栎园（亮工）诸公皆有题跋[7] 记事。（《居易录》卷十三）

[1] 邢太仆子愿：即邢侗，明山东临邑人，字子愿，号知吾。万历二年（1574）进士，官至陕西行太仆寺少卿。尤善书法，与董其昌、米万钟、张瑞图齐名。

[2] 婚姻：亲家，有婚姻关系的亲戚。

[3] 手迹：亲手写的字。

[4] 坐隅：座位旁边。

[5] 西樵兄：指王士禄，王士禛的长兄。西樵为其号。

[6] 未弱冠：不到二十岁。古时以男子二十岁为成人，初加冠，因体犹未壮，故称弱冠。

[7] 题跋：写在书籍、字画等前后的文字。

　　余官御史大夫时，尝蒙御笔[1]赐一堂联[2]云："烟霞尽入新诗卷，郭邑闲开古画图。"又尝被赐御书"带经堂"、"信古斋"二扁，今分悬东西二第中堂，志圣恩，示子孙，不敢喧也。（《分甘余话》卷一）

[1] 御笔：指皇帝亲笔所写。
[2] 堂联：厅堂前部柱子上的对联。

门户论

　　吾家自明嘉靖中，先高祖太仆公以甲科[1]起家[2]，至隆万[3]而极盛，代有闻人[4]。当明中叶，门户[5]纷纭[6]之时，无一人濡足[7]者，亦可见家法之恭谨矣。先伯祖太师霁宇公（讳象乾），出入将相六十年，与叶文忠公、沈文端公、郭文毅公辈师友之谊最厚。故小人造《东林同志录》，东林籍贯皆列焉。先祖方伯公（讳象晋），为礼部主事，时乡人亓诗教、韩浚势张甚，以公名阀[8]，素有清望，饵[9]以铨曹[10]，欲引入其党，公力却[11]之，遂触其怒。丁巳，以察典[12]中伤[13]，里居[14]者十余年。此其梗概也。至从叔祖吏部（象春），为东林闻人，而才浮于□，家法始一变矣。夏瑗公（允彝）《幸存录》云：辛亥京察[15]，孙丕扬主之，曹于汴、汤兆京佐之，而所处汤宾尹、王绍徽辈，则攻东林者也。绍徽有清望，而宾尹负才名，故秦聚奎直纠其不平。丁巳京察，郑继之主之，徐兆吉、韩浚佐之，而所处皆东林也。世之所谓清流者，一网尽矣。是时有齐、楚、浙三党鼎峙：齐为亓诗教、韩浚辈，楚为吴亮嗣，官应震辈，浙为刘廷元、姚宗文辈，而汤宾尹辈阴为之主。于是有宣党、昆党种种别名，宣即宾尹，昆则顾天埈也。（《池北偶谈》卷六）

[1] 甲科：指科举考试。
[2] 起家：兴家立业。
[3] 隆万：指明隆庆和万历年间。
[4] 闻人：有名望的人。

[5] 门户:派系,朋党。

[6] 纷纭:纷争。

[7] 濡足:指被沾染。

[8] 名阀:名门望族。

[9] 饵:引诱,诱惑。

[10] 铨曹:主管选拔官员的长官。

[11] 却:拒绝。

[12] 察典:考核官吏的大典。

[13] 中伤:诬蔑别人使受损害。

[14] 里居:官员辞官回乡居住。

[15] 京察:明清时对在京任职官员的定期考核。

祖训考

余家自高曾祖父已来,各房正厅皆置两素屏,一书心相三十六善,一书阳宅三十六祥,所以垂家训示子孙也。按三十六善见宋吴处厚《青箱杂记》,三十六祥未详所出。又各房正厅一联云:"绍祖宗一脉真传克勤克俭,教子孙两行正路惟读惟耕。"(《香祖笔记》卷九)

吾家祖训,厅事[1]屏风所书"心相三十六善",余已于《香祖笔记》详其出处,惟"阳宅三十六祥",不记所出。近始考得之,乃宋曾空青[2]语也。空青名纡,山谷[3]之友,元祐君子也。(《分甘余话》卷一)

[1] 厅事:指堂屋。
[2] 曾空青:即曾纡,宋建昌军南丰人,字公衮,号空青老人。以荫补承务郎,后进直宝文阁、信州知州。
[3] 山谷:指黄庭坚,宋洪州分宁人,字鲁直,号山谷道人。

参考文献

[1] 袁世硕．王士禛全集(第 4 册) [M]．济南:齐鲁书社,2007.

[2] 袁世硕．王士禛全集(第 5 册) [M]．济南:齐鲁书社,2007.

[3] 袁世硕．王士禛全集(第 6 册) [M]．济南:齐鲁书社,2007.

[4] [清] 王士禛．香祖笔记 [M]．上海:上海古籍出版社,1982.

[5] [清] 王士禛．池北偶谈 [M]．北京:中华书局,1982.

[6] [清] 王士禛．古夫于亭杂录 [M]．北京:中华书局,1988.

[7] [清] 王士禛．分甘余话 [M]．北京:中华书局,1989.

[8] 嘉定重修一统志(第 10 册) [M]．上海:上海书店,1984.

[9] 嘉定重修一统志(第 11 册) [M]．上海:上海书店,1984.

[10] 丛书集成续编(第 222 册) [M]．台北:新文丰出版公司,1988.

[11] [清] 纪昀．钦定四库全书总目 [M]．北京:中华书局,1997.

[12] [清] 钱谦益．列朝诗集小传 [M]．上海:上海古籍出版社,1983.

[13] [清] 钱仪吉,闵尔昌等．清代碑传全集 [M]．上海:上海古籍出版社,
     2018.

[14] [清] 陈梦雷．古今图书集成 [M]．北京:中华书局,成都:巴蜀书社,
     1984.

[15] [金] 元好问．中州集 [M]．上海:华东师范大学出版社,2014.

[16] [宋] 曾巩．曾巩集 [M]．北京:中华书局,1984.

[17] [清] 董诰等．全唐文 [M]．北京:中华书局,1983.

[18] [宋] 陆游．老学庵笔记 [M]．北京:中华书局,1979.

[19] [清] 孙廷铨．《颜山杂记》校注 [M]．济南:齐鲁书社,2012.

[20] [清] 顾祖禹．读史方舆纪要 [M]．北京:中华书局,2005.

[21] [唐] 牛僧孺．玄怪录 [M]．北京:中华书局,1982.

[22] [宋] 张邦基．墨庄漫录 [M]．北京:中华书局,2002.

[23] [明] 贵养性,刘敕．历乘 [M]．北京:中国书店,1959.

[24] [清] 胡德琳．历城县志 [M]．清乾隆三十八年(1773).

[25] [清] 崔懋．新城县志 [M]．清康熙三十三年(1694).

[26] 袁励杰．重修新城县志 [M]．民国二十二年(1933).

[27] [清] 倪企望．长山县志 [M]．嘉庆六年(1801).

[28] [清] 钟运泰．章丘县志 [M]．清康熙三十年(1691).

[29] 梁秉馄．莱阳县志 [M]．民国二十四年（1935）.

[30] 王金岳．昌乐县续志 [M]．民国二十三年(1934).

[31] 张㧑之等．中国历代人名大辞典 [M]．上海：上海古籍出版社，1999.

[32] 臧励和等．中国人名大辞典 [M]．上海：上海书店，1980.

[33] 戴均良等．中国古今地名大词典 [M]．上海：上海辞书出版社，2005.

[34] 中国历史大辞典•历史地理卷编纂委员会．中国历史大辞典•历史地理卷 [M]．上海：上海辞书出版社，1996.

[35] 汉语大字典编辑委员会．汉语大字典 [M]．武汉：湖北辞书出版社，成都：四川辞书出版社，1992.

[36] 汉语大词典编辑委员会．汉语大词典 [M]．上海：汉语大词典出版社，1986.

[37] 高文达．近代汉语词典 [M]．北京：知识出版社，1992.

[38] 丁福保．佛学大辞典 [M]．北京：中国书店，2011.

[39] 何成．明清时期新城王氏家族婚姻研究 [J]．齐鲁文化研究，2011（2）.

[40] 丁鼎，王明华．左懋第史事辩证 [J]．滨州学院学报，2005（1）.

[41] 吕肖奂，张剑．两宋科举与家族文学 [J]．西北师大学报（社会科学版），2008（4）.

[42] 刘晓．元代怯薛轮值新论 [J]．中国社会科学，2008（4）.

[43] 贺琴．明清时期山左新城王氏家族文学研究 [D]．济南：山东大学，2015.

[44] 梁娟娟．明清临朐冯氏家族研究 [D]．济南：山东师范大学，2006.

[45] 吕春好．明清时期莱阳左氏家族研究 [D]．青岛：青岛大学，2016.